中学教科書ワーク　学習カード

ポケットスタディ

敬語

国語3年

Pocket Study

尊敬語は？

言う・話す

1

謙譲語は？

言う・話す

2

尊敬語は？

行く・来る

3

謙譲語は？

行く・来る

4

尊敬語は？

いる

5

謙譲語は？

いる

6

尊敬語は？

見る

7

謙譲語は？

見る

8

謙譲語は？

聞く

尊敬語は？

食べる・飲む

10

謙譲語は？

食べる・飲む

11

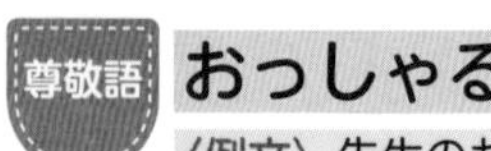

おっしゃる

〈例文〉先生のおっしゃるとおりです。

ポイント

謙譲語は，「申す・申し上げる」。

- ミシン目で切り取り，穴をあけてリングなどを通して使いましょう。
- カードの表面には問題が，裏面には答え・例文・ポイントがあります。

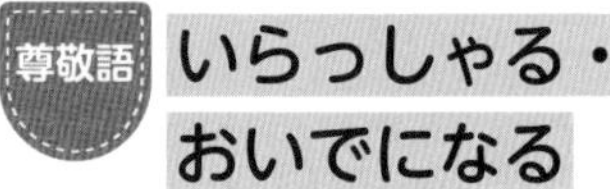

いらっしゃる・おいでになる

〈例文〉お客様は五時にいらっしゃる。

ポイント

「いらっしゃる・おいでになる」は「いる」の尊敬語でもある。

申す・申し上げる

〈例文〉母がよろしくと申しております。

ポイント

尊敬語は，「おっしゃる」。

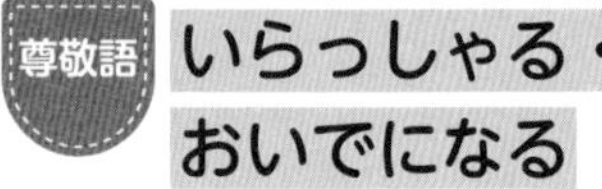

いらっしゃる・おいでになる

〈例文〉山田さんはいらっしゃいますか。

ポイント

「おる」は謙譲語。「おられる」としないように注意。

参る・伺う

〈例文〉父が学校に伺います。

ポイント

「伺う」は「聞く」の謙譲語でもある。

尊敬語

ご覧になる

〈例文〉校長先生が絵をご覧になる。

ポイント

謙譲語は「拝見する」。

おる

〈例文〉私には兄が二人おります。

ポイント

尊敬語は「いらっしゃる・おいでになる」。

謙譲語

伺う・承る

〈例文〉ご用件を伺います。

ポイント

「伺う」は「行く·来る」の謙譲語でもある。

拝見する

〈例文〉チケットを拝見します。

ポイント

尊敬語は「ご覧になる」。

謙譲語

いただく

〈例文〉「何かお飲み物はいかがですか。」「コーヒーをいただきます。」

ポイント

尊敬語は「召しあがる」。

召しあがる

〈例文〉お客様が紅茶を召しあがる。

ポイント

謙譲語は「いただく」。

中学教科書ワーク

定期テスト対策

教科書のまるごと漢字と知識マスター

国語 3年

三省堂版

「スピードチェック」は取りはずして使用できます。

握手

教p.20〜31

□❶ 服をセンタクジョウに運ぶ。
□❷ 役に立たないシロモノ。（あるものを低く評価する言葉）
□❸ キオクの中にある言葉。
□❹ オダヤカに握手をした。
□❺ 東京のコウガイに住む。（都市の周りの地域）
□❻ 彼は農家のゴナンボウだ。
□❼ 指のツメを切る。
□❽ 袋の中の大福がツブレル。
□❾ 荒れ地をカイコンした農地。（山野を切りひらくこと）
□❿ カントクカンに申し入れる。
□⓫ ダイニホンテイコクの軍隊。
□⓬ わかめのみそシルを飲む。
□⓭ うそをつくとバチがあたる。
□⓮ 先生のクセをまねする。
□⓯ ゴウマンな考えを改める。（思いあがって人を見下すこと）
□⓰ 先生にきちんとアヤマル。
□⓱ ある考えがノウリに浮かぶ。（頭の中）

❶ 洗濯場
❷ 代物
❸ 記憶
❹ 穏やか
❺ 郊外
❻ 五男坊
❼ 爪
❽ 潰れる
❾ 開墾
❿ 監督官
⓫ 大日本帝国
⓬ 汁
⓭ 罰
⓮ 癖
⓯ 傲慢
⓰ 謝る
⓱ 脳裏

＊は、新出漢字の教科書本文外の読み方です。

□⓲ 戦後、駅前にあったヤミイチ。（戦後、違法な商品の取り引きが行われた所）
□⓳ お客様が料理をメシアガル。（食べることを敬って言う言葉）
□⓴ 土地をブンカツする。
□㉑ 趣味に時間をサク。
□㉒ おもしろいジョウダン。
□㉓ 祖父のユイゴンを聞く。（生前に言葉を残すこと）
□㉔ ヘイボンな家庭に育つ。
□㉕ 祖母のイッシュウキ。（なくなって一年後の命日）
□㉖ 悪いシュヨウを取り除く。（細胞が増殖したはれ物）
□㉗ ソウシキに参列する。
□㉘ ＊オントウな判断をする。（無理がなく適切なこと）
□㉙ ＊ギターをツマビク音。
□㉚ ＊街のカイメツを未然に防ぐ。（こわれてなくなること）
□㉛ ＊クジュウをなめる生活を送る。（くるしみやにがい経験）
□㉜ ＊被告人の刑（けい）バツが軽くなる。
□㉝ ＊アクヘキを直す努力をする。（わるいくせ）
□㉞ ＊臨時国会がショウシュウされる。
□㉟ ＊ハレモノにさわるような接し方。（できもの）

⓲ 闇市
⓳ 召し上がる
⓴ 分割
㉑ 割く
㉒ 冗談
㉓ 遺言
㉔ 平凡
㉕ 一周忌
㉖ 腫瘍
㉗ 葬式
㉘ 穏当
㉙ 爪弾く
㉚ 潰滅〈壊滅〉
㉛ 苦汁
㉜ 罰
㉝ 悪癖
㉞ 召集
㉟ 腫れ物

漢字を身につけよう1　教p.38

- ❶ テイコからボートを出す。（ボートなどを格納するそうこ）
- ❷ 漁港のトッテイに水鳥が集まる。（陸から海につき出すよう作られたもの）
- ❸ ミサキの灯台が遠くに見える。
- ❹ 波にホンロウされる船。（思いのままもてあそばれること）
- ❺ 船のサゲンから波を受ける。（船尾から船首に向かって左側の船べり）
- ❻ 山のリンカクを描く。（物の外形を示す線）
- ❼ ミネから眺める景色。
- ❽ 神にイケイの念を抱く。（偉大なものとして、かしこまりうやまうこと）
- ❾ キュウリョウを登る。（起伏のゆるやかな低い山）
- ❿ ケイリュウに沿って歩く。（谷川のながれ）
- ⓫ 山中でタキを見つける。
- ⓬ コハンで休憩をとる。（みずうみのほとり）
- ⓭ チチシボリの体験をする。
- ⓮ アカツキを告げる鶏の声。（夜明け）
- ⓯ 露天風ロ(ぶ)に入る。
- ⓰ 体のシンまで温まる飲み物。
- ⓱ ゴラクシセツに集(つど)う。

❶艇庫　❷突堤　❸岬　❹翻弄　❺左舷　❻輪郭　❼峰　❽畏敬　❾丘陵　❿渓流　⓫滝　⓬湖畔　⓭乳搾り　⓮暁　⓯呂　⓰芯　⓱娯楽施設

- ⓲ 人生のよきハンリョを得る。（連れ）
- ⓳ 長年のチキを頼る。（親友）
- ⓴ オノレの不勉強を恥じる。（自身）
- ㉑ 笑顔で挨拶をカワス。（互いに受け合う）
- ㉒ マコトの心を持つ者。（いつわりがないこと）
- ㉓ 希望の職にツク。（ある地位に身を置く）
- ㉔ 日本のシュショウ。（内閣総理大臣の通称）
- ㉕ ＊河川のツツミが切れる。（土手）
- ㉖ ＊数奇な運命にモテアソバレル。（思いのままあやつられる）
- ㉗ ＊レイホウ富士を描く。（信仰の対象となる神々しい山）
- ㉘ ＊神をもオソレナイ態度。（能力の及ばないものをおそれ敬う）
- ㉙ ＊オカの上の家を目指す。

⓲伴侶　⓳知己　⓴己　㉑交わす　㉒誠　㉓就く　㉔首相　㉕堤　㉖弄ばれる　㉗霊峰　㉘畏れない〈恐れない〉　㉙丘

「批判的に読む」とは　教p.40～43

- ❶ 人のアラサガシをする。（他人の欠点などを意識的にさがし出すこと）
- ❷ 考えをギンミして発表する。（詳しく調べること）
- ❸ ＊ソザツな工事が問題になる。（あらく、いいかげんなさま）

❶粗探し　❷吟味　❸粗雑

間の文化　教p.44～51

- ❶ スキマから風が吹き込む。

❶隙間〈透き間〉

□❷ 扉にカギをかける。
□❸ キュウテイの生活を再現する。（王族のすまい）
□❹ ジュウコウな西洋の壁。（おもおもしいさま）
□❺ シバイや音楽を楽しむ。
□❻ コトで一曲演奏する。
□❼ 鎖をタチキル。
□❽ 彼はエンリョ深い性格だ。
□❾ 作業の丁寧さをホメル。
□❿ シンボウエンリョの名監督。（先のことまでふかく考え、計画すること）
□⓫ セマイ部屋に住む。
□⓬ パニックにオチイル人々。（よくない状態にはまりこむ）
□⓭ ＊ピアノのケンバンをたたく。
□⓮ ＊キンセンに触れる歌の調べ。（心のおくにある、感動しやすい心情）
□⓯ ＊アクセス権限をセバメル。（せまくする）
□⓰ ＊道路が突然カンボツする。（地面がおちこむこと）

❷ 鍵
❸ 宮廷
❹ 重厚
❺ 芝居
❻ 琴
❼ 断ち切る
❽ 遠慮
❾ 褒める
❿ 深謀遠慮
⓫ 狭い
⓬ 陥る
⓭ 鍵盤
⓮ 琴線
⓯ 狭める
⓰ 陥没

漢字のしくみ　四字熟語　教p.58～59

□❶ 彼とはゴエツ同舟（どうしゅう）の仲だ。（ゴエツ同舟＝敵対する者たちが力をあわせて事にあたること）
□❷ ゴリムチュウの状態だ。（物事の全体がまったく見えないこと）

❶ 呉越
❷ 五里霧中

＊は、新出漢字の教科書本文外の読み方です。

□❸ オンコウトクジツな人柄。（情が深く穏やかでせいじつな様子）
□❹ 臥（が）シン嘗胆（しょうたん）の二十年。（目的達成のため苦労を重ねること）
□❺ コンセツテイネイな教え方。（とてもていねいな様子）
□❻ コウチセッソクが求められる。（時間をかけたよいものより、時間をかけない不出来なもの）
□❼ コグンフントウの末、完成した。（支援者がおらず、ひとりで立ち向かうこと）
□❽ シュビイッカンした意見。（始めから終わりまでつらぬきとおすこと）
□❾ ショクヨクオウセイな子供。
□❿ シモンカイギが開かれる。（専門家などに意見を求める集まり）
□⓫ コセキトウホンを取り寄せる。（こせきの原本を全部写した文書）
□⓬ 全国ツツ浦々（うらうら）を歩く。（ツツ浦々＝全国いたるところ）
□⓭ シンラバンショウをつかさどる。（この世界に存在するすべての物やげんしょう）
□⓮ ワヨウセッチュウの建築。
□⓯ シンザンユウコクで修行する。（奥ふかい静かなやまやたに）
□⓰ チンモクカゲンな父。（落ち着いていて口数の少ないこと）
□⓱ ナイユウガイカンの様相を呈す。（国内外の心配事が同時にもたらされること）
□⓲ ゲイインバショクをつつしむ。（たくさんのみくいすること）
□⓳ 良作をカンコツダッタイする。
□⓴ ＊深いキリが出てきた。

❸ 温厚篤実
❹ 薪
❺ 懇切丁寧
❻ 巧遅拙速
❼ 孤軍奮闘
❽ 首尾一貫
❾ 食欲旺盛
❿ 諮問会議
⓫ 戸籍謄本
⓬ 津々〈津津〉
⓭ 森羅万象
⓮ 和洋折衷
⓯ 深山幽谷
⓰ 沈黙寡言
⓱ 内憂外患
⓲ 鯨飲馬食
⓳ 換骨奪胎
⓴ 霧

番号	問題	意味	答え
21	＊森の中でタキギを拾う。		薪
22	＊タクミな表現が評価される。		巧み
23	＊ツタナイが心に残る文章。	未熟である	拙い
24	＊当初の志をツラヌク。		貫く
25	＊専門委員会にハカル。	他人の意見を聞く	諮る
26	＊この国の将来をウレエル。	心配する	憂える
27	＊クジラの親子が泳ぐ。		鯨

漢字を身につけよう2　教 p.60

番号	問題	意味	答え
1	マタとないチャンス。		又
2	勇猛（ゆうもう）カカンに敵に挑む。	決断力のあること	果敢
3	シップウジンライの攻撃。	すばやく激しい様子	疾風迅雷
4	現在ザンテイ首位に立つ。	途中段階で一番であること	暫定
5	誰もがウラヤム仲のよさ。	人の幸せや優れた点を見て、そうなりたいと思う	羨む
6	ジュンプウマンパンの人生。	物事がじゅんちょうに進むこと	順風満帆
7	シャニムニ努力して合格する。	むやみやたらに	遮二無二
8	ヒョウショウシキが行われる。		表彰式
9	ハクシュカッサイで迎える。		拍手喝采
10	アラシがきそうな空模様。		嵐
11	金策にトウホンセイソウする。	あちこち忙しくはしり回ること	東奔西走
12	提案がキャッカされる。	うったえや願いを退けること	却下
13	企画をハクシテッカイする。	決定したことを全てなかったことにすること	白紙撤回
14	開発計画がトンザした。	計画などが途中でだめになること	頓挫
15	雨天中止はイカンセンバンだ。	残念でたまらないこと	遺憾千万
16	ボウジャクブジンなふるまい。	勝手気ままに行動すること	傍若無人
17	シツジツゴウケンな校風。	まじめで心が強くしっかりしていること	質実剛健
18	ハイハンチケンが行われた年。	はんをはいしてけんをおく政策	廃藩置県
19	キンキチホウの府県。		近畿地方
20	ジョウモンジダイの文明。		縄文時代
21	平安ジングウに参拝する。		神宮
22	大道芸のムシャシュギョウ。	海外や他の土地に行って鍛錬すること	武者修行
23	イッチョウイッセキでは無理だ。	わずかな期間	一朝一夕
24	ソッセンレイコウして片付ける。	人にさきだってはげみおこなうこと	率先励行
25	＊丈夫なホバシラの船。		帆柱
26	＊人の発言をサエギル。	途中でさまたげる	遮る

俳句の世界／俳句十句　教 p.62～70

番号	問題	意味	答え
1	チョウカクの検査をする。	音を聞き取るかんかく	聴覚

☐② サワヤカな風が吹く。（すがすがしいさま）
☐③ ＊動物愛護についての講演をキク。
☐④ ＊早起きしてソウカイな気分だ。（さわやかで気持ちがいいこと）

② 爽やか
③ 聴く
④ 爽快

希望 教p.78〜83

☐① 演奏会の前日で胸がサワグ。
☐② 犯人がタイホされる。
☐③ 歴史上、ミゾウの出来事。（今までに一度もなかったこと）
☐④ 戦いからセイカンできた人々。
☐⑤ 隣国との均衡がクズレル。
☐⑥ ソクバクから解放される。（行動に制限を加え、自由をうばうこと）
☐⑦ 人間のキョウキを描いた作品。（正常ではない精神状態）
☐⑧ 心の痛みにタエル。
☐⑨ ガシの恐怖と直面する。
☐⑩ シュウジン番号を刻印される。（刑務所に入っている人）
☐⑪ ＊都会のソウオンに慣れる。
☐⑫ ＊ソウソフの写真を見つける。
☐⑬ ＊建物のホウカイから逃れる。
☐⑭ ＊平日は時間にシバラレル。

① 騒ぐ
② 逮捕
③ 未曽有
④ 生還
⑤ 崩れる
⑥ 束縛
⑦ 狂気
⑧ 耐える
⑨ 餓死
⑩ 囚人
⑪ 騒音
⑫ 曽祖父
⑬ 崩壊
⑭ 縛られる

＊は、新出漢字の教科書本文外の読み方です。

☐⑮ ＊父の時計がクルウ。
☐⑯ ＊タイスイの加工が施された布。（みずがしみ通らないこと）
☐⑰ ＊利益を社会にカンゲンする。（もとの状態に戻すこと）

⑮ 狂う
⑯ 耐水
⑰ 還元

漢字を身につけよう3 教p.86

☐① 外国のギキョクを読む。（演劇用に書かれた脚本）
☐② 子供向けにショウヤクした本。（原文の一部だけ抜粋してほんやくすること）
☐③ 会話文にかぎカッコをつける。
☐④ サシエが美しい小説。（イラスト）
☐⑤ 物語のコウガイを書く。（あらすじ）
☐⑥ 凶悪な事件にセンリツが走る。（恐ろしくてふるえること）
☐⑦ 美術館の貴重なソゾウ。（土で作った彫ぞう）
☐⑧ ショウゾウガを描く。
☐⑨ ブリキのガングを集める。（おもちゃ）
☐⑩ ボンヨウな出来ばえの絵。（特にとりえのないこと）
☐⑪ シュウイツな作品を見つける。（他の作品よりひいでていること）
☐⑫ 西洋の絵画をショウケイする。（あこがれること）
☐⑬ 名人の技術をモホウする。（まねること）
☐⑭ 俳優がシュサイする劇団。（中心となって全体をとりまとめること）

① 戯曲
② 抄訳
③ 括弧
④ 挿絵
⑤ 梗概
⑥ 戦慄
⑦ 塑像
⑧ 肖像画
⑨ 玩具
⑩ 凡庸
⑪ 秀逸
⑫ 憧憬
⑬ 模倣
⑭ 主宰

番号	問題	意味	答え
□⑮	ハイカイが流行した時代。	はいくや連歌などの文芸の総称	俳諧
□⑯	硬貨をチュウゾウする。	溶かした金属を型に流し込んで形を作ること	鋳造
□⑰	書道ジュクに通う。		塾
□⑱	半紙にレイショで書く。	漢字の古いしょたいの一つ	隷書
□⑲	バクシュウは初夏の季語。	初夏のころ	麦秋
□⑳	キタル土曜日に開催される。	近いうちにくる	来る
□㉑	たくさんの人がツドウ。	同じ目的であつまる	集う
□㉒	人前で表彰されてオモハユイ。	てれくさい	面はゆい
□㉓	恥ずかしさにオモテを伏せる。	顔	面
□㉔	カンキワマル場面で泣く。	きょくげんに達する	感極まる
□㉕	ゴクジョウの牛肉をいただく。	きわめて品質がよいこと	極上
□㉖	＊ソウワに興味を持つ。	エピソード	挿話
□㉗	＊アコガレのまなざしを向ける。		憧れ
□㉘	＊イモノ産業が盛んな地域。	ちゅうぞうして作られた製品	鋳物

フロン規制の物語——〈杞憂（きゆう）〉と〈転ばぬ先の杖（つえ）〉のはざまで　教p.88～97

番号	問題	意味	答え
□❶	ムショクムシュウの物質。		無色無臭
□❷	冷蔵庫のレイバイの役割。	温度を下げるためのばいたいとなる物質	冷媒
□❸	ケショウヒンに使われる容器。		化粧品
□❹	スプレーカンから噴射する。		缶
□❺	精密機械のセンジョウザイ。		洗浄剤
□❻	ワズカ五〇〇トンの生産量。		僅（僅）か
□❼	ヤッカイな性質を持つもの。	めんどうなこと	厄介
□❽	夏に食品がクサル。		腐る
□❾	特定の条件のモトで発生する。		下
□❿	セイソウケンに到達する。	地上から約一〇～五〇キロメートルの領域	成層圏
□⓫	大会社のカンレンキギョウ。		関連企業
□⓬	フメイリョウな原因を解明する。	はっきりしない	不明瞭
□⓭	活用上ヒッスな要素。	ひつようなこと	必須
□⓮	様々な問題にソウグウする。	思いがけなくあうこと	遭遇
□⓯	ジュウナンな想像力が大事。		柔軟
□⓰	＊部屋の中がこげクサイ。		臭い
□⓱	＊嫌なニオイを消す効果。		臭い
□⓲	＊キンサで勝利を収めた。	わずかなさ	僅（僅）差
□⓳	＊食品のフハイが進む。	菌や微生物の作用によって変質すること	腐敗
□⓴	＊ヨットで世界一周をクワダテル。	計画する	企てる
□㉑	＊急な雨で大変なめにアウ。	よくないことに出くわす	遭う

□㉒＊ヤワラカな地盤を補強する。 ㉒軟らか

漢字を身につけよう4　教 p.106

□❶スイソウで熱帯魚を飼う。 ❶水槽
□❷猛獣（もうじゅう）の長いキバ。 ❷牙（牙）
□❸恐竜のウワアゴの骨。 ❸上顎
□❹カッショク（黒みがかった茶色）の馬が走る。 ❹褐色
□❺草を食べるワカゴマ（わかい馬）の群れ。 ❺若駒
□❻ツバサを広げて飛ぶ。 ❻翼
□❼貴重なサンゴショウ（海面に見え隠れする岩）の生態系。 ❼礁
□❽キッキン（さしせまっていて大切なこと）の課題に取り組む。 ❽喫緊
□❾ゼツメツキグシュ（ぜつめつのおそれが高い生物のしゅ）を保護する。 ❾絶滅危惧（惧）種
□❿フンコツサイシン（全力で努力すること）して尽くす。 ❿粉骨砕身
□⓫開発で野生動物がギセイになる。 ⓫犠牲
□⓬計画をシンチョウ（注意深く行うこと）に進める。 ⓬慎重
□⓭国際条約をヒジュン（署名された条約に、権限をもつ機関が同意を与えること）する。 ⓭批准
□⓮監視の隙をネラウ。 ⓮狙う
□⓯犯罪をソシ（さまたげること）する。 ⓯阻止
□⓰既に根絶されたテンネントウ（感染症の一種）。 ⓰天然痘
□⓱体内のショウカコウソ（摂取した栄養素を分解するこうそ）。 ⓱消化酵素
□⓲ホルモンがブンピツ（細胞が生産物を外に出す現象）される。 ⓲分泌
□⓳ショウサン（無色で刺激臭がある液体）を用いた調査。 ⓳硝酸
□⓴スイゴウチタイの風景。 ⓴水郷地帯
□㉑夏山のケイコク（たにま）を散策する。 ㉑渓谷
□㉒ドシャサイガイの対策本部。 ㉒土砂災害
□㉓河川のシンセン（ふかさの程度）を調査する。 ㉓深浅
□㉔大掃除のスケ太刀（力を貸すこと）に入る。 ㉔助
□㉕＊ゾウゲで作られた工芸品。 ㉕象牙（牙）
□㉖＊ガクカンセツ（あごのかんせつ）を診察する。 ㉖顎関節
□㉗＊飛行機のシュヨク（機体の全重量を支えるつばさ）を設計する。 ㉗主翼
□㉘＊氷をこなごなにクダク。 ㉘砕く
□㉙＊失礼のないよう言葉をツツシム（控えめにする）。 ㉙慎む
□㉚＊見事なソゲキ（ねらいうつこと）の腕前。 ㉚狙撃

＊は、新出漢字の教科書本文外の読み方です。

和歌の世界——万葉集（まんようしゅう）・古今和歌集（こきんわかしゅう）・新古今和歌集（しんこきんわかしゅう）　教 p.108〜117

□❶「コキン和歌集」を音読する。 ❶古今
□❷鯛（たい）の尾カシラ付き。 ❷頭
□❸川のセ（川の、人が歩けるくらい浅い所）を渡る。 ❸瀬

□④ 平家伝説が語り継がれるウラ。（入り江）

④ 浦

おくのほそ道

教 p.120～129

□① 向こう岸までフネで渡る。
□② ショウガイを共に暮らす。（いっしょうの間）
□③ いい匂いにサソワレル。
□④ ヒョウハクの旅人。（あてもなくさまよい歩くこと）
□⑤ お年寄りに席をユズル。
□⑥ 夏休みはベッソウで過ごす。
□⑦ 全国の城をメグル。
□⑧ セイカンの地で静養する。（きよらかでしずかなさま）
□⑨ 山のフモトの宿で休む。
□⑩ 山の上からカケイを眺める。（いいけしき）
□⑪ ＊貴族がフナアソビに興じる。
□⑫ ＊シュウコウの旅に出る。（ふねでいくこと）
□⑬ ＊甘い物のユウワクに負ける。
□⑭ ＊海に近い旅館にトマル。
□⑮ ＊先生にケンジョウゴを使う。
□⑯ ＊四国八十八所をジュンレイする。（聖地や霊場をめぐって参拝すること）

① 舟〈船〉
② 生涯
③ 誘われる
④ 漂泊
⑤ 譲る
⑥ 別荘
⑦ 巡る
⑧ 清閑
⑨ 麓
⑩ 佳景
⑪ 舟遊び〈船遊び〉
⑫ 舟行〈舟航〉
⑬ 誘惑
⑭ 泊まる
⑮ 謙譲語
⑯ 巡礼

□⑰ ＊サンロクでそば屋を営む。（やまのふもと）

⑰ 山麓

漢字を身につけよう5

教 p.138

□① 予算編成のカンカツ省庁。（権限をもって運営する範囲）
□② 新しいカクリョウが発表される。（ないかくの各大臣）
□③ 大臣をヒメンする。（職務をやめさせること）
□④ シュショウカンテイからの中継。（国が用意した総理大臣の住宅）
□⑤ どのハバツにも属さない。（団体の中で、利害や思想などによって結びついた小集団）
□⑥ 日本とカンコクの文化の違い。
□⑦ 同じイドに位置する都市。（地球上のある地点の、南北の位置を表すどあい）
□⑧ コフンを見学する。
□⑨ 古代文明のハッショウ地。（起こりあらわれること）
□⑩ 余計なセンサクをしない。（細かいことまでさぐって知ろうとすること）
□⑪ ヤヨイジダイの遺跡。
□⑫ 日本各地に残るカイヅカ。（古代の人が食べたかいの殻が堆積した所）
□⑬ ジュキョウの思想を取り入れる。（孔子の教えが元になった思想）
□⑭ 日本にゼンシュウが伝わる。（仏教のしゅうはの一つ）
□⑮ メイソウと呼ばれた人物。（徳の高い優れたそうりょ）
□⑯ 日本にカワラが伝来する。

① 管轄
② 閣僚
③ 罷免
④ 首相官邸
⑤ 派閥
⑥ 韓国
⑦ 緯度
⑧ 古墳
⑨ 発祥
⑩ 詮（詮）索
⑪ 弥生時代
⑫ 貝塚
⑬ 儒教
⑭ 禅宗
⑮ 名僧
⑯ 瓦

- 17 ドウクツ内で発見された壁画。
- 18 ジュモンのような字が並ぶ。
- 19 滅亡した一族のオンネン。（深いうらみ）
- 20 大海原を航海する。（広々とした青い海）
- 21 商船が波止場に着く。（港）
- 22 田に早苗が広がる時期。（稲の若い苗）
- 23 早乙女たちが集う。（田植えをする若い女性）
- 24 白髪交じりの髪を気にする母。
- 25 着心地のよい木綿の服。
- 26 芝生の上に寝転がる。
- 27 明日に差し支えるので早く寝る。（あることをするのにさまたげとなる）
- 28 交番のお巡りさんに挨拶する。
- 29 紅葉の葉が赤く色づく。
- 30 ＊大きなホラアナが見つかる。
- 31 ＊つらい人生をノロウ。

17 洞窟　18 呪文　19 怨念　20 おおうなばら　21 はとば　22 さなえ　23 さおとめ　24 しらが　25 もめん　26 しばふ　27 さしつかえる　28 おまわりさん　29 もみじ　30 洞穴　31 呪う

情報社会を生きる――メディア・リテラシー　教p.142～147

- 1 シイテキなメディアの情報。（自分勝手なさま）
- 2 冷静に特性をハアクする。（正確に理解すること）

1 恣（恣）意的　2 把握

＊は、新出漢字の教科書本文外の読み方です。

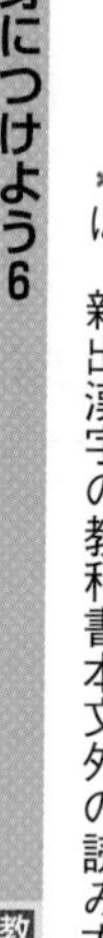

漢字を身につけよう6　教p.154

- 1 働いてお金をカセグ。
- 2 高額商品をカップで購入する。（代金の支払いなどを何回かに分けて行うこと）
- 3 自動車保険のヤッカンを読む。（けいやくに定められている条項）
- 4 犯罪の事実をインペイする。（都合の悪いことをかくすこと）
- 5 捜査を違法にサマタゲル。
- 6 犯人をシサする証拠が見つかる。（それとなく教え気づかせること）
- 7 社会的信用のシッツイ。（めいよや信用をうしなうこと）
- 8 メイヨキソンの罪に問われる。（めいよをそこなうこと）
- 9 ソンガイバイショウを求める。（そんがいを与えた側が補填すること）
- 10 民事でソショウを起こす。（裁判にうったえること）
- 11 弁護士はホウソウカイに属する。（ほうりつの仕事に従事する人の社会）
- 12 芸能界のジュウチンが居並ぶ。（団体や組織の中で、中心的な地位を占める人）
- 13 オンシャの対象となる。（確定した刑の一部を消滅、軽減する制度）
- 14 重いケイバツが科される。
- 15 シッコウユウヨの判決が出る。（情状により一定期間の刑のしっこうを延ばすこと）
- 16 リョウジュウ所持の許可を得る。
- 17 カケごとに関する法律。（金品をかけてする勝負）

1 稼ぐ　2 割賦　3 約款　4 隠蔽（蔽）　5 妨げる　6 示唆　7 失墜　8 名誉毀損　9 損害賠償　10 訴訟　11 法曹界　12 重鎮　13 恩赦　14 刑罰　15 執行猶予　16 猟銃　17 賭（賭）け

番号	問題	意味	答え
□18	ルールがケイガイカする。	元の意義などが失われ、かたちだけのものになること	形骸化
□19	モッパラ植物の研究に打ち込む。	それに集中するさま	専ら
□20	ブがいい仕事を請け負う。	利回り	歩
□21	イチジルシイ成果を収める。	目立ってはっきりしている	著しい
□22	長編小説をアラワス。	本に書いて世に出す	著す
□23	滅多にないトウトイ経験をする。	非常に価値がある	貴い〈尊い〉
□24	タットイ身分の人の衣装。	身分などがとても高い	貴い〈尊い〉
□25	新型のリョカクキが飛ぶ。		旅客機
□26	＊通行をボウガイする。	じゃまをすること	妨害
□27	＊被害をウッタエル。		訴える

故郷

教p.162〜177

番号	問題	意味	答え
□1	雲行きがアヤシイ。		怪しい
□2	キュウレキの正月に引っ越す。	現在のものより前に使用されていたこよみ	旧暦
□3	コン碧（べき）の空に浮かぶ月。	濃い青色	紺
□4	猫がマタの下をすり抜ける。	足のつけ根部分	股
□5	たくさんのヤトイ人が働く。		雇い
□6	ツヤのいい顔をした子供。	光沢	艶
□7	親のデキアイぶりがわかる。	とてもかわいがること	溺（溺）愛
□8	大きなカゴを持ってくる。		籠
□9	ひもを棒にユワエル。	むすぶ	結わえる
□10	獰（どう）モウな野生の熊。	荒々しいさま	猛
□11	高いヘイに囲まれた城。		塀
□12	ホオボネの高い顔。		頬骨
□13	厚いクチビルの男性。		唇
□14	サゲスムような目で見る。	見下す	蔑む
□15	サイフのひもを緩める。		財布
□16	去年よりもヤセル。		痩せる
□17	米のキョウサクに苦しむ。	天候不順などで農作物の収穫量が減ること	凶作
□18	部屋にコウロを置く。	こうをたく器	香炉
□19	キャンプ場でスイジをする。	料理をすること	炊事
□20	ウスズミイロの夕空。		薄墨色
□21	彼は町のエイユウだ。		英雄
□22	作品にタマシイを込める。		魂
□23	お茶をショモウする。	のぞむこと	所望
□24	女神のグウゾウをまつる。	神仏をかたどったぞう	偶像
□25	祖先をスウハイする。	あがめ、うやまうこと	崇拝

□㉖＊キキカイカイな物語。（非常にきみょうで不思議なさま）
□㉗＊コヨミどおりに休みを取る。（カレンダー）
□㉘＊コカンセツの痛みを和らげる。（足のつけ根部分のかんせつ）
□㉙＊臨時で三人コヨウする。（やとい入れること）
□㉚＊欲にオボレないよう戒める。
□㉛＊アトリエにコモル。
□㉜＊ケイベツするような表情。（相手を見下すこと）
□㉝＊お釜でお米をタク。
□㉞＊スイボクガの展覧会。（すみの濃淡を利用してえがいた絵画）
□㉟＊かぼちゃのオバナが咲く。（おしべだけの花）
□㊱＊セイコン込めて仕上げた作品。

㉖奇々怪々〈奇奇怪怪〉
㉗暦
㉘股関節
㉙雇用
㉚溺（溺）れ
㉛籠もる
㉜軽蔑
㉝炊く
㉞水墨画
㉟雄花
㊱精魂

漢字を身につけよう7

教 p.180

□❶ジギにかなった言葉を使う。（その時・場合にふさわしいこと）
□❷見込み違いもハナハダシイ。（普通の程度を超えているさま）
□❸見るにタエナイ光景だ。（持ちこたえることができない）
□❹バセイを浴びる。（相手を悪く言う言葉）
□❺反対意見をハイセキする。（受け入れず、しりぞけること）
□❻セイサンなニュースが流れる。（とてもむごたらしいこと）

❶時宜
❷甚だしい
❸堪えない
❹罵声
❺排斥
❻凄惨

＊は、新出漢字の教科書本文外の読み方です。

□❼試験前のユウウツな気持ち。（心がふさいで晴れないこと）
□❽しょう油をニショウ買う。（約三・六リットル）
□❾ショウチュウのお湯割り。
□❿来賓の方々から祝辞をタマワル。（いただく。ちょうだいする）
□⓫なんのオトサタもなく過ぎる。（知らせや便りのこと）
□⓬深い眠りからカクセイする。（目がさめること）
□⓭ダラクした生活を送る。（生活が乱れ、くずれること）
□⓮教師が生徒をサトス。（物事の道理をわかりやすく話して聞かせる）
□⓯恩師のセイキョを知らされる。（人の死を、敬ってあらわす語）
□⓰著名人のフホウが流れる。（死亡の知らせ）
□⓱ご依頼をツツシンデ承る。
□⓲心よりアイトウの意を表す。（死を悲しみいたむこと）
□⓳マキ場（ば）で草をはむ羊。
□⓴夕日に紅葉がハエル。（照らされて輝く）
□㉑進入をはばむニオウダチの男。
□㉒ムナサワギがして引き返す。（心配事や不安などで心が落ち着かないこと）
□㉓記憶はボウキャクのかなただ。（わすれさること）
□㉔＊誰かをノノシル声がする。（相手を悪く言う）

❼憂鬱
❽二升
❾焼酎
❿賜る
⓫音沙汰
⓬覚醒
⓭堕落
⓮諭す
⓯逝去
⓰訃報
⓱謹んで
⓲哀悼
⓳牧
⓴映える
㉑仁王立ち
㉒胸騒ぎ
㉓忘却
㉔罵る

□㉕ ＊祖父がマスザケを飲む。（ますに注がれたさけ）
□㉖ ＊母は中学校のキョウユだ。（学校の先生）
□㉗ ＊キンゲンジッチョクな父。（非常にまじめでしょうじきなこと）

㉕ 升酒
㉖ 教諭
㉗ 謹厳実直

「文殊（もんじゅ）の知恵」の時代　教 p.182～185

□① テッテイテキな検証を求める。
□② 話し合いはケツレツした。（意見がまとまらないまま終わること）
□③ ＊闇をキリサクような鋭い音。

① 徹底的
② 決裂
③ 切り裂く

坊（ぼ）っちゃん　教 p.186～198

□① 彼のムテッポウにはあきれる。（物事をよく考えずに行動すること）
□② よく切れそうなナイフのハ。
□③ 頼まれた仕事をウケアウ。（責任をもって引き受ける）
□④ 近くでシチヤを営む。
□⑤ 頭のハチの開いた人。（ここでは頭がい骨のこと）
□⑥ 不始末のシリぬぐいをする。（シリぬぐい＝他人の失敗の後始末をすること）
□⑦ 水がこんこんとワキデル。
□⑧ イネに水を行き渡らせる。
□⑨ 長い間チョウエキに服す。（刑務所などで作業を科される刑罰）
□⑩ 親にカンドウされそうになる。（親が子供をこらしめるために親子の縁を切ること）

① 無鉄砲
② 刃
③ 請け合う
④ 質屋
⑤ 鉢
⑥ 尻
⑦ 湧き出る
⑧ 稲
⑨ 懲役
⑩ 勘当

□⑪ レイラクした貴族の子孫。（おちぶれる）
□⑫ 大きな屋敷でホウコウする。（住み込みで召し使われること）
□⑬ しかたなくアキラメル。
□⑭ キショウの激しい人物。（生まれつきのせいかく）
□⑮ マクラモトに時計を置く。
□⑯ ナベヤキうどんを食べる。
□⑰ 鼻を近づけてカグ。
□⑱ 仕事をシュウセンする会社。（仲介すること）
□⑲ 父が四国にフニンする。（にんちにおもむくこと）
□⑳ かばんにテヌグイを入れる。
□㉑ ＊料金をセイキュウする。
□㉒ ＊温泉がユウシュツする。（地中からわきでること）
□㉓ ＊イナサクの盛んな地域。
□㉔ ＊リクトウを収穫する。（畑で育てるいね）
□㉕ ＊悪い鬼をコラシメル昔話。（罰を与えて二度としないように促すこと）
□㉖ ＊江戸時代のブギョウショ跡。（ぶぎょうが事務を執り行うやくしょ）
□㉗ ＊自分の運命をテイカンする。（超然とした態度をとること）
□㉘ ＊犬はキュウカクが優れている。

⑪ 零落
⑫ 奉公
⑬ 諦める
⑭ 気性
⑮ 枕もと〈枕元〉
⑯ 鍋焼き
⑰ 嗅（嗅）ぐ
⑱ 周旋
⑲ 赴任
⑳ 手拭い
㉑ 請求
㉒ 湧出
㉓ 稲作
㉔ 陸稲
㉕ 懲らしめる
㉖ 奉行所
㉗ 諦観
㉘ 嗅（嗅）覚

□㉙＊地方にオモムク。（その方に向かって行く）
□㉚＊丹念にガラスをフク。

㉙赴く
㉚拭く

漢字を身につけよう8

教p.199

□❶ドンブリモノを注文する。
□❷好きなメンルイはうどんだ。
□❸ショクタクに料理が並ぶ。
□❹夕食にツケモノが出る。
□❺刺し身がショクゼンにのぼる。（料理を載せる台）
□❻牛のコツズイからスープをとる。（ほね内部の軟らかい組織）
□❼アゲモノが入った弁当。
□❽おいしい料理にハシが進む。
□❾専用のカマでピザを焼く。（物を加熱したり溶かしたりする装置）
□❿花のホウコウが広がる。（よいかおり）
□⓫センヌキを使う。
□⓬箱のフタを開ける。
□⓭おやつにセンベイを用意する。
□⓮クシダンゴを一本買う。
□⓯オロシウリ市場で仕入れる。

❶丼物
❷麺類
❸食卓
❹漬け物
❺食膳
❻骨髄
❼揚げ物
❽箸（箸）
❾窯
❿芳香
⓫栓抜き
⓬蓋
⓭煎餅（煎餅）
⓮串団子
⓯卸売

＊は、新出漢字の教科書本文外の読み方です。

□⓰日本酒をジョウゾウする。（原料を発酵させて酒などをつくること）
□⓱米をレンカで販売する。（安い値段）
□⓲割引券をハンプする。（広く配ること）
□⓳ご飯をヒトツブ残さず食べる。
□⓴大和言葉を用いた和歌。（大和言葉＝日本固有のことば）
□㉑弥生時代の暮らしを学ぶ。
□㉒雪崩を防ぐ防雪林。
□㉓吹雪の中を歩く。
□㉔硫黄のにおいのする温泉。（非金属元素）
□㉕時間をかけて小豆を煮込む。
□㉖受け継がれる刀鍛冶の技術。（金属を打って刀などを作ること）
□㉗老舗ののれんを守り続ける。（代々商売をしている店）
□㉘為替変動の動向を見守る。（手形や小切手による決済）
□㉙固唾をのんで勝負を見守る。（口の中にたまるつば）
□㉚犯罪の尻尾をつかむ。（隠していたことが現れる糸口）
□㉛＊テンドンが名物のお店。
□㉜＊イキヨウヨウと帰国する。（得意げでげんきなさま）
□㉝＊コウガイの異常を診てもらう。（口の中の奥の上側）

⓰醸造
⓱廉価
⓲頒布
⓳ひと粒〈一粒〉
⓴やまと
㉑やよい
㉒なだれ
㉓ふぶき
㉔いおう
㉕あずき
㉖かじ
㉗しにせ
㉘かわせ
㉙かたず
㉚しっぽ
㉛天丼
㉜意気揚々〈揚揚〉
㉝口蓋

- □㉞ ＊フライパンでごまをイル。（火であぶる） ㉞ 煎（煎）る
- □㉟ ＊お土産のクサモチを食べる。 ㉟ 草餅（餅）
- □㊱ ＊品物を安く店にオロス。（製造元などが業者へ商品を売り渡す） ㊱ 卸す
- □㊲ ＊新たなソリュウシが見つかる。（物質を構成する基本となるりゅうし） ㊲ 素粒子

本文で扱わなかった漢字

教p.319

- □❶ 軍服を着た陸軍タイイ。（軍の階級の一つ） ❶ 大尉
- □❷ インコウ条例が制定される。（一般的な性道徳から外れたおこない） ❷ 淫行
- □❸ ウネマの雑草を取り除く。（畑で高く土を盛った筋と筋のあいだ） ❸ 畝間
- □❹ 大雨のオソレがある地域。（悪いことが起こることを心配する気持ち） ❹ 虞〈恐れ〉
- □❺ 政府の要人をユウカイする。 ❺ 誘拐
- □❻ 必要カツ十分な条件がそろう。（さらに。そのうえ） ❻ 且つ
- □❼ 海中を航行するセンスイカン。 ❼ 潜水艦
- □❽ キンコ十年の刑。（閉じ込めて外に出さないこと） ❽ 禁錮〈禁固〉
- □❾ オウコウ貴族をもてなす。（貴族のしゃくいの一つ） ❾ 王侯
- □❿ 過去にゴウモンが行われた場所。（心身に苦痛を与えて自白を強要すること） ❿ 拷問
- □⓫ 武家のケイシが生まれる。（跡取り） ⓫ 継嗣
- □⓬ コクジが押された証書。（国家のしるしとして用いる印章） ⓬ 国璽
- □⓭ シャクイが受け継がれる家系。（旧華族制度下での階級） ⓭ 爵位
- □⓮ 紳士とシュクジョのたしなみ。（気品のあるじょせい） ⓮ 淑女
- □⓯ ジュンショクした消防士。（職務を果たす中で命を落とすこと） ⓯ 殉職
- □⓰ 天皇の意思を伝えるショウショ。（天皇の命を伝える公文書） ⓰ 詔書
- □⓱ 企業のソウスイとしての役割。（最高指揮官） ⓱ 総帥
- □⓲ 名家のチャクシとして育つ。（跡取り） ⓲ 嫡子
- □⓳ 朝廷から遣わされたチョクシ。（王などの意思を伝えるためのつかい） ⓳ 勅使
- □⓴ 「チン」は国王などの一人称だ。（皇帝や天子・国王の自称） ⓴ 朕
- □㉑ 夫にテイセツを尽くす。（女性が純潔をかたく守ること） ㉑ 貞節
- □㉒ 戦前の政府のテイシン省。（郵便・電話などをつかさどる省） ㉒ 逓信
- □㉓ 古代のドレイ制社会。 ㉓ 奴隷
- □㉔ 軍隊が山中にチュウトンする。（軍隊がある土地にとどまること） ㉔ 駐屯
- □㉕ ヤバンな振る舞いをとがめる。 ㉕ 野蛮
- □㉖ オウヒの指輪。 ㉖ 王妃
- □㉗ フヨウする家族が多い。（助けてやしなうこと） ㉗ 扶養
- □㉘ 甲・乙・ヘイで評価する。（成績などの第三位） ㉘ 丙
- □㉙ 人格をトウヤする。（才能などを育て上げること） ㉙ 陶冶
- □㉚ ラチ事件の解決を願う。（無理に連れ去ること） ㉚ 拉致
- □㉛ ホリョが解放される。（敵にとらえられた者） ㉛ 捕虜

俳句の世界／俳句十句

教 p.62～70

俳句の形式

俳句の形式を確認しよう。

有季定型…季語が入り、五・七・五の十七音。

俳句の表現技法

技法のはたらきを確認しよう。

切れ字	句の切れめを明確にし、感動を深めたり、調子を整えたりする言葉。→や・かな・けりなど
一物仕立て	一句全体で、季語のことだけを描写する方法。
取り合わせ	季語とは関係のない事柄と季語を取り合わせる手法。

俳句の大意

俳句の意味を確認しよう。

- 斧入れて…冬枯れした木立に斧を入れてみると、思いがけない木の香りがして、木の生命に驚くことだ。
- 桐一葉…桐の葉が一枚、秋の日に照らされながら、ゆっくりと舞って落ちていくよ。
- 谺して…山々にこだまを響かせて、ほととぎすが自由気ままに鳴いている。
- 芋の露…秋の朝、畑の里芋の葉に大粒の露がある。向こうには山脈が、姿勢を正して並んでいるように見える。
- 分け入つても…山中深く分け入っても、見えるのは青々とした山だけだ。どこまでも歩き続けなければいけない。

和歌の世界
——万葉集・古今和歌集・新古今和歌集

教 p.108～117

和歌の技法

技法のはたらきを確認しよう。

枕詞	特定の言葉の前におかれる言葉。 例 あしひきの山のしづくに妹待つと 我立ち濡れぬ山のしづくに　大津皇子
序詞	枕詞と違い、ある語句を導き出す言葉。 例 多摩川にさらす手作りさらさらに 何そこの児のここだ愛しき　東歌
掛詞	一つの言葉に同音異義語の二つ以上の意味をもたせている言葉。 例 世の中は何か常なるあすか川 昨日の淵ぞ今日は瀬になる　詠み人知らず ＊あすか川(川の名前)＋あす(明日)

作品

作品について確認しよう。

作品		
万葉集	成立	奈良時代末期
	特徴	現存する日本最古の歌集
古今和歌集	成立	平安時代前期
	特徴	最初の勅撰和歌集
新古今和歌集	成立	鎌倉時代初期
	特徴	八番めの勅撰和歌集

おくのほそ道

教p.120〜129

歴史的仮名遣い　現代仮名遣いを確認しよう。

過客（くわかく）	かかく
いづれ	いずれ
江上（かうしやう）	こうしょう
栄耀（えいえう）	えいよう

『おくのほそ道』では，対句的な表現が多く使われているよ。注意しながら読んでみよう。

ポイント文　現代語訳を確認しよう。

- 月日は百代（はくたい）の過客にして

訳　月日は永遠の旅人のようなものであって

- 三代の栄耀（えいえう）一睡（いっすい）のうちにして

訳　（藤原氏）三代の栄華は、うたた寝をしている間に見る夢のようにはかなくて

- 佳景寂寞（じゃくまく）として心澄みゆくのみおぼゆ

訳　素晴らしい景色は静かでひっそりとした様子で、自分の心が澄みきっていくことだけが感じられる

作品　作品について確認しよう。

作者	松尾芭蕉（ばしょう）
成立	江戸時代
特徴	紀行文

論語　漢文の読み方　訓読の仕方の確認

教p.132〜135

返り点　漢文を読む順番を確認しよう。

- レ点…一字だけ上の字に返る。

3レ 2レ 1。

- 一・二点…二字以上離れた上の字に返る。

1 2 5二 3 4一。

5三 1 4二 2 3一。

- 上・下点…一・二点をはさんで下から上に返る。

6下 1 4二 2 3一 5上。

語句の意味　意味を確認しよう。

子曰（しい）はく	先生（孔子（こうし））が言われた
耳順（したが）ふ	他人の言葉を素直に聞き入れる
亦〜乎（や）	なんとも〜ではないか
君子	徳の高い人格者

『論語』で述べられている「儒教（じゅきょう）思想」では，「仁（じん）」（思いやり）の大切さが説かれているよ。

ポイント文　返り点と書き下し文を確認しよう。

- 己（おのれノ）所レ不（ざル）レ欲（ほつセ）、勿（なカレ）レ施（ほどこスコト）二於　人一。

書き下し文　己の欲せざる所、人に施すこと勿かれ。

- 有下（リ）朋（とも）、自（より）二遠　方一来（タル）上、不（ず）二亦（また）楽（シカラ）一乎（や）。

書き下し文　朋、遠方より来たる有り、亦楽しからずや。

文法の窓　表現につながる文法

教 p.153／p.208～211

助詞や助動詞に相当する語句

語句を確認しよう。

助詞に相当する語句	取り上げる対象を示す	例 合唱祭の課題曲について話し合う。 ＊くだけた表現…君だけに僕の秘密を話すよ。
	行為・反応の対象を示す	例 この意見に対して多くの賛同の声が寄せられた。
	場所を示す	例 市民会館において説明会が行われた。 ＊くだけた表現…校庭でサッカーをした。
	資格や立場を示す	例 経験者として助言をする。
助動詞に相当する語句	可能性があることを示す	例 まだ間に合うかもしれない。
	断定できないが確信されることを示す	例 妹がプリンを食べたにちがいない。
	その事態が妥当であるという話し手の評価を示す	例 同じ地球上の人間として助け合うべきだ。

視点と表現

視点の置き方の違いを確認しよう。

自動詞と他動詞	「何がどうなったか」に視点をおいた述べ方	例 二階の窓が開いた。
	「誰がどうしたか」に視点をおいた述べ方	例 母が二階の窓を開けた。
受け身の表現と使役の表現	「何がどうされたか」に視点をおいた述べ方	例 ねずみが子猫に追いかけられた。
	「何がさせたか」に視点をおいた述べ方	例 母猫が子猫にねずみを追いかけさせた。
やりもらいの表現	「私がされたこと」に視点をおいた述べ方	例 私が友達にプレゼントをもらった。
	「私がしたこと」に視点をおいた述べ方	例 私が友達にプレゼントをあげた。
「～ていく」と「～ている」	「話し手から遠ざかる方向」に視点を向けた述べ方	例 父が弟を野球場に連れていく。
	「話し手に近づいてくる方向」に視点を向けた述べ方	例 父が弟を野球場に連れてくる。

三年間の文法の総まとめ①

教 p.212～219

言葉のまとまり

言葉の単位を確認しよう。

●言葉の単位

言葉の単位（小→大）	
文章・談話	書き言葉（文章）や話し言葉（談話）で表現され、ひとまとまりとなっている全体。
段落	文章や談話の中で、内容的にひとまとまりになっている部分。
文	考えや気持ち、できごとなどの事柄を表し、句点（。）でくぎられるひと続きの言葉のまとまり。
文節	文を発音や意味のうえで不自然にならないように、できるだけ小さくくぎったときのまとまり。
単語	文節を組み立てている一つ一つの言葉。

●文・文節・単語の関係

例 かご｜の｜中｜で｜鳥｜が｜鳴い｜て｜いる。

- 文：かごの中で鳥が鳴いている。
- 文節：かごの／中で／鳥が／鳴いて／いる。
- 単語：かご／の／中／で／鳥／が／鳴い／て／いる

文節の関係・連文節・文の成分

はたらきを確認しよう。

●文節の関係

主語・述語　例 白い 自動車が（主語） 通った。（述語）

修飾・被修飾語　例 白い（修飾語） 自動車が（被修飾語） 通った。

接続語　例 だから・でも・また・ところで

独立語　例 ねえ・こんにちは・はい

●連文節

並立の関係　例 砂糖と ミルクを 入れる。

補助の関係　例 置いて ある

●文の成分

例 庭の 梅が（何が） 昨日（いつ） 咲いた。（どうする）

単語の類別と品詞

単語の類別と品詞を確認しよう。

単語	活用	はたらき	品詞	
自立語	活用がない	主語になる	名詞	体言
自立語	活用がない	主語にならない	副詞	
自立語	活用がない	主語にならない	連体詞	
自立語	活用がない	主語にならない	接続詞	
自立語	活用がない	主語にならない	感動詞	
自立語	活用がある	述語になる	動詞（言い切りがウ段）	用言
自立語	活用がある	述語になる	形容詞（言い切りが「い」）	用言
自立語	活用がある	述語になる	形容動詞（言い切りが「だ・です」）	用言
付属語	活用がない		助詞	
付属語	活用がある		助動詞	

名詞の種類

名詞の種類を確認しよう。

名詞の種類		例
普通名詞		秋・会社員・家・正義……
固有名詞		夏目漱石（なつめそうせき）・日本・パリ・令和……
数詞		一つ・二回・三人・五千円……
形式名詞		（書く）こと・（書く）とき・（ちょうど着いた）ところ……
代名詞	人称代名詞	私・君・彼・誰……
代名詞	指示代名詞	ここ・そこ・あれ・どれ……

三年間の文法の総まとめ②

教 p.212～219

動詞・形容詞・形容動詞

性質や形、活用を確認しよう。

●動詞・形容詞・形容動詞

	性質	基本の形
動詞	人や物事の動作・作用・状態・存在を表す。	言い切りの形がウ段の音で終わる。
形容詞	物事の性質や状態、人の感情などを表す。	「い」で終わる。
形容動詞	物事の性質や状態、人の感情などを表す。	「だ・です」で終わる。

●動詞の活用型

五段活用　上一段活用　下一段活用
カ行変格活用　サ行変格活用

副詞・連体詞・接続詞・感動詞

はたらきを確認しよう。

副詞…主に連用修飾語になる。
連体詞…連体修飾語になる。
接続詞…前に述べた事柄とあとに述べる事柄とをつなぎ、それらの事柄の関係を示す。
感動詞…応答・挨拶・呼びかけ・感嘆などを表す。

助詞・助動詞

はたらきと種類を確認しよう。

●助詞

格助詞	が・を・に・へ・と・から・より・で・や・の
接続助詞	と・から・ので・のに・が・けれども(けれど)・て・ても(でも)・ば……
副助詞	は・も・こそ・さえ・でも・だって・すら・しか・まで・ばかり……
終助詞	か・かしら・ぞ・ぜ・な・なあ・ね・ねえ・わ・よ・とも・さ……

●助動詞

受け身・自発・可能・尊敬	れる・られる
使役	せる・させる
断定	だ
丁寧な断定	です
丁寧	ます
打ち消し(否定)	ない／ぬ・ん
過去・完了・存続・確認	た・だ
希望	たい・たがる
意志・勧誘(かんゆう)・推量	う・よう
推定	らしい
推定・たとえ・例示	ようだ
様態・伝聞	そうだ
打ち消しの意志・打ち消しの推量	まい

尊敬語は？

する

12

謙譲語は？

する

13

尊敬語は？

くれる

14

謙譲語は？

もらう

15

謙譲語は？

与(あた)える・やる

16

謙譲語は？

知る・心得る

17

尊敬語は？

出席する

18

謙譲語は？

案内する

19

尊敬語は？

書く

20

謙譲語は？

会う

21

尊敬語は？

選ぶ

22

尊敬語は？

述べる

23

いたす

〈例文〉私が部屋の清掃をいたします。

ポイント

尊敬語は「なさる」。

なさる

〈例文〉どうぞ気楽になさってください。

ポイント

謙譲語は「いたす」。

いただく

〈例文〉旅行のお土産をいただく。

ポイント

「いただく」は「食べる・飲む」の謙譲語でもある。

くださる

〈例文〉先生がサインをくださる。

ポイント

対義の「もらう」の謙譲語は「いただく」。

存ずる

〈例文〉その件については何も存じません。

ポイント

「存ずる」は「考える・思う」の謙譲語でもある。「存じる」ということもある。

差し上げる

〈例文〉先生に花束を差し上げる。

ポイント

対義の「くれる」の尊敬語は「くださる」。

ご案内する

〈例文〉お客様，応接室にご案内します。

ポイント

動詞を「ご～する」の形にすると謙譲語になる。

ご出席になる

〈例文〉市長が卒業式にご出席になる。

ポイント

動詞を「ご～になる」の形にすると尊敬語になる。

お会いする

〈例文〉明日は先輩にお会いする。

ポイント

動詞を「お～する」の形にすると謙譲語になる。

お書きになる・書かれる

〈例文〉先生が手紙をお書きになる。

ポイント

動詞を「お～になる」の形にする，「～れる（られる）」を付けると尊敬語になる。

述べられる

〈例文〉先生が林さんの受賞について述べられる。

ポイント

上一段・下一段・カ行変格活用の動詞に助動詞「られる」を付けると尊敬語になる。

選ばれる・お選びになる

〈例文〉校長先生が本を選ばれる。

ポイント

五段活用とサ行変格活用の動詞に，助動詞「れる」を付けると，尊敬語になる。

中学教科書ワーク　学習カード

ポケットスタディ

古語の意味

国語 3 年

Pocket Study

意味は？

☆☆☆

あまた

〈あまた〉

1

意味は？

☆☆

あやし

〈あやし〉

2

意味は？

☆☆☆

ありがたし

〈ありがたし〉

3

意味は？

☆☆☆

いと

〈いと〉

4

意味は？

☆☆☆

いみじ

〈いみじ〉

5

意味は？

☆☆☆

うつくし

〈うつくし〉

6

意味は？

☆☆☆

え〜ず

〈え〜ず〉

7

意味は？

☆☆☆

おどろく

〈おどろく〉

8

意味は？

☆☆☆

おはす

〈おわす〉

9

意味は？

☆☆☆

おぼしめす

〈おぼしめす〉

10

意味は？

☆☆

げに

〈げに〉

11

意味 たくさん。

ポイント

漢字では「数多」と書き，数量が多い様子を表す。

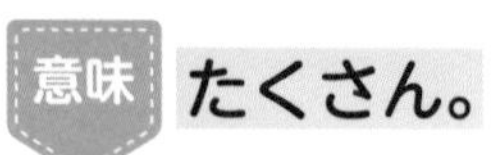

- ミシン目で切り取り，穴をあけてリングなどを通して使いましょう。
- カードの表面には問題が，裏面には答え・例文・ポイントがあります。

意味 ①珍しい。②優れている。

ポイント

「有り＋難し」(有ることが難しい)ことから，「珍しい」，めったにないほど「優れている」という意味になった。

意味 ①不思議だ。②粗末だ。

ポイント

「怪し・奇し」という字を当てるときは①，「賤し」を当てるときは②の意味になる。

意味 程度が甚だしい。

ポイント

とても「よい」場合にも，とても「ひどい」場合にも使われる。

意味 とても。たいそう。

ポイント

「いと」よりも程度が甚だしいときには，「いとど」を使う。

意味 ～できない。

ポイント

下に打ち消しの語(ず・じ・まじ等)を伴って，「～できない」という不可能の意味を示す。

意味 かわいらしい。いとしい。

ポイント

現代語の「美しい」と意味が異なるので注意。

意味 いらっしゃる。

ポイント

「行く・来」(行く，来る)，「あり・居り」(いる) の尊敬語。

意味 ①気づく。②目を覚ます。

ポイント

もともとは，物音などにはっとするという意味の語であった。

意味 本当に。なるほど。

ポイント

人の言動などに対して，「なるほど，そのとおりである」と納得すること。

意味 お思いになる。

ポイント

「思ふ」の尊敬語。「おぼす」も「思ふ」の尊敬語だが，「おぼしめす」のほうが高い敬意を表す。

意味は？

☆☆☆

つきづきし

〈つきづきし〉

12

意味は？

☆☆☆

つとめて

〈つとめて〉

13

意味は？

☆☆☆

つれづれなり

〈つれづれなり〉

14

意味は？

☆☆

にほふ

〈におう〉

15

意味は？

☆☆☆

のたまふ

〈のたもう〉
（まう）

16

意味は？

☆☆☆

はづかし

〈はずかし〉

17

意味は？

☆☆☆

やうやう

〈ようよう〉

18

意味は？

☆☆

やむごとなし

〈やむごとなし〉
（ん）

19

意味は？

☆☆☆

ゆかし

〈ゆかし〉

20

意味は？

☆☆☆

わろし

〈わろし〉

21

意味は？

☆☆☆

居(ゐ)る

〈いる〉

22

意味は？

☆☆☆

をかし

〈おかし〉

23

早朝。

ポイント

「翌朝」という意味を表すこともある。類義語は「あした（朝）」。

意味 **美しく色づく。**

ポイント

「にほふ」の「に」は，赤い色のこと。赤い色が目立つ様子から，「美しく色づく」意味になった。

意味 **立派だ。優（すぐ）れている。**

ポイント

自分と相手を比べて引け目に感じる気持ちや，こちらが恥（は）ずかしくなるほど相手が「立派だ」という意味を表す。

意味 **①捨てておけない。②尊い。**

ポイント

「捨てておけない」の意から，それほど大切な「尊い」ものという意味になった。「やんごとなし」ともいう。

意味 **よくない。見劣（みおと）りがする。**

ポイント

他と比べてよくないことには「わろし」，本質的に悪いことには「あし」を使う。

意味 **趣（おもむき）がある。**

ポイント

知的な感動を表す「をかし」に対し，「あはれ」は，心が深く動いたときの感動を表す。あわせて覚えよう。

意味 **似つかわしい。ふさわしい。**

ポイント

物と物とがぴったり合う感じから，「似つかわしい·ふさわしい」という意味になった。

意味 **退屈（たいくつ）である。**

ポイント

鎌倉（かまくら）時代の随筆（ずいひつ）『徒然草（つれづれぐさ）』（兼好（けんこう）法師著）の冒頭（ぼうとう）の一節「つれづれなるままに……」は有名である。

意味 **おっしゃる。**

ポイント

「言ふ」の尊敬語。「言ふ」の尊敬語には，「おほす（仰す）」「おほせらる（仰せらる）」もある。

意味 **だんだん。しだいに。**

ポイント

平安（へいあん）時代の随筆（ずいひつ）『枕草子（まくらのそうし）』（清少納言（せいしょうなごん）著）の一節に，「春はあけぼの，やうやう白くなりゆく山ぎは」とある。

意味 **①知りたい。②懐（なつ）かしい。**

ポイント

そこへ行きたいと思うほど，強く心がひかれる様子を表す。

意味 **座（すわ）る。**

ポイント

秋の季語「居待ち月」は，旧暦（きゅうれき）十八日の月。満月を過ぎ，出るのが遅（おそ）くなった月を，座って待ったことから名付けられた。

三省堂版 国語3年 もくじ

【写真提供】アフロ，ピクスタ　【イラスト】artbox

確認のワーク ステージ1

岩が

学習のねらい
●描かれたものだけでなく描かれていないものの存在も読み取ろう。
●詩にこめられた作者の思いを捉えよう。

解答 1ページ

教科書の要点

1 詩の種類　この詩に合うものに○をつけなさい。 教p.16〜17

この詩は、用語で分類すると、現代の言葉で書かれているので、〔ア 文語詩　イ 口語詩〕となり、形式で分類すると、各行の音数に決まりがなく、自由に書かれているので、〔ア 定型詩　イ 自由詩〕となる。

2 表現技法　（　）に言葉を書き入れなさい。 教p.16〜17

●擬人法…場面Ⅰでは、「岩が流れに（①　　）いた」と、人間でないものを人間のように表している。
●対句…場面Ⅳの、「魚が岩を憐(あわ)れんだり／岩が魚を卑(いや)しめたり」の部分は、（②　　）の関係になっている。

3 内容理解　「岩」や「魚」と対比の関係にあるものはなんですか。 教p.17

（　　　　）

4 構成のまとめ　（　）に教科書の言葉を書き入れなさい。 教p.16〜17

まとまり		内容
場面Ⅰ	岩	▼岩＝しぶきをあげ、流れに（①　　）いた。
場面Ⅱ	泳ぐ魚	▼魚＝川上へ力強く、（②　　）と泳ぐ。
場面Ⅲ	作者の感想	▼それぞれに特有な（③　　）な逆らい方がある。
場面Ⅳ	岩と魚の態度	▼魚は岩を憐れまず、岩は魚を卑しめない。 ↓（④　　）だ
場面Ⅴ	流れ	▼（⑤　　）ものたちを押し流す。

おさえよう

主題 人の生き方はそれぞれであり、流れに〔ア 逆らう　イ 迎合する〕仕方もさまざまであるが、自分の〔ア 知識　イ 意思〕をもつことで、周囲に流されないように生きよう。

知識の泉　漢字や語句のミニクイズです。勉強の合間に取り組んでみましょう。

基本問題

次の詩を読んで、問題に答えなさい。

教p.16・①〜17・⑦

岩が

吉野弘

岩が　①しぶきをあげ
流れに逆らっていた。
岩の横を　川上へ
強靭な尾を持った②魚が　力強く
ひっそりと　泳いですぎた。
③逆らうにしても
それぞれに特有な
そして精いっぱいな
仕方があるもの。
魚が岩を憐れんだり
岩が魚を卑しめたりしないのが
いかにも爽やかだ。
流れは豊かに
むしろ　④卑屈なものたちを
押し流していた。

1 ①しぶきをあげ　について答えなさい。

(1) この様子と対比の関係にある表現を五字で抜き出しなさい。

(2) この表現からは、どのような川の様子がわかりますか。

2 よく出る ②魚　が、川の流れに逆らっていることがわかる言葉を、文章中から三字で抜き出しなさい。

攻略！「魚」は上流へ向かって泳いでいる。

3 ③逆らうにしても……精いっぱいな／仕方　とありますが、筆者は岩と魚をどのように捉えていますか。次から一つ選び、記号で答えなさい。

ア　小さな存在が川の流れに逆らうことを無謀だと捉えている。
イ　それぞれが懸命に逆らっていることを肯定的に捉えている。
ウ　川の流れに逆らおうとするなど無駄なことだと捉えている。
エ　いつか流されてしまうのではないかと悲観的に捉えている。

攻略！「精いっぱい」という言葉が使われていることに注目しよう。

4 よく出る 「岩」と「魚」はどのような関係にありますか。詩の中の言葉を使って書きなさい。

5 ④卑屈なものたち　とありますが、筆者はなぜ「卑屈」と表現しているのですか。

知識の泉　Q「伝統」の対義語は何？

確認のワーク ステージ1

握手
言葉発見①　辞書の語釈

解答　1ページ　スピードチェック 2ページ　予想問題 122ページ

学習のねらい
● 話の構成や場面の展開を捉えよう。
● 人間関係をおさえ、昔のことを回想する語り手の思いを捉えよう。

漢字と言葉

1 漢字の読み 読み仮名を横に書きなさい。

＊は新出漢字　▼は新出音訓・◎は熟字訓

❶ 記＊憶　❷ 開＊墾　❸ ＊監＊督　❹ ＊帝国

❺ ＊癖（訓読み）　❻ ＊傲慢　❼ ＊闇市　❽ ＊冗談

2 漢字の書き 漢字に直して書きなさい。

❶ シャツを（せんたく）する。　❷（こうがい）に住む。

❸（め）し上がる。　❹（つめ）を切る。

3 語句の意味 意味を下から選んで、線で結びなさい。

❶ 年季が入る　・　・ア　修練を積んでいる。

❷ 気前がいい　・　・イ　無理をして調達する。

❸ ひねり出す　・　・ウ　金品を惜しまず使う。

4 辞書の語釈 ——線の語の意味が同じものを次から一つ選び、記号で答えなさい。

・船の帆（ほ）をあげる。

ア　音量をあげる。　イ　たこをあげる。　ウ　例をあげる。　（　　）

教科書の要点

1 登場人物 （　）に教科書の言葉を書き入れなさい。　教 p.21

① 児童養護施設「光ヶ丘（ひかりがおか）天使園」の元（　　）であるルロイ修道士。

② 元（　　）である「私」。

2 あらすじ 正しい順番になるように、2〜7の番号を書きなさい。

（1）上野（うえの）の料理店で、「私」はルロイ修道士と再会した。

（　）「私」の発言について、傲慢だと修道士がたしなめた。

（　）修道士との握手から、「私」は昔を思い出した。

（　）修道士に、楽しかったこと、悲しかったことを尋ねた。

（　）修道士は、「私」に遺言めいた言葉を残した。

（　）死について、修道士の思いを聞いて、二人は別れた。

（　）「私」は修道士に、ぶたれた思い出を話した。

（8）修道士は仙台（せんだい）の修道院で亡（な）くなり、まもなく一周忌だ。

回想がはさみ込まれているので、時間の順序に気をつけよう。

知識の泉　A　**革新。**　文脈によっては，「革新↔保守」ともなる。

おさえよう

3 構成のまとめ

（　）に教科書の言葉を書き入れなさい。教p.20〜29

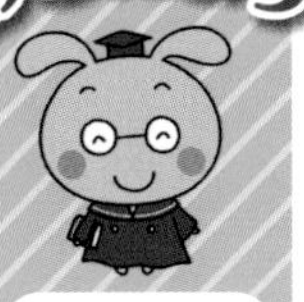

時	ページ	場面	近い過去の出来事	回想（遠い過去）の出来事
近い過去①（現在から１年と少し前）	教はじめ〜p.21・③	再会	●葉桜には間(ま)がある頃、「私」は、戦前から日本暮らしの①（　）と、久しぶりに再会した。	
	p.21・④〜p.22・⑬	レストランでの会話	〈しばらくぶりのルロイ修道士との握手〉 ●病人の手でも握るような、実に②（　）握手。 ●てのひらはもうぎちぎちとは鳴らない。	遠い過去（光ヶ丘(ひかりがおか)天使園での思い出） ▼「私」が施設に入るとき、園長のルロイ修道士は、「もうなんの心配もいらない」と、強く、勢いのよい握手で迎えてくれた。 ▼ルロイ修道士のてのひらは固く、いつも③（　）いて、擦り合わせるとぎちぎちと鳴った。↑…子供たちに食べさせるための労働
	p.22・⑭〜p.24・④		▼戦時中の日本の仕打ちを「私」が謝ると、それは④（　）だと言われた。	▼戦時中、ルロイ修道士は日本人にひどい目にあわされたが、戦後も子供たちに尽くした。
	p.24・⑤〜p.25・⑭		▼「私」の話を聞いたルロイ修道士は、両手の人さし指を交差させ、せわしく打ちつけたが、顔は⑤（　）いた。	▼「私」が天使園から抜け出して戻ると、ルロイ修道士は両手の人さし指をせわしく交差させ、打ちつけたあと、⑥（　）をした。
	p.25・⑮〜p.27・⑯		●「天使園」の子供たちの近況。 ↓ルロイ修道士の子供たちへの思い。 楽しいこと＝天使園で育った子が世の中で一人前の働きをしているのを見ること。 悲しいこと＝天使園で育った子が自分の子を天使園へ預けにくるのを見ること。	
	p.27・⑰〜p.28・⑬	別れ	▼「私」の最後の問いかけにルロイ修道士は、⑦（　）のは怖くない。天国はあると信じるほうが楽しいと答える。 ●「私」は、ルロイ修道士と強く握手をして別れた。↑…共感・尊敬・感謝の気持ち ↑…ルロイ修道士の人生観・信仰心	
現在	p.28・⑭〜終わり		近い過去② ●葉桜が終わる頃、ルロイ修道士は亡くなった。↓私たちに再会していた頃、身体(からだ)中が悪い腫瘍の巣だった。 ▼葬式で、「私」は⑧（　）に、両手の人さし指を交差させ、せわしく打ちつけていた。 ●まもなくルロイ修道士の一周忌。	

主題 日本の子供たちを育てることに一生をささげたルロイ修道士の〔ア 堅実　イ 誠実〕な生き方と、恩師を〔ア 畏怖(いふ)　イ 尊敬〕する「私」の深い〔ア 哀惜　イ いきどおり〕の念を描く。

知識の泉 Q 「尻馬(しりうま)に乗る」の意味に近い熟語は？　ア＝付和雷同　イ＝用意周到

握手

30分

自分の得点まで色をぬろう!
100点　合格!　80　もう一歩　60　がんばろう!　0
/100

解答 2ページ

☆ 次の文章を読んで、問題に答えなさい。

教 p.20・⑫〜22・⑬

「今度故郷へ帰ることになりました。カナダの本部修道院で畑いじりでもしてのんびり暮らしましょう。さよならを言うために、こうして皆さんに会って回っているんですよ。しばらくでした。」

ルロイ修道士は①大きな手を差し出してきた。その手を見て思わず顔をしかめたのは、光ヶ丘天使園の子供たちの間でささやかれていた「天使の十戒」を頭に浮かべたせいである。中学三年の秋から高校を卒業するまでの三年半、私はルロイ修道士が園長を務める児童養護施設のやっかいになっていたが、そこには②いくつかの「べからず集」があった。子供の考え出したものであるから、べつに大したべからず集ではなく、「朝のうちに弁当を使うべからず。（見つかると次の日の弁当がもらえなくなるから）」、「朝晩の食事は静かに食うべからず。（ルロイ先生は園児がにぎやかに食事をしているのを見るのが好きだから）」、「洗濯場の手伝いは断るべからず。（洗濯場主任のマイケル先生は気前がいいからきっとバターつきパンをくれるぞ）」といった式の無邪気な代物で、その中に「ルロイ先生とうっかり握手をすべからず。（二、三日鉛筆が握れなくなっても知らないよ）」というのがあったのを思い出して、それで少しばかり身がまえたのだ。この「天使の十戒」が更に私の記憶の底から、③天使園に収容されたときの光景を引っぱり出した。

風呂敷包みを抱えて園長室に入っていった私を④ルロイ修道士は机ごしに握手で迎えて、

「ただいまからここがあなたの家です。もうなんの心配もいりませんよ。」

と言ってくれたが、彼の握力は万力よりも強く、しかも腕を勢いよく上下させるものだから、こっちの肘が机の上に立ててあった聖人伝にぶつかって、腕がしびれた。

だが、顔をしかめる必要はなかった。それは実に穏やかな握手だった。ルロイ修道士は病人の手でも握るようにそっと握手をした。それからこのケベック郊外の農場の五男坊は、東京で会った、かつての収容児童たちの近況を熱心に語り始めた。やがて注文した一品料理が運ばれてきた。ルロイ修道士の前にはプレーンオムレツが置かれた。

「おいしそうですね。」

ルロイ修道士はオムレツの皿をのぞきこむようにしながら両のてのひらを擦り合わせる。だが、彼のてのひらはもうぎちぎちとは鳴らない。⑤あの頃はよく鳴ったのに。園長でありながらルロイ修道士は訪問客との会見やデスクワークを避けていた。たいていは裏の畑や鶏舎にいて、子供たちの食料を作ることに精を出して

知識の泉　**A** ア。「尻馬に乗る」＝無批判で，他人のやることに便乗すること。

いた。そのために彼の手はいつも汚れており、てのひらはかしの板でも張ったように固かった。そこであの頃のルロイ修道士の汚いてのひらは擦り合わせるたびにぎちぎちと鳴ったものだった。

〈井上ひさし「握手」による〉

1 ①大きな手を差し出してきた について答えなさい。

(1) 再会したルロイ修道士と「私」の関係がわかる部分を文章中から一文で抜き出し、はじめの五字を書きなさい。（10点）

(2) **記述** ルロイ修道士は、「私」に会いに来た理由を何と説明しましたか。文章中の言葉を使って簡潔に書きなさい。（15点）

2 ②いくつかの「べからず集」とありますが、ルロイ修道士の握手については、どんな「べからず」がありましたか。文章中から二十字以内で抜き出しなさい。（15点）

3 **記述** ③天使園に収容されたとき とありますが、Ⅰ…このときの握手と、Ⅱ…再会時の握手の様子を、文章中の言葉を使って「……握手。」という形でそれぞれ書きなさい。15点×2（30点）

Ⅰ（　　　）握手。

Ⅱ（　　　）握手。

攻略！ 「このとき」とは、「私」が「天使園に収容されたとき」のこと。

4 **よく出る** ④ルロイ修道士は机ごしに握手で迎えて とありますが、そのときのルロイ修道士の気持ちとして適切なものを次から一つ選び、記号で答えなさい。（10点）

ア 自分を園長としてはっきり覚えてほしい。

イ きまりを守り、りっぱな修道士になってほしい。

ウ 自分の家と思って、安心して過ごしてほしい。

エ 責任ある社会人として自立して暮らしてほしい。（　）

攻略！ 収容されたばかりの「私」にかけた言葉から考える。

5 ⑤あの頃はよく鳴ったのに。とありますが、ルロイ修道士のてのひらがよく鳴った理由がわかるひと続きの四文を文章中から抜き出し、はじめと終わりの五字を書きなさい。（10点）

～

6 **よく出る** ルロイ修道士はどのような人物ですか。次から一つ選び、記号で答えなさい。（10点）

ア 頼もしいほどの包容力があり、労働をいとわない人物。

イ 敬虔（けいけん）にキリスト教に仕え、宗教行事を重要視する人物。

ウ 力持ちで、人前に出るより農作業を好む内気な人物。

エ 厳格な考えをもち、周囲から常に恐れられている人物。（　）

攻略！ 園長時代のエピソードからその人柄を捉える。

知識の泉 Q「A君を委員長に（押・推）す。」（　）の中で正しいのはどっち？

実力判定テストB ステージ3　握手(1)

30分

自分の得点まで色をぬろう!
合格! もう一歩 がんばろう!
100点 80 60 0
/100

解答 2ページ

★ 次の文章を読んで、問題に答えなさい。　教p.24・⑬〜26・⑩

「①一度だけ、ぶたれました。」

　ルロイ修道士の、両手の人さし指をせわしく交差させ、打ちつけている姿が脳裏に浮かぶ。これは危険信号だった。この指の動きでルロイ修道士は、「おまえは悪い子だ。」とどなっているのだ。そして次にはきっと平手打ちが飛ぶ。ルロイ修道士の平手打ちは痛かった。

「やはりぶちましたか。」

　ルロイ修道士は悲しそうな表情になってナプキンを折り畳む。食事はもうおしまいなのだろうか。

「でも、私たちはぶたれてあたりまえの、ひどいことをしでかしたんです。高校二年のクリスマスだったと思いますが、無断で天使園を抜け出して東京へ行ってしまったのです。」

　翌朝、上野へ着いた。有楽町や浅草で映画と実演を見て回り、夜行列車で仙台に帰った。そして待っていたのがルロイ修道士の平手打ちだった。「あさっての朝、必ず戻ります。心配しないでください。捜さないでください。」という書き置きを園長室の壁に貼りつけておいたのだが。

「ルロイ先生は一月間、私たちに口をきいてくれませんでした。平手打ちよりこっちのほうがこたえましたよ。」

「そんなこともありましたねえ。あのときの東京見物の費用はどうやってひねり出したんです。」

「それはあのとき白状しましたが……。」

「私は忘れてしまいました。もう一度教えてくれませんか。」

「準備に三か月はかかりました。先生からいただいた純毛の靴下だの、つなぎの下着だのを着ないでとっておき、駅前の闇市で売り払いました。鶏舎から鶏を五、六羽持ち出して焼き鳥屋に売ったりもしました。」

　ルロイ修道士は改めて両手の人さし指を交差させ、②せわしく打ちつける。ただしあの頃と違って、顔は笑っていた。

「先生はどこかお悪いんですか。ちっとも召し上がりませんね。」

「少し疲れたのでしょう。これから仙台の修道院でゆっくり休みます。カナダへたつ頃は、前のような大食らいに戻っていますよ。」

「だったらいいのですが……。」

「仕事はうまくいっていますか。」

「まあまあといったところです。」

「よろしい。」

　ルロイ修道士は右の親指を立てた。

「仕事がうまくいかないときは、この言葉を思い出してください。『困難は分割せよ。』焦ってはなりません。問題を細かく割って一つ一つ地道に片づけていくのです。ルロイのこの言葉を忘れないでください。」
　③冗談じゃないぞ、と思った。これでは遺言を聞くために会った

知識の泉　A　**推。**　押す＝力を加える。推す＝推薦する。

ようなものではないか。そういえばさっきの握手[4]もなんだか変だった。「それは実に穏やかな握手だった。ルロイ修道士は病人の手でも握るようにそっと握手をした。」というように感じたが、実はルロイ修道士が病人なのではないか。元園長はなにかの病にかかりこの世のいとま乞いにこうやってかつての園児を訪ねて歩いているのではないか。

〈井上ひさし「握手」による〉

1 [1]一度だけ、ぶたれました。について答えなさい。

(1) 「私」がぶたれたのは、なぜですか。文章中の言葉を使って、簡潔に書きなさい。（20点）

（　　　　）

(2) 「私」にとって、ぶたれたことよりもつらかったのはどのようなことですか。文章中の言葉を使って書きなさい。（15点）

（　　　　）

2 レベルUP [2]改めて両手の人さし指を交差させ、せわしく打ちつけるとありますが、このときのルロイ修道士の気持ちとして適切なものを次から一つ選び、記号で答えなさい。（15点）

ア 「私」が同じあやまちを繰り返すことを恐れている。
イ 歳月が過ぎ、すっかり年老いた自分を寂しく感じている。
ウ よくないできごとも、思い出としてなつかしんでいる。
エ 当時のことを思い出し、激しい怒りを感じている。（　　）

3 [3]冗談じゃないぞについて答えなさい。

(1) よく出る 「私」はルロイ修道士のどのようなことについて、「冗談じゃないぞ」と思ったのですか。次の文の□にあてはまる言葉を文章中から十字以内で抜き出しなさい。（15点）

「ルロイのこの言葉を忘れないでください。」という言い方に、まるで□会ったような感じになったこと。

（　　　　）

(2) ここからわかる「私」のルロイ修道士への思いとして適切なものを次から一つ選び、記号で答えなさい。（15点）

ア 心配　**イ** 同情
ウ 怒り　**エ** 失望

（　　）

4 記述 [4]さっきの握手が「実に穏やかな握手だった」わけを、この場面の最後で「私」はどのように考えていますか。最初に考えたこととの違いがわかるように、次の文の□にあてはまる言葉を四十字以内で書きなさい。（20点）

（　　　　）ではないかと考えている。

握手(2)

30分

自分の得点まで色をぬろう！
合格！ もう一歩 がんばろう！
100点 80 60 0
/100

解答 2ページ

★ 次の文章を読んで、問題に答えなさい。

教 p.26・⑪〜27・⑳

「日本でお暮らしになっていて、①楽しかったことがあったとすれば、それはどんなことでしたか。」

先生は重い病気にかかっているのでしょう、そしてこれはお別れの儀式なのですね、ときこうとしたが、②さすがにそれははばかられ、結局は平凡な質問をしてしまった。

「それはもうこうやっているときに決まっています。天使園で育った子供が世の中へ出て、一人前の働きをしているのを見るときがいっとう楽しい。なによりもうれしい。そうそう、あなたは③上川(かみかわ)くんを知っていますね。上川一雄(かずお)くんですよ。」

もちろん知っている。ある春の朝、天使園の正門の前に捨てられていた子だ。捨て子は春になるとぐんと増える。陽気がいいから発見されるまで長くかかっても風邪をひくことはあるまいという母親たちの最後の愛情が春を選ばせるのだ。捨て子はたいてい姓名がわからない。そこで中学生、高校生が知恵をしぼって姓名をつける。だから忘れるわけはないのである。

「あの子はいま市営バスの運転手をしています。それも天使園の前を通っている路線の運転手なのです。そこで月に一度か二度、駅から上川くんの運転するバスに乗り合わせることがあるのですが、そのときは楽しいですよ。まず私が乗りますと、こんな合図をするんです。」

ルロイ修道士は④右の親指をぴんと立てた。

「私の癖をからかっているんですね。そうして私に運転の腕前を見てもらいたいのでしょうか、バスをぶんぶんとばします。最後にバスを天使園の正門前に止めます。停留所じゃないのに止めてしまうんです。上川くんはいけない運転手です。けれども、そういうときが私にはいっとう楽しいのですね。」

「⑤いっとう悲しいときは……。」

「天使園で育った子が世の中に出て結婚しますね。子供が生まれます。ところがそのうちに夫婦の間がうまくいかなくなる。別居します。離婚します。やがて子供が重荷になる。そこで天使園で育った子が自分の子を、またもや天使園へ預けるために長い坂をとぼとぼ上ってやってくる。それを見るときがいっとう悲しいですね。なにも父子(おやこ)二代で天使園に入ることはないんです。」

ルロイ修道士は壁の時計を見上げて、

「汽車が待っています。」

と言い、⑥右の人さし指に中指をからめて掲げた。これは「幸運を祈る」、「しっかりおやり」という意味の、ルロイ修道士の指言葉だった。

〈井上(いのうえ)ひさし「握手」による〉

知識の泉 A イ。「二の舞」＝前の人の失敗を繰り返すこと。

1 よく出る ①楽しかったこと とありますが、ルロイ修道士はどのようなときがいちばん楽しいと述べていますか。文章中から一文で抜き出し、はじめと終わりの五字を書きなさい。（10点）

□□□□□ 〜 □□□□□

2 ②さすがにそれははばかられ について答えなさい。

(1) 「それ」はどのようなことを指していますか。文章中の言葉を使って書きなさい。（15点）

（　　　　）

(2) 「私」が(1)のことができなかったのはなぜですか。次から一つ選び、記号で答えなさい。 10点×2（20点）

ア 相手が言わないことを詮索（せんさく）すると嫌われると思ったから。
イ 他人に対して病気のことをきくのはマナーに反するから。
ウ ルロイ修道士を追及してうそをつかせるのは心苦しいから。
エ 体調のことを隠しているルロイ修道士に気を遣ったから。

（　　）

3 記述 ③もちろん知っている。とありますが、「私」が上川くんを知っているのは、どのような事情があったからですか。次の□にあてはまる言葉を四十字以内で書きなさい。（20点）

上川くんのように□という事情。

4 ④右の親指をぴんと立てた とありますが、これは、ルロイ修道士が、「わかった。」「よし。」「最高だ。」というときにする合図をまねたものです。上川くんはそのとき、ルロイ先生にどのようなことを言いたかったのだと考えられますか。あてはまらないものを次から一つ選び、記号で答えなさい。（10点）

ア 先生、お元気ですか。僕の仕事ぶりを見てください。
イ 先生、僕の運転するバスにようこそ。
ウ 先生、きまりを破ることで僕の勇気を見せるよ。
エ 先生、任せて。天使園の正門前でバスを止めるよ。

（　　）

5 ⑤いっとう悲しいとき とありますが、ルロイ修道士がいちばん悲しいのは、どのようなときですか。（15点）

（　　　　）

6 よく出る ⑥右の人さし指に中指をからめて掲げた とありますが、ルロイ修道士はどのような気持ちだったと考えられますか。（10点）

（　　　　）

知識の泉 Q 「普遍」の類義語はどっち？　ア＝一般　イ＝本質

確認のワーク ステージ1

グループディスカッション　合意形成に向けて話し合いを計画的に進める（漢字を身につけよう❶）

解答　3ページ　スピードチェック　3ページ

学習のねらい
- 計画的に話し合うために必要な「話し合いのこつ」を理解しよう。
- 「話し合いのこつ」の効果を理解し、話の展開の予測に役立てよう。

漢字

1 漢字の読み　読み仮名を横に書きなさい。

＊は新出漢字 ▼は新出音訓・◎は熟字訓

❶＊艇庫　❷突＊堤　❸＊岬　❹＊翻＊弄
❺左＊舷　❻輪＊郭　❼＊峰（訓読み）　❽＊丘＊陵
❾乳＊搾り　❿風＊呂　⓫知▼己　⓬▼交わす
⓭▼誠（訓読み）　⓮▼就く　⓯首▼相

2 漢字の書き　漢字に直して書きなさい。

❶（はんりょ）を得る。　❷鉛筆の（しん）。
❸（こはん）の宿。　❹（ごらく）施設。
❺（いけい）の念を抱く。　❻（けいりゅう）を下る。
❼（たき）のような雨。　❽（あかつき）を告げる。

教科書の要点

1 定義　グループディスカッションとはどのようなものですか。（　）に教科書の言葉を書き入れなさい。　教 p.34

グループディスカッションとは、異なる立場や（　　）をもつ人たちが（　　）で意見を交換するもの。

2 話し合いのこつ　次の「話し合いのこつ」の目的を、□から選び、書き入れなさい。　教 p.36

① それてしまった話題を元に戻す。（　　）
② 意見をまとめる。（　　）
③ 発言者の意見に理解を示す。（　　）

提案　軌道修正　受容　計画　整理　展開

3 発言例　次の発言は、どの「話し合いのこつ」に相当しますか。あとから一つ選び、記号で答えなさい。　教 p.36

・まず話し合う順番を決めよう。（　　）

ア 整理　イ 計画　ウ 反論　エ 促し

基本問題

★ 次の文章を読んで、問題に答えなさい。

テーマ　文化祭で行うSDGs（持続可能な開発目標）に関する出し物を考えよう

山口（やまぐち）　まず、何の出し物をするか決めてから、必要なことを考えようか。
島田（しまだ）　そうだね。
山口　出し物は何がいいかな？　①松本（まつもと）君はどう思う？
松本　自然エネルギーである太陽光発電や風力発電の仕組みを調べて図式化して紹介したいな。
島田　②どうして自然エネルギー発電の仕組みを調べたいの？
松本　③自然エネルギーの発電の仕組みって、意外と知られていないと思うから。
井上（いのうえ）　［A］
松本　ぼくもよくお母さんに怒られるよ。
山口　④その話はあとにして、先に出し物を決めようよ。
井上　ぼくも自然エネルギーの発電システムの紹介でいいと思うよ。
山口　私もいいと思う。⑤じゃあ、文化祭の出し物は自然エネルギーの発電の仕組みの紹介展示に決まりだね。［B］。
島田　⑥太陽光発電と風力発電の二つでいいんじゃないかな。
井上　⑦二つじゃ少ないんじゃないかな。もう少し増やそうよ。

---

1 よく出る　――線①～⑦は、それぞれどのような「話し合いのこつ」に相当しますか。次から一つずつ選び、記号で答えなさい。

ア　整理　イ　促し　ウ　反論　エ　質問　オ　提案
カ　軌道修正　キ　理由づけ

①（　）②（　）③（　）④（　）⑤（　）
⑥（　）⑦（　）

2 ［A］には、話がそれるきっかけとなる発言が入ります。適切なものを次から一つ選び、記号で答えなさい。

ア　自然エネルギーの発電施設ってどんなものがあるかな？
イ　そういえば、昨日電気をつけっぱなしにして怒られちゃった。
ウ　発電の仕組みって、ホームページに紹介されてるかな？
エ　風力発電の施設、見たことある？

（　）

3 攻略！　出し物を決めることに直接関係のない発言をおさえよう。

［B］にはどのような発言が入ると考えられますか。書きなさい。

（　）

4 「質問」には、どのような効果がありますか。次から一つ選び、記号で答えなさい。

ア　全員の意見を引き出すことができる。
イ　計画的に話し合うことができる。
ウ　話し合いの内容を深めることができる。
エ　それてしまった話の筋を元に戻すことができる。

（　）

知識の泉　Q　□に合うのは（　）のどっち？　日直を□（交換・交代）する。

確認のワーク ステージ1

「批判的に読む」とは

解答 4ページ　スピードチェック 3ページ

学習のねらい
●文章の構成をおさえて、筆者の主張を捉えよう。
●批判的な読み方について理解を深めよう。

漢字

1 漢字の読み 読み仮名を横に書きなさい。

＊は新出漢字 ▼は新出音訓・◎は熟字訓

❶ ＊粗探し　❷ ＊吟味

教科書の要点

1 話題 「批判的に読む」とはどういうことですか。（　）に教科書の言葉を書き入れなさい。 教p.40

文章を読む際に、（　　）、よくないものはよくないと（　　）し、主張に対する（　　）や理由について吟味、（　　）する読み方。

2 内容理解 （　）に教科書の言葉を書き入れて、批判的な読み方の具体例と、その効果や重要なことについてまとめなさい。 教p.40〜41

(1) 文章や本に（①　　）読む。
効果 自分にとっての文章の（②　　）が大きく違ってくる。

(2) 筆者の（①　　）を推し測って読む。
効果 筆者が伝えたいことを（②　　）に（③　　）に捉えることに通じる。

(3) （①　　）をつくるために読む。
重要なこと 筆者の主張や意見に対して、（②　　）や（③　　）を明らかにしながら、（①）を表明していく。

3 筆者の考え 「批判的に読む」ことで、どのようなことが身につき、どのような読み手になりますか。□に言葉を書き入れなさい。 教p.41

ものの見方や考え方を広げ、□ことができ、
現代社会をたくましく□に生きていく□
□読み手になる。

知識の泉 A 交代。「交代」＝役や場所を入れかえる。「交換」＝ものを取りかえる。

4 構成のまとめ

（　）に教科書の言葉を書き入れなさい。（各段落に1～7の番号を付けて読みましょう。） 教 p.40～42

	序論	本論				結論
まとまり	「批判」の意味	批判的な読み方とは				力強い読み手になるために
段落	1段落	2～3段落	4段落	5段落	6段落	7段落
内容	日本語の「批判」 ・粗探しをする、文句を言うというイメージ ↕ 本来、物事について（①　　）に考え、認めるべき点と認められない点を見分けて（②　　）するという意味。	・文章を「批判的に読む」とは ▼よいものはよい、よくないものはよくないと判断しながら読むこと。 ▼主張に対する（③　　）について、吟味、評価すること。	具体例❶ ●文章や本に積極的に（④　　）ながら読む。 ・「新しく知ったこと」、「共感したこと」、「疑問、不思議に思ったこと」などを見つけながら読む行為。 ＝すすんで文章に関わっていく態度。 効果 ▼自分にとっての文章の（⑤　　）が大きく違ってくる。	具体例❷ ●筆者の意図や発想を（⑥　　）読む。 ・文章の内容や表現の仕方などについて考えながら読む行為。 効果 ▼筆者が本当に（⑦　　）ことを的確に、豊かに捉えることに通じる。	具体例❸ ●（⑧　　）をつくるために読む。 ・筆者の主張に対して「賛成／反対」「納得できる／できない」を表明し、論理の展開を吟味、評価しながら読む行為。 重要なこと ▼理由や（⑨　　）を明らかにして「私はこのように考える」ということ。	◆ものの見方や（⑩　　）を広げ、深めることができる。 ◆現代社会をたくましく（⑪　　）に生きていく力強い読み手になるために必要。

おさえよう

要旨 文章を批判的に読むということは、すすんで文章に〔ア 反論する　イ 関わっていく〕態度をもち、筆者の意図や発想を推し測って、筆者の主張に対して自分の考えを〔ア 表明し　イ 合わせ〕ながら読むということであり、ものの見方や考え方を広げ、深めるために、身につけたい読み方である。

Q 「塞翁（さいおう）が馬」の意味は？

実力判定テストA　ステージ2

「批判的に読む」とは

30分

自分の得点まで色をぬろう！

合格！ 80 もう一歩 60 がんばろう！ 0　100点　/100

解答 4ページ

★ 次の文章を読んで、問題に答えなさい。

教p.40・⑦〜42・⑲

吉野源三郎の『君たちはどう生きるか』の中にある一節をもとに、具体的な読み方を示してみましょう。

一つは、①文章や本に積極的にはたらきかけながら読むことです。これは、「新しく知ったこと」や「共感したこと」、「疑問をもったこと」、「不思議に思ったこと」などを見つけながら読む行為です。すすんで文章に関わっていく態度をもつかどうかで、自分にとってのその文章の価値は大きく違ってきます。

次に、②筆者の意図や発想を推し測って読むことです。これは、「なぜ筆者はこの話題を選んだのか」、③「なぜこのような言葉を用いているのか」、「なぜこのような論の展開をしているのか」などを考えながら読む行為です。文章の内容や表現の仕方などについて、筆者の意図や発想を推し測って読むことは、④筆者が本当に伝えたいことを的確に、また豊かに捉えることに通じます。

筆者の意図や発想がわかって「そうなのか」と思うだけでは、⑤まだ生産的な読み方とはいえません。最も重要なのは、自分の考えをつくるために読むことです。これは、筆者の主張や意見に対して、「賛成」・「反対」、「納得できる」・「納得できない」を表明していく読み方です。また、「論の展開がわかりやすい」「この例では不十分だ」「論理が飛躍しているのではないか」「全てにあてはまるのか」などを吟味・評価することです。筆者の主張や意見の内容であれ、述べ方であれ、それらについて「私はこのように考える」といえることが重要です。その際大切なのは、理由（なぜそのように考えたのか）や、根拠（考えのもとになった言葉や事実、経験は何か）を明らかにすることです。ただ言いはるだけではいけません。

〈吉川芳則「『批判的に読む』とは」による〉

君は、Aコペルニクスの地動説を知ってるね。コペルニクスがそれを唱えるまで、昔の人は、みんな、太陽や星が地球の周りを回っていると、目で見たままに信じていた。これは、一つは、キリスト教の教会の教えで、地球が宇宙の中心だと信じていたせいもある。しかし、もう一歩突きいって考えると、人間というものが、いつでも、自分を中心として、ものを見たり考えたりするという性質をもっているためなんだ。

（中略）

いや、君が大人になるとわかるけれど、こういう自分中心の考え方を抜けきっているという人は、広い世の中にも、実にまれなのだ。殊に、損得に関わることになると、自分を離れて正しく判断してゆくということは、非常に難しいことで、こういうことについてすら、コペルニクス風の考え方のできる人は、非常に偉い人といっていい。たいがいの人が、手前勝手な考え方に陥って、ものの真相がわからなくなり、自分に都合のよいことだけを見て

知識の泉　**A　人の幸不幸は予測がつかない。**　「禍福はあざなえる縄のごとし」が類義。

ゆこうとするものなんだ。

しかし、自分たちの地球が宇宙の中心だという考えにかじりついていた間、人類には宇宙の本当のことがわからなかったと同様に、自分ばかりを中心にして、物事を判断してゆくと、世の中の本当のことも、ついに知ることができないでしまう。大きな真理は、そういう人の目には、決して映らないのだ。

〈吉野源三郎「君たちはどう生きるか」による〉

1 ①文章や本に積極的にはたらきかけながら読むについて答えなさい。

(1) これはどのような態度ですか。文章中から十五字で抜き出しなさい。(15点)

(2) このように読むことには、どのような効果がありますか。文章中の言葉を使って書きなさい。(15点)

2 よく出る ②筆者の意図や発想を推し測って読むとありますが、『君たちはどう生きるか』の中で、A「コペルニクス」はどのような人として取り上げられていますか。『君たちはどう生きるか』の文章中から二十字以内で抜き出しなさい。(15点)

3 ③なぜこのような言葉を用いているのかとありますが、『君たちはどう生きるか』の筆者が、B「かじりついて」という言葉を使った理由として適切なものを、次から一つ選び、記号で答えなさい。(10点)

ア 自分本位に物事を判断することを、否定的に捉えているから。

イ 自分の目で見たことしか信用しない人を、憐れんでいるから。

ウ 自分を離れて正しい判断ができる人を、称賛しているから。

エ 損得で物事を判断する人を、軽蔑しているから。

( )

攻略! 「手前勝手」という言葉にも注目しよう。

4 ④筆者が本当に伝えたいことを的確に、また豊かに捉えるとありますが、これは文章のどのようなところに留意して読むことで可能になりますか。文章中から抜き出しなさい。(15点)

5 ⑤生産的な読み方とは、どのような読み方ですか。次の文の( )にあてはまる言葉を、文章中から抜き出しなさい。10点×3(30点)

筆者の主張や意見に対して、( )や( )を明らかにしながら、( )をもつ読み方。

攻略! 直後の「最も重要なのは」以降から読み取ろう。

知識の泉 Q 「情」の部首のもとになっている漢字はどっち? ア=心 イ=色

確認のワーク ステージ1

間の文化

解答 4ページ　スピードチェック 3ページ　予想問題 123ページ

学習のねらい
●文章構成や論理展開をおさえ、筆者の主張を読み取ろう。
●日本と西洋の文化の比較から、両者の違いを捉えよう。

漢字と言葉

1 漢字の読み 読み仮名を横に書きなさい。

＊は新出漢字 ▼は新出音訓・◎は熟字訓

①＊隙間　②重▼厚　③▼断ち切る　④＊褒める
⑤深＊謀　⑥＊陥る

2 漢字の書き 漢字に直して書きなさい。

①（きゅうてい）文学。　②（えんりょ）する。
③（かぎ）をかける。　④（しばい）見物。
⑤（こと）の音色。　⑥（せま）い通路。

3 語句の意味 意味を下から選んで、線で結びなさい。

①重厚　・　・ア　ものごとがすらすらと進む様子。
②衝動　・　・イ　発作的に行動しようとする心の働き。
③のどか　・　・ウ　ゆっくりと始める様子。
④やおら　・　・エ　重みがあって落ち着いている様子。
⑤円滑　・　・オ　穏やかでのんびりとした様子。

教科書の要点

1 話題 日本語の「間(ま)」という言葉の三つの観点について、（　）に教科書の言葉を書き入れなさい。

①（　　）な間…物と物とのあいだの何もない空間。　教p.44
②（　　）な間…何もない時間。芝居や音楽では沈黙の時間。　教p.45
③（　　）な間…人や物事とのあいだにとる心理的な距離。　教p.46

2 内容理解 「間」のはたらきについて、次の□に教科書の言葉を書き入れて説明しなさい。　教p.48

日本人の生活や文化の中で、□なものどうしの対立を和らげ、共存させるなどの「□」を実現させる。

3 筆者の主張 日本人の文化は何の文化といえますか。　教p.47

□の文化。

知識の泉　A　ア。「忄」の部首名は「りっしんべん」。

4 構成のまとめ

（　）に教科書の言葉を書き入れなさい。（各段落に1〜15の番号を付けて読みましょう。）教p.44〜48

	まとまり	段落	内容
	日本語の「間」	1段落	日本語の「間」という言葉には、いくつかの（①　　）がある。
「間」の三つの観点	空間的な間	2〜5段落	意味 ▼物と物とのあいだの（②　　）空間。 語例 隙間 間取り 間仕切り 大広間 対比 ●日本の家は本来、床と柱と屋根でできていて（③　　）や扉がない。 ◆西洋の家は、部屋を区分けし、重厚な壁で仕切り、扉で密閉する。 ▼日本人は、間仕切りの建具（たてぐ）で空間を（④　　）につないだり仕切ったりする。
	時間的な間	6〜8段落	意味 ▼何もない（⑤　　）。 語例 間がある 間をおく 対比 ◆西洋のクラシックは音にうめつくされて、ときには息苦しい。 ●日本古来の音曲（おんぎょく）は、音の（⑥　　）がありのどかだ。
	心理的な間	9〜11段落	意味 ▼人や物事とのあいだにとる（⑦　　）な距離。 語例 間をとる 対比 「（⑧　　）」の意味 ●日本では、相手のことを考えて行動を控えること。（相手とのあいだに衝突を和らげる心理的な間をおくこと。） ◆中国では、「深謀遠慮」というように、深く考えをめぐらすこと。
筆者の主張	間の文化	12〜13段落	主張 ▼日本人はあらゆる分野で（⑨　　）を使いこなして暮らしている。 ▼日本文化はまさに間の文化ということができる。 語例 間に合う・間がいい・間違い・間延び・間抜け
	間のはたらき	14〜15段落	主張 ▼「間」は、異質なものどうしの（⑩　　）を和らげ、調和させ、共存させる。 ▼「間」は、日本人が尊重し、培（つちか）ってきた「和」の誕生の土台となる。 語例 ・意見の異なる二人の間をとる。 ・狭い通路で人を間遠（まどお）に通す。

おさえよう

要旨 日本人は、空間的にも、時間的にも、心理的にも「間」を使いこなして暮らす、間の〔ア 文明　イ 文化〕をもつ。「間」は、対立を〔ア 和らげ　イ きわだたせ〕、調和させ、共存させるはたらきがあり、日本人が培ってきた〔ア 和　イ 武〕を成り立たせるものである。

Q 対義語をつくるとき，□にあてはまる漢字は？　受動⇔□動

実力判定テストA ステージ2 間の文化

30分

自分の得点まで色をぬろう！
100点 合格！ 80 もう一歩 60 がんばろう！ 0
/100

解答 4ページ

次の文章を読んで、問題に答えなさい。

教 p.44・①〜46・⑯

日本語の「間」という言葉にはいくつかの意味がある。

まず一つは「空間的な間」である。「隙間」「間取り」というときの「間」であるが、基本的には「物と物とのあいだの何もない空間」のことだ。絵画で何も描かれていない部分のことを余白というが、これも空間的な間である。

日本の家は本来、床と柱とそれを覆う屋根でできていて、壁というものがない。これは部屋を細かく区分けし、①壁で仕切り、そのうえ、鍵のかかる扉で密閉してしまう西洋の家とは異なる。西洋の個人主義はこのような個室で組み立てられた家に住んできたからこそ生まれたというのはよくわかる話である。

それでは、壁や扉で仕切るかわりに日本の家はどうするかというと、障子やふすまや戸を立てる。「源氏物語絵巻」などに描かれた王朝時代の宮廷や貴族たちの屋敷を見ると、その室内は板戸や蔀戸、ふすまや几帳などさまざまな間仕切りの建具で仕切られてはいるものの、至るところ隙間だらけである。西洋の重厚な石や煉瓦や木の壁に比べると、②なんという軽やかさ、はかなさだろうか。

しかも、このような建具は全て季節のめぐりとともに入れたりはずしたりできる。冬になれば寒さを防ぐために立て、夏になれば涼を得るために取りはずす。それだけでなく、住人の必要に応じて、ふだんは座敷、次の間、居間と分けて使っていても、いざ、おおぜいの客を迎えて祝宴を開くという段になると、全てをつないで大広間にすることもできる。このように③日本人は昔から自分たちの家の中の空間を自由自在につないだり仕切ったりして暮らしてきた。

次に、④「時間的な間」がある。「間がある」「間をおく」というように、こちらは「何もない時間」のことである。芝居や音楽では声や音のしない沈黙の時間のことを間という。

バッハにしてもモーツァルトにしても西洋のクラシック音楽は次から次に生まれては消えゆくさまざまな音によってうめつくされている。例えば、モーツァルトの「交響曲二十五番」などを聞いていると、⑤息を継ぐ暇もなく、ときには息苦しい。モーツァルトは沈黙を恐れ、音楽家である以上、一瞬たりとも音のない時間を許すまいとする衝動に駆られているかのように思える。

それにひきかえ、日本古来の音曲は琴であれ笛であれ鼓であれ、音の絶え間というものが至るところにあってのどかなものだ。その音の絶え間では松林を吹く風の音がふとよぎることもあれば、谷川のせせらぎが聞こえてくることもあるだろう。ときには、この絶え間が余りにも長すぎて、一曲終わってしまったかと思っていると、やおら次の節が始まるということも珍しくない。そんな

A **能。**　「受動」＝他から作用を受ける。「能動」＝他へ作用を及ぼす。

ふうに、⑥いくつもの絶え間に断ち切られていても日本の音曲は成り立つ。

〈長谷川 櫂「間の文化」より〉

1 よく出る ①壁で仕切り、そのうえ、鍵のかかる扉で密閉してしまう西洋の家 と対照的な日本の家の特徴として、次の文の（ ）にあてはまる言葉を、文章中から抜き出しなさい。 完答（15点）

日本の家は本来（　　）や扉がなく、障子やふすまや戸などの、さまざまな間仕切りの（　　）で仕切られている。

2 ②なんという軽やかさ、はかなさだろうか とは、何について述べた言葉ですか。次から一つ選び、記号で答えなさい。 （10点）

ア 西洋の個人主義とは対照的な日本の自然主義。
イ 日本の王朝時代の宮廷や貴族たちの屋敷の簡素な趣。
ウ 日本の間仕切りの建具が、軽い木で作られていること。
エ 日本の家屋は、本来隙間だらけであること。

（　　）

3 記述 ③日本人は昔から自分たちの家の中の空間を自由自在につないだり仕切ったりして暮らしてきた とありますが、具体的にはどのようにしましたか。次の文の ⓐ・ⓑ にあてはまる言葉を文章中の言葉を使って、それぞれ十五字以内で書きなさい。 15点×2（30点）

ⓐ に応じて、間仕切りの建具を ⓑ 。

ⓐ

ⓑ

攻略！ 二つの例をまとめて、何に応じて、どうするのかを書こう。

4 ④「時間的な間」 とありますが、芸術における「時間的な間」とはどのような時間ですか。文章中から十五字以内で抜き出しなさい。 （15点）

5 よく出る ⑤息を継ぐ暇もなく、ときには息苦しい とありますが、西洋のクラシック音楽がそう感じられるのはなぜですか。文章中の言葉を使って書きなさい。 （15点）

（　　）

6 ⑥いくつもの絶え間に断ち切られていても日本の音曲は成り立つ とありますが、このような日本の音曲のことを筆者はどのように感じていますか。文章中から三字で抜き出しなさい。 （15点）

攻略！ 同じ段落のはじめのほうに着目しよう。

Q （ ）に合うのは？ おおよその（健闘・検討・見当）をつける。

確認のワーク ステージ1

課題作文　条件に応じて説得力のある文章を書く

学習のねらい
- 条件に見合った表現を用いて、説得力のある文章を書こう。
- 与えられた文章や図表を適切に引用して自分の考えを主張しよう。

解答 5ページ

教科書の要点

1 学習の流れ　課題作文を書く手順について、（　）にあてはまる言葉を、[　]から選び、書き入れましょう。

1 提示された図表や資料を読み取り、自分の考えをまとめる。　教 p.53〜55

① 図表や資料から読み取ったことを、（　　）に書く。

② 読み取ったことがらを他の数値と比較したり、（　　）づけたりして分析する。

③ 分析した内容に対する自分の（　　）や考えをまとめる。

2 課題作文を書く。

① メモをもとに（　　）に従って文章にする。

② 文章にする際には、図表や資料の数値を適切に明示して（　　）をもたせる。

[説得力　メモ　条件　感想　関連]

2 表現　グラフから読み取るときの表現として適切でないものを次から一つ選び、記号で答えなさい。

ア　Aでは〇〇だが、一方で、Bでは〜だ。

イ　〇〇だと考えている生徒はあまり多くないことがわかる。

ウ　〜に関心をもっている生徒は〇〇％である。

エ　私も〇〇していきたい。

（　　）

3 根拠　次の意見に根拠を示す場合、どのような根拠が適切ですか。あとから一つ選び、記号で答えなさい。

小学生・中学生の男子も女子と同じくらい読書時間が増えるように、男子に読書の良さをアピールする機会を設けたい。

ア　小学校・中学校で本が好きだと答えた児童・生徒は男子よりも女子の方が多く、高校生では女子よりも男子の方が多いという。

イ　小学校・中学校では小説や物語を読む児童・生徒は男子よりも女子の方が多く、高校生でも同様であるという。

ウ　小学校・中学校では電子書籍の利用者がほとんどおらず、高校生では約三割であるという。

エ　小学生・中学生の読書時間は男子よりも女子の方が長く、高校生の読書時間は男子と女子でほぼ同じであるという。

（　　）

読み手に自分の意見を納得してもらえるよう、図表や資料を適切に引用しよう。

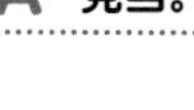

知識の泉　A **見当。**　見当＝予想。健闘＝立派に闘うこと。検討＝調べて考えること。

基本問題

★ 次のグラフA・Bは、「読書活動に関する調査」の質問に対する中学生・高校生の回答結果の一部を示したものです。Cはグラフをもとに書かれた課題作文の例です。これらのグラフと課題作文例を読んで、あとの問いに答えなさい。

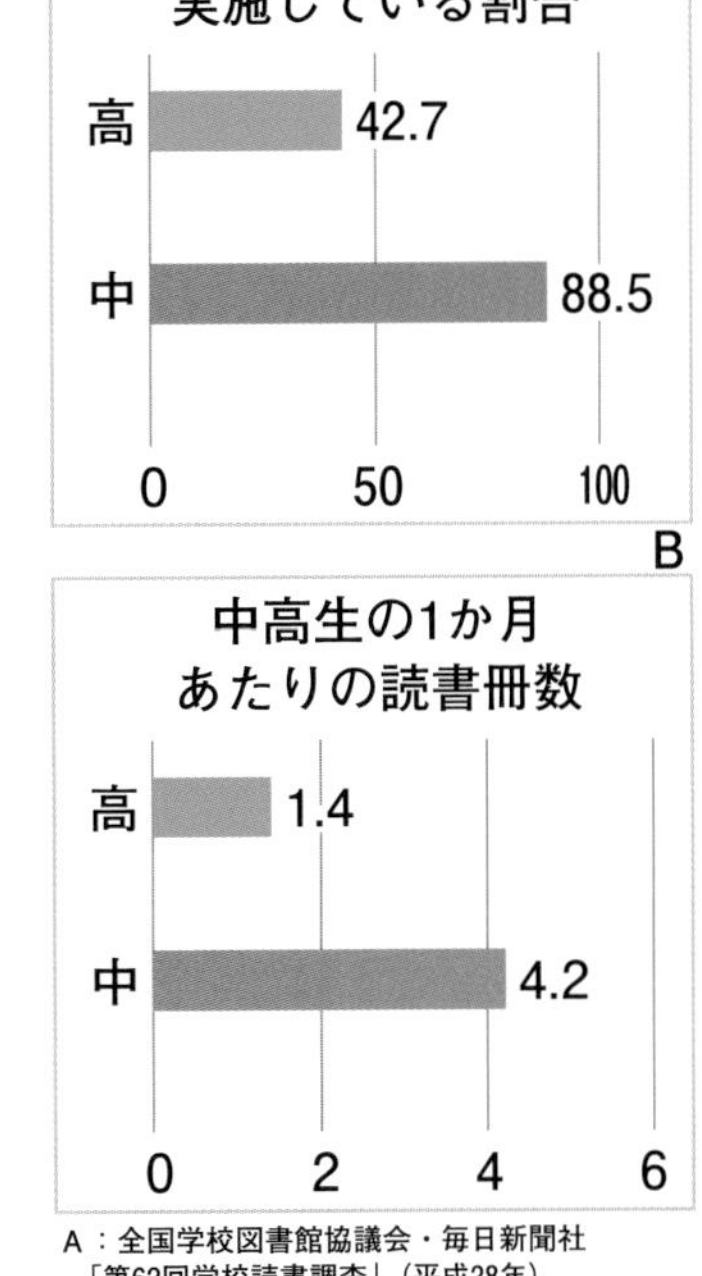

A：全国学校図書館協議会・毎日新聞社「第62回学校読書調査」（平成28年）
B：文部科学省「学校図書館の現状に関する調査」（平成28年度）

C　中学校では九十パーセント近い学校が全校一斉読書活動を実施しているが、全校一斉読書活動を実施している高校は①あまりにも少ない。一か月あたりの読書冊数は、中学生は四・二冊なのに対して、高校生では一・四冊しかない。これは、高校生は勉強や部活、課外活動に忙しく、学校でも読書活動に時間を割くことができないからだと考えられる。

私は、全校一斉読書活動をもっと活発にすれば中高生の読書量を増やすことができると②考えられる。［　　］また、学校の読書活動以外でも、自主的に本を読むように③心がけてもよい。

1 ――線①～③の表現の誤りを、次から一つずつ選び、記号で答えなさい。

ア　考えが不明確である。
イ　具体的な数値が不明である。
ウ　文のねじれが起きている。

①（　　）　②（　　）　③（　　）

2 ――線①～③の表現が正しくなるように、考えて書きなさい。

①「あまりにも少ない」→（　　）
②「考えられる」→（　　）
③「心がけてもよい」→（　　）

3 ［　　］にあてはまる文として適切なものをあとから一つ選び、記号で答えなさい。

ア　社会全体に、中高生が読んでみたいと思うような本がもっと増えるべきだ。
イ　クラス単位でビブリオバトルなどを開催して、互いに好きな本を紹介しあうのもよいだろう。
ウ　紙の本だけでは不十分なので、電子書籍も調査の対象に含めるべきであろう。
エ　なぜ高校生の一か月あたりの読書冊数がこれほど少ないのか、調査するべきである。

（　　）

知識の泉　Q ――線の使い方は○か×か？　彼の功績を他山の石として研究に励みたい。

確認のワーク ステージ1

漢字のしくみ 四字熟語（漢字を身につけよう❷）

解答 5ページ　スピードチェック 4・5ページ

学習のねらい
- 四字熟語の構成を理解しよう。
- 四字熟語の意味や成り立ちを理解しよう。

漢字

1 漢字の読み 読み仮名を横に書きなさい。

＊は新出漢字　▼は新出音訓・◎は熟字訓

❶ 果＊敢　❷ ＊迅雷　❸ ＊暫定　❹ ＊羨む
❺ 順風満＊帆　❻ ＊喝＊采　❼ ＊嵐　❽ ＊頓挫
❾ 遺＊憾　❿ ＊傍若　⓫ 廃＊藩　⓬ ▼縄文
⓭ 神▼宮　⓮ ▼修行　⓯ 一朝一▼夕　⓰ ▼率先

2 漢字の書き 漢字に直して書きなさい。

❶ （ひょうしょう）式。　❷ 前言を（てっかい）する。
❸ 質実（ごうけん）。　❹ （とうほん）西走。
❺ 意見を（きゃっか）される。　❻ （きんき）地方。
❼ （しゃに）無二。　❽ （また）とない機会。

教科書の要点

1 四字熟語とは （　）に教科書の言葉を書き入れなさい。 教p.58

- 四字熟語とは、四字の（①　　）の決まった組み合わせによる熟語のこと。中国の故事などに由来する（②　　）の四字熟語もある。

2 四字熟語の構成 （　）にあてはまる四字熟語をあとから一つずつ選び、記号で答えなさい。

似た意味の二字熟語が結びついたもの	例 独立独歩・（①　）
反対の意味の二字熟語が結びついたもの	例 有名無実・（②　）
反対の意味の漢字を二つ並べた熟語が結びついたもの	例 栄枯盛衰・（③　）
上の二字が下の二字にかかるもの	例 首尾一貫・（④　）
同じ漢字の繰り返しを二つ重ねたもの	例 時々刻々・（⑤　）
四字が対等に並ぶもの	例 花鳥風月・（⑥　）

ア 離合集散　イ 完全無欠　ウ 年々歳々
エ 東西南北　オ 巧遅拙速　カ 責任転嫁（てんか）

知識の泉 A ×。「他山の石」＝他人のつまらない言動を，自分を磨く材料にすること。

基本問題

1 次の□に漢字をあてはめて、四字熟語を完成させなさい。

① 因果応□　② 言語□断　③ 馬耳東□

④ 大器□成　⑤ 明鏡□水　⑥ 半□半疑

2 よく出る 次の四字熟語の読みを書き、また、意味をあとからそれぞれ一つずつ選び、記号で答えなさい。

① 五里霧中　読み（　　）意味（　）

② 暗中模索　読み（　　）意味（　）

③ 大胆不敵　読み（　　）意味（　）

④ 無我夢中　読み（　　）意味（　）

ア 手がかりのない状態で、いろいろ探し求めること。

イ 度胸があって物事を恐れないこと。

ウ 心を奪われて、自分を忘れてしまうこと。

エ 事情がわからず、どうしてよいかわからない状態のこと。

攻略！ ④は、意味が似た二字熟語を組み合わせた四字熟語。

3 次の四字熟語の意味をア～クから、構成をA～Fからそれぞれ一つずつ選び、記号で答えなさい。

① 利害得失　□□　② 我田引水　□□

③ 喜怒哀楽　□□　④ 和洋折衷　□□

⑤ 美辞麗句　□□　⑥ 明々白々　□□

⑦ 面従腹背　□□　⑧ 有名無実　□□

ア 自分の利益と損害。

イ 表面だけきれいに整えた中身のない言葉。

ウ 名前だけが立派で、実質が伴っていないこと。

エ 物事を自分の利益になるように進めること。

オ 人間のさまざまな感情。

カ 非常にはっきりしているさま。

キ 表面は従うように見せて内心は逆らっていること。

ク 日本と西洋の様式をとり合わせること。

A 似た意味の二字熟語が結びついたもの

B 反対の意味の二字熟語が結びついたもの

C 反対の意味の漢字を二つ並べた熟語が結びついたもの

D 上の二字が下の二字にかかるもの

E 同じ漢字の繰り返しを二つ重ねたもの

F 四字が対等に並ぶもの

攻略！ ⑦の「面」と「腹」、「従」と「背」がそれぞれ反対の意味になる。

知識の泉 Q 「助けようと手を加えて，かえって害となる」という意味の故事成語は？

確認のワーク ステージ1 俳句の世界／俳句十句

解答 6ページ　スピードチェック 5・16ページ　予想問題 124ページ

学習のねらい
● 俳句のきまりや特徴を理解しよう。
● それぞれの俳句の内容や情景を捉えよう。

漢字

1 漢字の読み　読み仮名を横に書きなさい。

＊は新出漢字　▼は新出音訓・◎は熟字訓

❶ ＊聴覚　❷ ＊爽やか

2 漢字の書き　漢字に直して書きなさい。

❶ （ちょうかく）で捉える。❷ （さわ）やかな笑顔。

教科書の要点

1 俳句のきまりと表現の特徴　（　）に教科書の言葉を書き入れなさい。　教 p.62〜64

● 俳句は、（①　）の三句十七音で表現される定型詩である。十七音より音数が多いものは「字余り」、少ないものは「字足らず」という。

例 柿くへば ＝ 五音（初句）　鐘が鳴るなり ＝ 七音（二句）　法隆寺（ほうりゅうじ） ＝ 五音（結句）　正岡（まさおか）子規（しき）

● 俳句には、一句の中に季節を表す言葉である（②　）を用いるという約束がある。季題ともいう。

例 柿くへば　鐘が鳴るなり　法隆寺
柿 → 季語（季節は秋）

● 句の切れめ（句切れ）や末尾に置く「けり」「かな」「や」などの言葉を（③　）という。（③）を置くことで、句の印象が深まり、作者の感動の中心がどこにあるかがわかる。

例 おどろくや／落ちにけり

句切れ
- 初句切れ……五／七　五
- 二句切れ……五　七／五
- 句切れなし……五　七　五

※二句の途中で切れる「中間切れ」もある。

2 自由律俳句　（　）に教科書の言葉を書き入れなさい。　教 p.64

● 五七五の定型や季語などの俳句の約束ごとにとらわれず、自由につくられたものを（　）俳句という。

季語（季題）や句切れなどの表現の特徴を理解して、描かれている情景や世界、作者の感動の中心は何かを読み取ろう。

知識の泉　A 助長。　生長を助けようと苗を引っ張り，苗を枯らしたという故事から。

3 各句の特徴

次の①〜⑪の俳句の季語と季節を書き入れなさい。 教p.62〜67

	俳句	季語	季節
①	斧入れて……（与謝蕪村）		
②	桐一葉……（高浜虚子）		
③	秋つばめ……（黒田杏子）		
④	囀りを……（星野立子）		
⑤	菜の花が……（細見綾子）		
⑥	谺して……（杉田久女）		
⑦	万緑の……（中村草田男）		
⑧	芋の露……（飯田蛇笏）		
⑨	星空へ……（橋本多佳子）		
⑩	いくたびも……（正岡子規）		
⑪	小春日や……（村上鬼城）		

4 自由律

自由律俳句を教科書から二つ探し、それぞれ最初の一文節を抜き出しなさい。 教p.62〜67

（　　　）
（　　　）

5 俳句の鑑賞

例にならって、次の鑑賞文にあてはまる俳句の初句（自由律俳句は最初の一文節）を教科書から抜き出しなさい。 教p.62〜67

例 温かさを感じさせる一面の黄色い花、それは幸せそのものを表しているように見える。

① 秋の木の風景の一瞬のできごとを、あたかもスローモーションを見るように繊細に描いている。

② 日常生活の一つの場面を切り取っている。淡々とした表現でありながら、病床にある作者のもどかしさが伝わってくる。

③ 旅の途中、どんなに山奥深く入っても、緑に包まれた山々が続いている。一人もくもくと歩きつづける姿が描かれている。

④ 色彩の対比がみごとで、新緑の季節の中、子供の成長を喜ぶ親の愛情があふれている。

例（　菜の花が　）
①（　　　）　②（　　　）
③（　　　）　④（　　　）

おさえよう

要旨 俳句の鑑賞では、詠み込まれている〔ア 比喩　イ 季語〕や、感動の中心を表す〔ア 切れ字　イ 係り結び〕に注目して、どんな情景が描かれているかを想像することが大切である。

知識の泉 Q「光陰矢のごとし」の意味は？

俳句の世界／俳句十句

30分

自分の得点まで色をぬろう！
100点　合格！　80　もう一歩　60　がんばろう！　0
/100

解答 6ページ

★ 次の文章を読んで、問題に答えなさい。

教 p.62・①〜63・⑰

　あれは中学三年生の国語の授業のことでした。単元はまさに俳句。先生は、①「俳句が五七五の十七音で表現される定型詩」であること、「季語を用いる」という約束ごとがあること、②「切れ字によって句の印象を深める」などの技法があることを説明したあと、「俳句は調べやリズムのある韻文です。声に出して味わってみましょう。」と、私を指名なさいました。

斧入れて香におどろくや冬木立　　与謝蕪村

　「香におどろく」ってどういう意味だろうと思いながら、教科書を両手で持ち、大きな声で読みました。「おのいれて、かにおどろくや、ふゆこだち。」声に出したとたん、いきなり新しい木の香りがツーンと押し寄せてきました。余りに新鮮な匂いだったので、ひどく驚きました。キョロキョロ見回しても窓は閉まっているし、教室はいつものとおりだし。「着席していいですよ。」という先生の声で椅子に座ってから、やっと気づきました。ドキドキするほど③鮮烈なこの匂いは、私の鼻腔の奥から匂っているのだとわかったのです。

　なぜそんなことが起こったのか、中学生の私には全く理解できませんでした。が、大人になり俳句を作るようになってから、④あの日と同じ肉体反応を何度も体験するに至り、⑤それが季語の力によるものだとわかってきました。季語は五感情報のかたまりです。「冬木立」は、単に冬の木という意味を伝えるだけでなく、背後にある冬の青空や暗い雲（視覚）、冷たい風や堅い幹（触覚）を感知させます。冬鳥の声（聴覚）を聞きとめる人もいるでしょう。そして「斧入れて」という動作、「香におどろくや」という発見が、「や」という切れ字を置いて描かれることによって、読者は、枯れているような冬木に斧が入ったとたんに放たれる木の香りを鮮やかに追体験します。俳句はたった十七音で五感をなまなましく刺激する力をもった類いまれな文学なのです。

　初めて吟行に出かけたときのことです。一本の木の落葉にひかれました。秋の日ざしの中、てのひらよりも大きな葉が、くるりくるりと光を揺らしながら落ちていきます。脳裏に「日当たりながら落ちにけり」という言葉が浮かびました。佳い句になる！　あとはこの木の名を調べるだけだ！　たまたま通りかかった句会の先輩が教えてくれました。「これが桐の木だよ。」その木の名を知ったとたん、⑥思わず「あっ！」と声をあげてしまいました。

桐一葉日当たりながら落ちにけり　　高浜虚子

知識の泉　A　**月日がたつのは早いこと。**　「歳月人を待たず」も類義のことわざ。

私は知識としてこの句を知っていましたが、眼前にある落葉の名を知りませんでした。美しい落葉がゆっくりと降り続く光景が「日当たりながら落ちにけり」という詩句を記憶の底から引っぱり出してくる。これが俳人虚子の描写力なのだ！　と鳥肌が立ちました。

〈夏井(なつい)いつき「俳句の世界」による〉

1 よく出る ①俳句 とありますが、筆者は俳句をどのようなものだと述べていますか。文章中から一文で抜き出し、はじめの五字を書きなさい。（15点）

2 ②切れ字 とありますが、「桐一葉……」の俳句から切れ字を抜き出しなさい。（10点）

（　　）

3 ③鮮烈なこの匂い を、簡潔に説明している部分を文章中から二十八字で抜き出し、はじめと終わりの五字を書きなさい。（15点）

〜

4 ④あの日と同じ肉体反応 とありますが、「あの日」の肉体反応とはどのようなものですか。次から一つ選び、記号で答えなさい。（10点）

ア　新鮮な木の香りを感じて無意識に周りを見回したという反応。
イ　実際にしていない匂いが自分の鼻の奥から匂ったという反応。
ウ　先生に指名されたことで思わず大きな声が出たという反応。
エ　俳句の調べやリズムにのって体が自然に動いたという反応。

（　　）

5 記述 ⑤季語の力 とはどのような力ですか。四十字以内で書きなさい。（20点）

攻略！ あとの、季語についての説明が書かれている部分をまとめよう。

6 ⑥思わず「あっ！」と声をあげてしまいました とありますが、なぜですか。「眼前にある落葉の名を知ったことで、……から。」に合うように書きなさい。（15点）

眼前にある落葉の名を知ったことで、

（　　）

から。

7 よく出る 「桐一葉……」の俳句について書かれた解説文として適切なものを次から一つ選び、記号で答えなさい。（15点）

ア　趣のある季節が訪れ、心から喜びを表している句である。
イ　過ぎゆく季節に対する別れの思いを表現している句である。
ウ　眼前の景色をゆったりと鮮やかに写し取っている句である。
エ　自然の中に季節を感じ、人生を振り返っている句である。

（　　）

攻略！ 眼前の景色から詩句を思い起こしたことに着目する。

知識の泉　Q 「地震・知的・人造」の中で熟語の構成が違うのはどれ？

実力判定テストB ステージ3

俳句の世界／俳句十句

30分

自分の得点まで色をぬろう！ 合格！ もう一歩 がんばろう！ /100

解答 6ページ

次の俳句を読んで、問題に答えなさい。

教p.66〜67

A 囀り（さえず）をこぼさじと抱く大樹かな　星野立子

B 菜の花がしあはせさうに黄色して　細見綾子

C 万緑（ばんりょく）の中や吾子（あこ）の歯生え初（そ）むる　中村草田男

D 芋の露連山影（れんざんかげ）を正しうす　飯田蛇笏

E 星空へ店より林檎（りんご）あふれをり　橋本多佳子

F いくたびも雪の深さを尋ねけり　正岡子規

G 小春日や石を噛（か）み居（い）る赤蜻蛉（あかとんぼ）　村上鬼城

H 分け入つても分け入つても青い山　種田山頭火

〈「俳句十句」による〉

1 よく出る B・C・E・Gの俳句について、それぞれの季語を抜き出し、季節を漢字一字で答えなさい。　2点×8（16点）

B 季語（　　）季節（　　）

C 季語（　　）季節（　　）

E 季語（　　）季節（　　）

G 季語（　　）季節（　　）

2 よく出る A〜Hの俳句から、切れ字が用いられている句を四つ、自由律俳句を一つ選び、それぞれ記号で答えなさい。　2点×5（10点）

・切れ字が用いられている句…（　　）・（　　）・（　　）・（　　）

・自由律俳句…（　　）

3 Aの俳句の「こぼさじ」はどのような意味ですか。次から一つ選び、記号で答えなさい。　（4点）

ア こぼさなかった　イ こぼすまい

ウ こぼしそうだ　エ こぼしたい

（　　）

知識の泉 **A 知的。** 「地震」「人造」は主語と述語の関係。「的」は接尾語。

4 Bの俳句の解説文になるように、次の□ⓐ・ⓑにあてはまる言葉を俳句から抜き出しなさい。

ⓐい花の色を「ⓑ」と捉えたところに作者の叙情を読み取ることができる。

完答（5点）

ⓐ（　　）　ⓑ（　　）

5 レベルUP Cの俳句に表現されている二つの色を、漢字一字で書きなさい。また、それぞれ何の色かを簡潔に書きなさい。

完答10点×2（20点）

色＝□　何の色か＝（　　）

色＝□　何の色か＝（　　）

6 Dの俳句の「連山影を正しうす」に用いられている表現技法を次から一つ選び、記号で答えなさい。（5点）

ア　対句　イ　体言止め

ウ　倒置　エ　擬人法

（　　）

7 Eの俳句は、どことどこの情景を対比させながら描かれていますか。次から一つ選び、記号で答えなさい。（5点）

ア　海と陸地　イ　草原と丘

ウ　天と地上　エ　山々と川

（　　）

8 よく出る Fの俳句の解説文になるように、次の文の□にあてはまる言葉をあとから一つ選び、記号で答えなさい。（5点）

作者は病床で起き上がることができず、雪が降っている外の景色を自分の目で眺めることができない。そのことを□思いながら、何度も何度も子供のように外の様子を尋ねている。

ア　しかたなく　イ　腹立たしく

ウ　快く　エ　もどかしく

（　　）

9 記述 Gの俳句の「石を噛み居る」は、赤蜻蛉のどのような様子を描いたものですか。十五字以内で書きなさい。（10点）

10 Hの俳句に用いられている表現技法を次から全て選び、記号で答えなさい。

完答（5点）

ア　倒置　イ　反復　ウ　直喩

エ　擬人法　オ　体言止め

（　　）

11 次の鑑賞文に合う俳句をA～Hから一つずつ選び、記号で答えなさい。

5点×3（15点）

(1) 秋の日の空気は澄みきっていて、畑からふと目を転じると周囲の山々がくっきりと姿を現している。（　　）

(2) 生命力にあふれた声が大らかに響いており、小さな生き物の営みを温かく見守る慈しみの気持ちが感じられる。（　　）

(3) どこまでも続く山の中の道を自分の人生に重ね、ひたすら歩き続けるしかない作者の孤独な思いが表れている。（　　）

知識の泉 Q「蛍の光や窓の雪明かりで書を読んだ」という故事からできた言葉は？

確認のワーク　ステージ1

批評文　観察・分析をとおして評価する

学習のねらい
●批評文を書くときに必要なことを理解しよう。
●読み手を説得できる効果的な論理の展開の仕方を学ぼう。

解答 7ページ

教科書の要点

1 批評文とは **（　）に教科書の言葉を書き入れなさい。** 教 p.72

●批評文とは、ある物事について取り上げ、その（　　）や特性、価値などを（　　）し、（　　）を述べる文章のことである。

●批評文を書くにあたっては、（　　）のある言葉で相手に伝える力と、物事のよさを（　　）に表現できることが大事になってくる。

身近な生活の中から、批評の対象となる物事を探してみよう。

2 学習の流れ **批評文を書く手順について、（　）に教科書の言葉を書き入れなさい。** 教 p.72〜75

1 題材を決める。
●学校生活や（　　）、メディアなどを通して見聞きしたことから、批評の対象となる物事を決める。

2 対象となる物事について、自分の体験や観察・調査などによって得られた（　　）をもとに分析を進める。
1 分析の観点を明らかにする。
2 それぞれの（　　）やプラス面・マイナス面を整理する。
3 対象となる物事の背景や、（　　）することについて調べる。
4 仮定したり、類似したものを取り上げて（　　）したりして、特徴や効果を明らかにする。

3 構成を考えて批評文を書く。
●**2**で分析した結果をもとに、結論をまとめ、（　　）を工夫して批評文を書く。

3 表現 **よいところを述べる表現として適切でないものを、次から一つ選び、記号で答えなさい。**

ア「……には学ぶべき点が多い。」
イ「……というところが絶妙だ。」
ウ「……という点では及ばない。」
エ「……に勝るものはない。」

（　　）

A **蛍雪の功。** 「苦労して勉強に励み，成功すること」という意味。

基本問題

次の、防犯に関する標語についての批評文を読んで、問題に答えなさい。

1 私は、「最も市民の防犯意識を高める標語はどれか」という観点で標語を読み比べ、『挨拶と　鍵かけみんなの　町守る』を選んだ。
2 この標語では、「挨拶と鍵かけ」という具体的な行動が、町の安全につながることが示されている。もし、これが「挨拶と鍵かけ」ではなく「毎日の笑顔」という言葉だったら、明るいイメージは伝えられるが、「笑顔」でどうやって町を守ることができるのか、という疑問が残る。『挨拶と～』の標語のほうが「何をすべきか」がわかるという点で優れている。
3 この他に、『その行動　防犯カメラが　見ているぞ』という標語がある。これは、防犯カメラが犯罪抑止に役立つことは伝わるが、市民も監視されているような印象を与える。『挨拶と～』の標語のほうが、市民が主体的に防犯活動にかかわることができるという点で適切だ。
4 もう一度「市民の防犯意識を高める」という点から、これらの標語を見直してみると、やはり『挨拶と～』の標語が、具体性があり、市民が主体となっている。よって、『挨拶と～』の標語が最も適切だといえよう。

1 2段落ではどのようなことを述べていますか。次の文の□にあてはまる言葉を批評文中から抜き出しなさい。

「□」という別の表現が用いられたと仮定することで、「挨拶と鍵かけ」という□な□が示されていることの効果を明確にしている。

2 『その行動　防犯カメラが　見ているぞ』という標語にはどのようなプラス面とマイナス面がありますか。批評文中の言葉を使って書きなさい。

プラス面（　　　　）
マイナス面（　　　　）

3 よく出る　この批評文の構成の説明として適切なものを次から一つ選び、記号で答えなさい。

ア　3段落では、2段落で取り上げた標語のマイナス面を取り上げて、『挨拶と～』の標語と再度比較している。
イ　4段落では、2・3段落の内容をふまえて、読み手を説得できるように、『挨拶と～』の標語のよい点を再度示している。
ウ　2段落では、他の標語を取り上げて、『挨拶と～』の標語と比較しながら、『挨拶と～』の標語の改善点を示している。
エ　3段落では、『挨拶と～』の標語と類似した特徴をもつ標語を取り上げて比較している。（　　）

攻略！ 4段落の冒頭の「もう一度」という表現に注目する。

知識の泉　Q（　）の中で正しいのは？　練習を重ねて試合に（臨・望）む。

確認のワーク ステージ1

言葉発見② 和語・漢語・外来語

学習のねらい
●和語・漢語・外来語について理解しよう。
●和語・漢語・外来語の特徴を捉えて、適切に使い分けよう。

解答 7ページ

教科書の要点

1 語種の成り立ち　（　）に教科書の言葉を書き入れなさい。　教 p.76〜77

和語	●もともと日本で使われていた言葉のこと。 ●①（　　）で書かれたり、漢字の②（　　）で表されたりする。 ●「和」とは「大和（やまと）」、日本のこと。和語は「大和言葉」ともいう。 ●日常会話でよく使われる。
漢語	●漢字の③（　　）で使われる言葉。 ●もともとは④（　　）から入ってきた言葉をいうが、漢字の音を用いて日本で作られた言葉もある。 ●公的な文書や新聞などでよく使われる。
外来語	●中国語以外の外国語から取り入れられた言葉。 ●ふつうは⑤（　　）で書かれる。 ●外国から入ってきた学問の用語や、対応する和語や漢語がない言葉などに使われる。

＊混種語…和語・漢語・外来語が組み合わさってできた言葉。
例「自動ドア」（漢語＋外来語）・「大型免許」（和語＋漢語）

基本問題

1 よく出る 次の言葉は、和語・漢語・外来語のどれにあたりますか。和語にはア、漢語にはイ、外来語にはウを書きなさい。

①（　）ギター　②（　）学校　③（　）小さい
④（　）走る　⑤（　）拡大　⑥（　）クリーム
⑦（　）社会　⑧（　）遊び　⑨（　）チェンジ
⑩（　）遠足　⑪（　）ゴール　⑫（　）穏やかだ
⑬（　）リスク　⑭（　）楽しさ　⑮（　）海外旅行

攻略！ 漢字は、音読みと訓読みに注意しながら考えよう。

2 次の中から混種語を四つ選び、記号で答えなさい。

ア 山歩き　イ インスタント食品　ウ 色鉛筆
エ マッチ棒　オ 作文　カ ハンバーガー　キ 最高だ

（　）（　）（　）（　）

3 次の混種語の組み合わせを、例にならって書きなさい。

例 電子レンジ　（電子（漢語）＋レンジ（外来語））

① 消しゴム　（　　　　）

A　臨。「臨む」＝面する・ある機会にあたる。「望む」＝希望する・眺める。

② ビニール袋（　　　　）
③ 弁当箱（　　　　）
④ 女子マラソン（　　　　）
⑤ 管理組合（　　　　）

4 **次の文が自然な日本語になるように、あとにあげる【　】の中の言葉から最も適切なものを選んで（　）に書きなさい。ただし、同じものは二度使えません。**

(1)
① 私は三年二（　　）の図書係だ。
②（　　）メイトと遊びに行く。
③ 風邪が流行して（　　）閉鎖になった。
【組・学級・クラス】

(2)
① 野球の（　　）ブックを読む。
②（　　）正しい生活を送ることが大切だ。
③ 原稿用紙の使い方には（　　）がある。
【きまり・規則・ルール】

(3)
① 土地（　　）の名義変更の手続きを行う。
② 彼はこのレストランの（　　）シェフだ。
③ 彼は特異な才能の（　　）だ。
【持ち主・所有者・オーナー】

(4)
① 家族で温泉（　　）に泊（と）まる。
② 駅前にビジネス（　　）が建った。
③ 一夜の（　　）を借りる。
【ホテル・旅館・宿（やど）】

5 **次の――線の言葉を、（　）の指示に従って書きかえなさい。**

① 上級生に支援をお願いする。（外来語に）（　　　　）
② 素晴らしいアイデアだ。（和語に）（　　　　）
③ 全校生徒の意見をリサーチする。（漢語に）（　　　　）
④ 大きな衝撃を受ける。（外来語に）（　　　　）
⑤ 難しい問題に挑戦する。（外来語に）（　　　　）
⑥ 橋に接近する。（和語に）（　　　　）
⑦ スピードを上げる。（漢語に）（　　　　）

知識の泉 Q「心に深くとめて忘れない」という意味の慣用句は？　□に銘じる

確認のワーク ステージ1

希望（漢字を身につけよう③）

解答 8ページ スピードチェック 6ページ 予想問題 125ページ

学習のねらい
●話題とそれに対する筆者の見方に着目し、その思いを捉えよう。
●生きることにおける「希望」の意味を捉え、自分の考えをもとう。

漢字と言葉

1 漢字の読み 読み仮名を横に書きなさい。

＊は新出漢字 ▼は新出音訓・◎は熟字訓

❶ ＊騒ぐ ❷ 未＊曽有 ❸ ＊耐える ❹ ＊括 ＊弧
❺ ＊梗 概 ❻ 戦 ＊慄 ❼ ＊塑 像 ❽ ＊玩 具
❾ 凡 ＊庸 ❿ 主 ＊宰 ⓫ ▼集う ⓬ 感▼極まる

2 漢字の書き 漢字に直して書きなさい。

❶（しゅういつ）な作品。 ❷（ぎきょく）を読む。
❸（しょうけい）のまと。 ❹ 原文を（しょうやく）する。
❺ 小説の（さしえ）。 ❻ 天気が（くず）れる。

3 語句の意味 意味を下から選んで、線で結びなさい。

❶ 見入る ・ ・ア 追われている人などを隠す。
❷ かくまう ・ ・イ 物事に直接向かい合う。
❸ 直面する ・ ・ウ 我を忘れて見とれる。

教科書の要点

1 話題 スタシャックさんはどのような人ですか。（　）に教科書の言葉を書き入れなさい。 教 p.79〜80

・ポーランド国民で（　　　）人。
・第二次世界大戦中、（　　　）絶滅強制収容所に入れられたが脱出した。

2 内容理解 スタシャックさんはどのようにして生き延びましたか。（　）に教科書の言葉を書き入れなさい。 教 p.81

（　　　）に期待するのではなく、自分の中にある（　　　）だけを大切にすることで生き延びた。

3 筆者の考え 筆者は「希望」をどのようなものだと考えていますか。（　）に教科書の言葉を書き入れなさい。 教 p.79

人間が生きるための大きな（　　　）。

「希望」という言葉に注意して読もう。

おさえよう

4 構成のまとめ （　）に教科書の言葉を書き入れなさい。教 p.78～81

	導入	展開①	展開①	展開②	終わり
	教はじめ～p.79・④	p.79・⑤～79・⑫	p.79・⑬～79・⑳	p.80・①～81・⑩	p.81・⑪～終わり
	現在	現在		回想	現在
まとまり	●筆者が八重桜に見入っていると、若者たちが夢中で話しながら通り過ぎた。	●スタシャックさんを思い出す。 →第二次世界大戦中の「夜と霧作戦」で逮捕されたユダヤ人	●ヒトラーの大量虐殺から生還できた人に会うため、筆者は初めてポーランドを訪れた。 ↓当時は、冷戦時代で監視が厳しかった。	〈スタシャックさんの人生〉 ●半世紀前、（④　　）絶滅強制収容所を脱出し、村人にかくまわれて、自由を得た。 ●絶滅強制収容所では、殺害、餓死、病死などの恐怖と（⑤　　）させられていた。 ●戦後、政治家になるが、圧力を受けて学者になる。	●若者たちの後ろで、八重桜にレンズの焦点を合わせる。
内容	▼筆者は、すれ違った若者たちにあふれんばかりの希望や夢があるように感じられて、（①　　）なった。 ▼希望＝人間が生きるための大きなエネルギー源	スタシャックさん「私が生き延びられたのは、希望を失わなかったからです。」	▼束縛が厳しい中でも、諦（あきら）めずに（②　　）を求めて努力する人々の張りつめた生き方に、（③　　）思い。 （→その後、東西の対立が崩れ、人々は束縛から解かれた。）	▼多くの人たち「（⑥　　）（＝自分以外のもの）に期待」 スタシャックさん「希望だけ（＝自分の中にあるもの）が大切」 ▼「かけがえのないものは、孫娘のカロリーナです。」 生還できたことの証明 未来の希望	▼ファインダーの中にほほえむカロリーナが見えたような気がした。 …通り過ぎた若者たちとカロリーナを重ねて、未来の希望を見ている

主題 筆者は、希望は人間が生きるために〔ア 必要な　イ 余計な〕ものだと考え、若者たちに〔ア 厳しい現実　イ 未来の希望〕を見ている。

Q 「義」「命」に共通の部首をつけるとできる熟語は？

実力判定テストA　ステージ2

希望

30分

自分の得点まで色をぬろう！
100点 合格！ 80 もう一歩 60 がんばろう！ 0
/100

解答 ▶ 8ページ

★ 次の文章を読んで、問題に答えなさい。　教 p.79・⑤〜81・⑥

「私が生き延びられたのは、希望を失わなかったからです。」

希望についてしみじみと、そう語ったポーランド人のスタシャックさんを思い出す。彼は、第二次世界大戦中の「夜と霧作戦」で逮捕されたユダヤ人だ。

霧の深い闇夜に忍び寄って逮捕する、というヒトラーの作戦は、未曽有の大量虐殺へと突き進んだ。「最終的解決」の命令によって、ユダヤ人の六百万人ともいわれるすさまじい数の命が抹消されたのだった。

①僅（わず）かだが生還できた人たちがいる。誰かに会いたいと思い、一九八六年の夏に、初めてポーランドを訪れた。今と違って冷戦時代のまっただ中にあり、ソ連当局の険しい視線がポーランド国民に（そして私の言動にも）注がれていた。そうした中にも、諦（あきら）めることなく自由を求めて努力する人々の張りつめた生き方に、②身を引き締められる思いがした（その後、何度か訪れているうちに東西の対立が崩れ、人々は束縛から解かれた）。

スタシャックさんは半世紀前、ナチスの狂気と残虐性を象徴するあのアウシュビッツ絶滅強制収容所を脱出し、数人の仲間と一緒に村人にかくまわれて、やっと自由を得た。

彼の③妻エルナさんは、その村の娘だった。彼女はユダヤ人ではなかったが、ナチスの余りにもむごい残虐な行為を黙って見過ごせなかった。

「私が助けたのは、塩のためでも、土地のためでもなかった。金銭をもらうためではなかったということです。何よりも、心の痛みに耐えきれなかったからです。」

そういうエルナさんにスタシャックさんの第一印象を尋ねると、衝撃を思い出すようにこう言った。

「彼は目もよく見えないようだったし、歩き方もよたよたしていて、五十歳くらいかと思いました。ところがなんと、まだ二十代だったんですよ。」

殺害、餓死、病死などの④恐怖と直面させられていたスタシャックさんは、いったいどのようにして生き延びたのだろうか。

「多くの人たちが連合軍が助けてくれるとか、神が救ってくれるとか、他の力に期待していました。でも私には、⑤希望だけが大切でした。人間は鋼鉄のように強い神経をもっている。その神経に絶えず希望という小川が流れている限り、人間は耐えられるのです。」

むろん運もある。が、それだけではない。強い意志と人間への信頼感、それに友達の助け、生き残れるという自信も必要だった。また、労働の現場が屋根の下だったか外だったかも生死を左右したと、

A 議論。「言」（ごんべん）をつければよい。

生還した人たちは口々に語ってくれた。

〈大石(おおいし)　芳野(よしの)「希望」による〉

1 ①僅かだが生還できた人たち　とありますが、この人たちはどのような人たちですか。（　）にあてはまる言葉を、文章中から抜き出しなさい。（15点）

ナチスによるユダヤ人の（　　　）から生き残ることができた人たち。

2 よく出る ②身を引き締められる思い　とありますが、筆者がこのような思いを抱いたのは、何を知ったからですか。（　）にあてはまる言葉を、文章中から抜き出しなさい。（10点）

ソ連当局による厳しい監視と束縛のもとでも、諦めずに自由を求めて努力する人々の（　　　）。

3 ③エルナさん　とありますが、彼女がスタシャックさんたちを助けたのはなぜですか。（　）にあてはまる言葉を、文章中から抜き出しなさい。（完答15点）

（　　　）をもらうためではなく、ナチスの残虐行為に対する（　　　）に耐えきれなかったから。

攻略！ あとの、エルナさんの言葉から読み取ろう。

4 ④恐怖と直面させられていた　とありますが、このことはスタシャックさんのどのような様子に表れていましたか。（　）にあてはまる言葉を、文章中から抜き出しなさい。（完答15点）

まだ（　　　）なのに（　　　）に見えるほど、体が衰えている様子。

5 ⑤希望　について答えなさい。

(1) よく出る スタシャックさんは「希望」を何にたとえていますか。文章中の言葉を使って十五字程度で書きなさい。（15点）

(2) 記述 スタシャックさんにとって、「希望」とはどのようなものですか。「人間」という言葉を使って三十字以内で書きなさい。（20点）

6 筆者の考えに合うものを次から一つ選び、記号で答えなさい。（10点）

攻略！ 冒頭と傍線部を含むスタシャックさんの言葉に着目しよう。

ア　過酷な状況でも助けがくると期待することは力になる。
イ　強い意志と人間への信頼感があれば運命を変えられる。
ウ　他人をあてにせず、自分の力を信じていれば道は開ける。
エ　生き抜くためには絶望しないことが大切である。
（　　）

知識の泉　Q「落胆」の類義語はどっち？　ア＝失敗　イ＝失望

確認のワーク ステージ1

フロン規制の物語 ——〈杞憂（きゆう）〉と〈転ばぬ先の杖（つえ）〉のはざまで

解答 9ページ　スピードチェック 7ページ　予想問題 126ページ

学習のねらい

- 文章の構成や展開をおさえよう。
- 科学的知識や技術とのかかわり方について、筆者の主張を読み取ろう。

漢字と言葉

1 漢字の読み 読み仮名を横に書きなさい。

①冷*媒　②▼化粧　③洗*浄　④*僅か
⑤法の▼下　⑥必*須　⑦*遭*遇　⑧柔*軟

*は新出漢字
▼は新出音訓・◎は熟字訓

2 漢字の書き 漢字に直して書きなさい。

①（やっかい　）な仕事。　②（きぎょう　）に勤める。
③空き（かん　）を拾う。　④（めいりょう　）な発音。
⑤（むしゅう　）の気体。　⑥（せいそうけん　）を出る。
⑦食べ物が（くさ　）る。

3 語句の意味 意味を下から選んで、線で結びなさい。

①数奇　・　　・ア　二つのものを比べる。
②天秤（てんびん）にかける　・　　・イ　決まらない。
③白黒がつかない　・　　・ウ　運命に波乱が多いこと。

教科書の要点

1 話題 「フロン」とはどのような物質ですか。（　）に教科書の言葉を書き入れなさい。 教p.88

常温のとき（　　）の気体で、自然界には存在しない（　　）な物質。

2 要点 フロンの危険性が最初に警告されたときの理由を次から一つ選び、記号で答えなさい。 教p.90

ア　紫外線による細胞破壊やがんの被害が出たから。
イ　科学者が企業や消費者との論争に勝ったから。
ウ　フロンによるオゾン層の破壊が発見されたから。
エ　フロンによるオゾン層破壊の可能性があるから。

（　　）

3 筆者の主張 今後、私たちにはどのような知恵を身につけていくことが求められていますか。□に教科書の言葉を書き入れなさい。 教p.95

科学的な□□□と、それを社会の中で生かすための柔軟な□□□。

4 構成のまとめ

（　）に教科書の言葉を書き入れなさい。（各段落に1～25の番号を付けて読みましょう。） 教 p.88～95

	小見出し	段落	内容	
導入		1段落	▼化学物質「フロン」は、数奇な運命をたどり、人類に（①　　）をもたらした。	
本論	夢の化学物質	2～6段落	一九二八年 冷媒としてフロンの開発に成功する。 一九七〇年代中頃 世界中で年間八〇万トンの生産量。 →その頃、フロンには厄介な性質があることがわかる。	●フロンは毒性がほとんどなく燃えないので非常に安全で、値段が安いという特長があることから、「夢の（②　　）」として重宝された。
	対照 隠れていた性質	7～11段落	一九七四年 フロンの（③　　）が最初に警告される。 ▼成層圏に上昇したフロンが紫外線で壊れ、そのとき放出する塩素がオゾン層を破壊してしまう可能性がある。	●紫外線…生物のＤＮＡを壊して細胞を死滅させたり、（④　　）を発生させたりする。 ●オゾン層…地球を覆い、紫外線を吸収する。
	科学だけでは、決まらない	12～19段落	▼フロン規制は、燃えやすい物質を使うリスク、関連企業の不利益など別の（⑤　　）を招く。紫外線のリスクとフロンの利便性・安全性・経済性を天秤（てんびん）にかけるのは難しい。 ▼フロン規制についての議論は、大論争に発展する。	●フロンのオゾン層破壊の問題は危険な徴候だが、不明瞭なグレーゾーンが多く、解明が不十分。 →科学的な議論だけでは決まらない。
	モントリオールへの道	20～22段落	一九七八年 アメリカでスプレー缶のフロン使用を初めて禁止する。 一九八二年 南極上空の（⑥　　）の異常な減少がわかる。 一九八七年 モントリオール議定書で、一部のフロンが規制される。	●将来、後悔しないために私たちが今、行動しよう。 →〈⑦　　〉の考え方。 ↔ ●便利なフロンを不確実な根拠でやめていいのか。 →〈⑧　　〉だとする考え方。
結論	未完の物語	23～25段落	二〇一二年 南極上空のオゾン層が回復。 →代替フロンが地球温暖化の原因になることがわかる。 ▼科学的に正しいと思われても、今後の科学の営みで修正されたり補完されたりして（⑨　　）する場合がある。 筆者の主張 科学的な（⑩　　）と、それを社会の中で生かすための柔軟な想像力を学ぶ必要がある。	

おさえよう

要旨 フロンは夢の化学物質として重宝されたが、〔ア オゾン層　イ 紫外線〕破壊の可能性がわかり、論争の末に規制された。私たちは科学的な思考力と柔軟な〔ア 行動力　イ 想像力〕を学ぶ必要がある。

Q ——線を正しく書き直すと？　遅刻したことを誤る。

実力判定テストA ステージ2

フロン規制の物語 ――〈杞憂〉と〈転ばぬ先の杖〉のはざまで

30分

自分の得点まで色をぬろう！　合格！　もう一歩　がんばろう！　/100

解答 9ページ

★ 次の文章を読んで、問題に答えなさい。

教 p.90・⑥〜92・⑥

既に述べたように、フロンは化学的にとても安定した性質をもっています。これはつまり、「そのままでは変化しない」ということを意味しています。燃えやすい物質は、空気中の酸素と結びついて別の物質になり、木材などの微生物の栄養になるような性質のものは、腐って別の物質に変化します。しかし、フロンは燃えることもなく、生物の餌にもなりません。そもそも生き物と関わりをもたないからこそ、毒性を発揮しないのです。だからこそ、①安定かつ安全だったのです。

しかしそんなフロンも、特定の条件の下では壊れます。その一つが②「紫外線」に当たったときです。紫外線は、化学物質を壊す力があります。生物にとって重要なDNAを壊してしまい、細胞を死滅させたり、がんを発生させたりもするのです。

太陽から来る光には紫外線も含まれていますが、地球は太古の時代から紫外線を吸収してくれる「オゾン層」で覆われており、地球上の生物は、紫外線から守られてきました。ローランドとモリーナが提示した仮説は、③このオゾン層をフロンが壊してしまう可能性があるというものでした。

オゾン層は、地上から約一〇キロメートルより上の「成層圏」という領域に存在します。フロンはいったん大気中に放出されると変化せずに漂いますが、徐々に上昇していき、オゾンのある成層圏まで到達します。その領域は地上付近に比べて太陽からの紫外線が強くなりますから、頑健なフロンも分解されます。そのときフロンが放出する「塩素」という物質が、オゾン層を破壊してしまうというのです。

科学だけでは決まらない

フロンの製造や使用は、科学者の警告に従ってすぐに禁止されたのでしょうか。オゾン層を守ることは、誰にとっても重要なことにみえます。しかし、フロンの規制は、決して簡単にはいきませんでした。それにはいくつかの理由がありました。

当時、フロンは既に世界中であらゆる用途に使われていました。もしもフロンを使わなくなれば、かわりに燃えやすい物質を使う必要が生じ、火事や爆発のリスクを増やすことになってしまいます。

また、フロンの製造会社や関連企業には大きな不利益があるでしょう。それらの企業で働いている人々も、フロンを使った商品を手軽に入手できなくなる消費者も、間接的に影響を受けることになります。

このように、オゾン層を守るにはフロンを使わないことが重要であるものの、それはまた④別の不都合を招く原因になるかもしれない、ということを考慮しなければならないのです。

フロンによるオゾン層破壊の問題は、アメリカを中心に世界中

A 謝る。　謝る＝謝罪する。同訓の「誤る」は「まちがえる」という意味。

の科学者たちが精力的にデータを集め、議論を重ねたことでみえてきた危険な徴候でした。しかしそれでも、地球のしくみは非常に大きく複雑であり、成層圏の大気で起きていることを含めて、科学的に正確にはわからない部分が多く残っていました。その不明瞭なグレーゾーンをどう考えるかによって、オゾン層をめぐる事態は深刻であるとも、あるいはそれほどではないともいえました。要するに、その時点では⑤オゾン層やフロンについて解明されている事実が不十分で、科学的な議論だけでは、今後フロンをどうすべきか、決まらない状態にあったのです。

実際、将来もたらされるかもしれないオゾン層の破壊による紫外線のリスクと、今そこにあるフロンの利便性や安全性、経済性を天秤（てんびん）にかけることは、非常に難しいことでした。

〈神里（かみさと）達博（たつひろ）「フロン規制の物語 ―〈杞憂（きゆう）〉と〈転ばぬ先の杖（つえ）〉のはざまで」による〉

1 ①安定かつ安全 とありますが、フロンがこのような性質をもつ理由が書かれたひと続きの二文を文章中から抜き出し、はじめと終わりの五字を書きなさい。（20点）

□□□□□ ～ □□□□□

2 よく出る ②紫外線 とありますが、「紫外線」は生物にとってどんな害があるのですか。文章中の言葉を使って書きなさい。（20点）

（　　　　）

3 よく出る ③オゾン層をフロンが壊してしまう可能性がある とありますが、その過程の説明として適切なものを次から一つ選び、記号で答えなさい。（20点）

ア 大気中を漂うフロンが徐々に上昇する過程で塩素に変化し、成層圏まで到達してオゾン層を破壊する。

イ 大気中に放出されたフロンがオゾン層のある成層圏まで到達し、強い紫外線に当たってオゾン層とともに壊れる。

ウ 成層圏まで上昇したフロンが、強い紫外線によって分解され、そのときに放出する塩素が、オゾン層を破壊する。

エ 地上を漂う頑健なフロンが徐々に成層圏まで到達し、紫外線を分解することによって、オゾン層が壊れる。

（　　）

4 ④別の不都合 とありますが、これはどのようなことですか。文章中の言葉を使って三つ書きなさい。10点×3（30点）

攻略！ フロンは使用後に大気中に放出される。そのあとを読み取ろう。

（　　）（　　）（　　）

5 ⑤オゾン層やフロンについて解明されている事実が不十分 とありますが、それを具体的に説明したひと続きの二文を文章中から抜き出し、はじめと終わりの五字を書きなさい。（10点）

□□□□□ ～ □□□□□

攻略！ 科学者が調べてわかったこととわからなかったことを読み取ろう。

知識の泉 Q 類義語を作るとき，□にあてはまる漢字は？ 没頭＝□心

実力判定テストB　ステージ3

フロン規制の物語
――〈杞憂〉と〈転ばぬ先の杖〉のはざまで

30分

自分の得点まで色をぬろう!
合格!　もう一歩　がんばろう!
100点　80　60　0
/100

解答 10ページ

次の文章を読んで、問題に答えなさい。

教 p.92・⑦〜93・⑳

その当時起こった論争をみていきましょう。まず、①スプレー缶のフロンは必須のものではないのだから規制すべきではないか、という主張が注目を集めました。フロンの製造会社は当初、この主張に強く反対しました。事実、一九七四年の段階では、代表的な製造会社であるアメリカのB社の首脳は、議会において「オゾン層破壊に関する仮説は現在のところ、具体的な証拠が何もなく、単なる推論である。」と証言しています。

その後、議論は科学者どうしのみならず、企業や政治家、マスメディアをも巻き込む、②大きな論争に発展していきました。フロンの規制は、科学的な議論だけでは必ずしも白黒がつかないうえに、今そこにいる人だけでなく、将来生まれてくる子供たちも含めた、全ての人々に大いに影響がある重大事です。したがって、その議論に参加する資格は科学者だけでなく一般の人々みんなにあると考えられるでしょう。立場の違う人たちの間での議論は、結論に至るまでに困難が多いとはいえ、非常に重要なことです。

モントリオールへの道

多くの議論のすえ、アメリカでは一九七八年、フロンをスプレー缶に使用することが初めて禁止され、カナダや北欧諸国などがそれに続きました。これは、次のような考え方に基づいていました。

「フロンによるオゾン層破壊によって被害を受ける可能性は、不明な部分もあるが、かなり高い。だから③将来、後悔しないために私たちが今、行動をしよう。」

これはいわば〈転ばぬ先の杖〉という考え方です。一方で、「それは〈杞憂〉ではないのか」という意見も根強くありました。これほど便利なフロンを、不確実な根拠でやめてしまってよいのだろうか、というのです。

しかしこれは杞憂ではありませんでした。その証拠を初めて見つけたのは、日本の南極観測隊でした。一九八二年、昭和基地における観測で、上空のオゾン量が異常に少なくなっていることがわかったのです。その後、イギリスのチームも、同様の観測結果を得て、マスコミによって「オゾンホール」と名づけられました。当初は北米や北欧以外の国では余り関心がもたれなかったオゾン層破壊の問題は、世界的な広がりをもっていきました。そして、一九八七年、世界六〇か国以上の代表が集まり、④「モントリオール議定書」という国際的なルールが締結されました。これによって、一部のフロン(特定フロン)の製造や使用が段階的に規制されることになったのです。

〈神里達博「フロン規制の物語――〈杞憂〉と〈転ばぬ先の杖〉のはざまで」による〉

知識の泉　A　専。　どちらも「一つのことに集中すること」を表す。

1 ①スプレー缶のフロンは必須のものではないのだから規制すべきではないか　という主張に対する反論では、どのような点を根拠にあげていますか。文章中の言葉を使って書きなさい。（15点）

2 レベルUP ②大きな論争に発展していきました　とありますが、フロン規制についての論争に関する筆者の意見として適切なものを次から一つ選び、記号で答えなさい。（15点）

ア　全ての人が影響を受けるから、多くの立場から議論すべきだ。
イ　科学的なリスクと企業の利益の対立を議論で解消すべきだ。
ウ　知識のある専門家を中心に、科学的見地から検討すべきだ。
エ　将来被害を受ける可能性のある人の意見を重要視すべきだ。

3 よく出る ③将来、後悔しないために私たちが今、行動をしようについて答えなさい。

(1)　このように考えたのはなぜですか。文章中の言葉を使って具体的に書きなさい。（15点）

(2)　このような考え方を表現したことわざを、文章中から抜き出しなさい。（10点）

4 ④「モントリオール議定書」という国際的なルールが締結されましたについて答えなさい。

(1)　「国際的なルール」が締結されることになった理由として、どのようなことがありましたか。次の文の［　］A・Bにあてはまる言葉を、文章中の言葉を使ってそれぞれ三十字以内で書きなさい。15点×2（30点）

・一九八二年に、［A］、オゾンホールと名づけられて、［B］こと。

A

B

(2)　この「国際的なルール」によって何が決定されましたか。文章中の言葉を使って二十字以内で書きなさい。（15点）

Q 「延」の部首は何画？

確認のワーク ステージ1

言葉発見③ 慣用句・ことわざ・故事成語

学習のねらい
●慣用句・ことわざ・故事成語の意味を理解し、適切に使い分けられるようになろう。

解答 10ページ

教科書の要点

1 慣用句・ことわざ・故事成語とは　（　）に教科書の言葉を書き入れなさい。　教 p.99〜101

●慣用句…二つ以上の言葉が結びついて、もとの言葉と①（　）を表す表現。

例 ②（　）を並べる　意味 対等の位置にいる。

●ことわざ…古くから人々の間で言い習わされてきた、教訓や③（　）、行動の指針などを表す言葉。

例 果報は④（　）待て　意味 幸運は、焦らずに時機を待つのがよい。

●故事成語…⑤（　）に昔から伝えられている話の中から生まれた短い言葉。

例 蛇足　意味 ⑥（　）なもの。

基本問題

1 次のA群とB群の言葉を組み合わせて慣用句を作りなさい。また、その意味をあとから一つずつ選び、記号で答えなさい。

A群｛ 息を　手を　腹を　くぎを ｝
B群｛ きる　さす　くくる　きらす ｝

ア 覚悟を決める。　イ 呼吸が苦しくなる。
ウ 関係をもたなくなる。　エ 現在の状態が続かなくなる。
オ あらかじめ念を押す。　カ あきらめる。

慣用句（　）　意味（　）
慣用句（　）　意味（　）
慣用句（　）　意味（　）
慣用句（　）　意味（　）

2 次の□に体の一部を表す漢字を入れて、慣用句を作りなさい。

① けが人を前にして、□をこまねいていたわけではない。
② 彼の家なら、ここから目と□の先です。

③ 予想どおりの結果に、□をなでおろす。

④ ふざけた態度に、あいた□がふさがらない。

⑤ 友人からの知らせを、□を長くして待つ。

3 よく出る **次のことわざと意味の似ていることわざを、あとから一つずつ選び、記号で答えなさい。**

① 猫に小判（　　）

② 急がば回れ（　　）

③ 月とすっぽん（　　）

④ 泣き面に蜂（　　）

⑤ さるも木から落ちる（　　）

ア 提灯に釣り鐘　　イ 弱り目にたたり目

ウ 豚に真珠　　エ 弘法にも筆の誤り

オ せいては事をしそんじる

攻略！ ⑤と似たことわざには、他に「河童の川流れ」がある。

4 **次のことわざの意味をあとから一つずつ選び、記号で答えなさい。**

① 寝耳に水（　　）　② 下手の横好き（　　）

③ 石の上にも三年（　　）　④ 鬼に金棒（　　）

⑤ 身から出たさび（　　）　⑥ 類は友を呼ぶ（　　）

ア 上手でもないのに、むやみに好きなこと。

イ 突然のことに驚くこと。

ウ 似た者どうしは自然に集まるものだ。

エ 何ごとも辛抱してやればなんとかなるものだ。

オ 自分がした悪行のせいで、自分自身が苦しい目にあうこと。

カ 強いものがいっそう強くなること。

5 **次の□に入る漢字を□から選び、故事成語を完成させなさい。**

① 破□荒　　② 他山の□

③ 蛍雪の□　　④ 牛□を執る

石　耳　天　功

6 **次の故事成語の意味をあとから一つずつ選び、記号で答えなさい。**

① 五十歩百歩（　　）　② 杞憂（　　）

③ 画竜点睛（　　）　④ 雌雄を決する（　　）

ア 無用の心配　　イ 物事の最後の大切な仕上げ

ウ 勝敗を決める　　エ たいして違いのないこと

知識の泉

Q 「お互いの仲がうまくいかない」のはどっち？　ア=反りが合わない　イ=気が置けない

確認のワーク　ステージ1

パブリックスピーキング　状況に応じて話す力を養う（漢字を身につけよう④）

解答 10ページ　スピードチェック 8ページ

学習のねらい
- 聞き手を説得できるような話の構成を考えよう。
- 状況に応じた表現にはどのようなものがあるか理解しよう。

漢字

1 漢字の読み　読み仮名を横に書きなさい。

＊は新出漢字　▼は新出音訓・◎は熟字訓

❶ 水＊槽　❷ 上＊顎　❸ ＊褐色　❹ ＊砕身
❺ 天然＊痘　❻ 分＊泌　❼ ＊硝酸　❽ 水▼郷
❾ 渓▼谷　❿ 土▼砂　⓫ 深▼浅　⓬ ▼助太刀

2 漢字の書き　漢字に直して書きなさい。

❶（しんちょう）な足音。　❷（ぎせい）を払う。
❸（こうそ）の働き。　❹ 条約を（ひじゅん）する。
❺ 侵入を（そし）する。　❻（きぐ）の念。
❼ 大きな（つばさ）。　❽ 自然が（きば）をむく。
❾ 獲物を（ねら）う。　❿ 若（こま）を飼育する。

教科書の要点

1 学習の流れ　パブリックスピーキングを行う際の手順について、（　）にあてはまる言葉を□から選び、書き入れましょう。

教 p.102〜104

1 テーマを決めて、材料を整理する。
- 社会生活の中から、テーマを決め、提案や（　　　）のための材料を集めて整理する。

2 話の構成を考える。

3 状況に応じた表現を考える。
- 提案内容について問いかけたり、例示、（　　　）、補足をする。

4 パブリックスピーキングをする。
- （　　　）や会場の広さを考慮し、声の大きさを考えたり音響機器を使用したりする。
- 聞き手の立場や年齢構成に応じた（　　　）に気をつける。
- 場の雰囲気に配慮して、聞き手の（　　　）にふれたり、「ユーモア」のある表現を活用する。

言葉遣い　言い換え　主張　人数　身近な話題

知識の泉　A ア。　刀身の反り方と，さやの曲がり方が合わないと刀がさやに納まらないことから。

基本問題

次の例文を読んで、問題に答えなさい。

公園の有効利用について考える――防災拠点としての公園

みなさんの家の近くに公園はありますか。どこの町にも公園はあると思いますが、①近頃では、公園の近隣住民からの苦情により、公園でのボール遊びや大きな声を出して遊ぶことが禁止されることも多いようです。□

近年は、各地で大きな災害が起こっていますね。そのようなときに避難所になるのは、主に学校の体育館や公民館です。公園もその一つですが、実は公園は防災拠点としても有効に利用できる場所であることをご存知でしょうか。例えば、「防災トイレ」や「かまどになるベンチ」、「太陽光発電の照明灯」、「貯水槽」などが設置されている公園もあります。こうした施設を設置することで、災害時に防災拠点として利用することができるのです。

災害時だけでなく、こうした施設を使った防災イベントを開催すれば、近隣住民が交流を深めることもできそうですね。

②みなさんも、一度お近くの公園に出かけてみてください。そして、公園を災害時にどのように利用することができそうか、想像してみてください。

1 例文では、どのようなことを主張していますか。□にあてはまる言葉を、例文中から抜き出しなさい。

公園は□□□□として有効に利用できるということ。

2 ①近頃では、……禁止されることも多いようです。とありますが、これはどのようなことを述べていますか。次から一つ選び、記号で答えなさい。

ア　公園としての本来の利用が難しくなってきていること。
イ　公園が子どもたちの興味を引く存在でなくなったということ。
ウ　公園の近隣住民が有効利用を妨(さまた)げているということ。
エ　公園の利用にはさまざまな可能性があるということ。　（　　）

3 よく出る　例文中の□にあてはまる、聞き手に問いかける文を考えて書きなさい。

（　　　　　　　　）

攻略！　次の段落に具体的な説明があることに注目する。

4 主張を補足している一文を例文中から抜き出し、はじめと終わりの五字を書きなさい。

□□□□□～□□□□□

5 ②みなさんも、一度お近くの公園に出かけてみてください。とありますが、これにはどのような役割がありますか。次から一つ選び、記号で答えなさい。

ア　例示　イ　行動の促し　ウ　言い換え　エ　補足　（　　）

Q「負傷」と同じ構成の熟語はどっち？　ア＝国立　イ＝加熱

確認のワーク ステージ1

和歌の世界 ——万葉集・古今和歌集・新古今和歌集

解答 11ページ スピードチェック 8・16ページ 予想問題 127ページ

学習のねらい
- 和歌に詠まれた背景を想像し、和歌の情景・心情を読み取ろう。
- 和歌の形式や表現の特徴、その効果について理解しよう。

漢字

1 漢字の読み 読み仮名を横に書きなさい。

＊は新出漢字 ▼は新出音訓・◎は熟字訓

❶ ▼古今和歌集 ❷ ▼頭文字 ❸ ＊瀬 ❹ ＊浦

2 漢字の書き 漢字に直して書きなさい。

❶ （　うら　）の苫屋。 ❷ 川の（　せ　）を渡る。

教科書の要点

1 三大和歌集の特色 （　）に教科書の言葉を書き入れなさい。 教 p.108・115〜116

歌集	万葉集	古今和歌集	新古今和歌集
特徴	現存する日本（①　）の歌集。	醍醐天皇の勅命による日本最初の勅撰和歌集。	（②　）上皇の勅命による八番めの勅撰和歌集。
成立	（③　）時代末期	（④　）時代	（⑤　）時代初期

編者	作品
大伴家持が携わる	（⑥　）や防人歌など民衆の歌も収録している。
紀貫之ら四人	技巧をこらした理知的な歌が多い。
藤原定家ら六人	余情を重んじ、幻想的な歌が多い。

2 表現技法 （　）に教科書の言葉を書き入れなさい。 教 p.114

(1) （①　）…特定の言葉の前におかれ、その言葉を修飾したり、（②　）を整えたりする言葉。

例 ひさかたの光のどけき春の日にしづ心なく花の散るらむ　紀友則
「光」に係る枕詞

(2) 序詞…ある語句を導き出す言葉。枕詞のように特定の言葉ではなく、多くの音数からなるものが多い。

例 結ぶ手の滴ににごる山の井のあかでも人に別れぬるかな　紀貫之
「あかでも」を導く序詞

(3) （③　）…一つの言葉に二つ以上の（④　）をもたせている言葉。

例 山里は冬ぞさびしさまさりける人目も草もかれぬと思へば　源宗于

＊「かれ」→「（人目が）離れる」・「（草が）枯れる」の意味。

知識の泉 A イ。 「負傷」→傷を負う。「国立」→国が立てる。「加熱」→熱を加える。

3 和歌の歌意 （　）に教科書の言葉を書き入れなさい。 教 p.110〜113

	和歌	歌意
万葉集	君待つと…	あなたに（①　　　　）と思って待っていたら、戸口のすだれが動きました。あなたが来たのかと思ったら、秋の風でした。
	近江（あふみ）の海…	夕方、波立つ琵琶湖（びわこ）の上を飛ぶ千鳥よ、お前が鳴くと、私の心にはしきりに（②　　　　）が思い浮かんでくるよ。
	あしひきの…	約束の場所であなたを待っているうちに、山のしずくですっかり濡（ぬ）れてしまったよ。
	我（あ）を待つと…	私を待って、あなたが濡れたという山のしずくに、なれるものなら（③　　　　）。
	瓜食（うりは）めば…	瓜を食べても栗（くり）を食べても子供が思い出される。目の前に子供の姿がちらついて（④　　　　）眠らせないことだ。
	銀（しろかね）も…	どんな宝物もどうして子供に及ぶだろうか、いや、（⑤　　　　）。
	多摩川（たまがは）に…	多摩川にさらして仕上げる手織り布のように、更にいっそう（⑥　　　　）この娘がこんなにいとしいのか。
万葉集	父母（ちちはは）が…	父母が私の頭を撫（な）でながら「（⑦　　　　）」と言った言葉が忘れられない。
古今和歌集	人はいさ…	人はさあ、昔のままの気持ちなのか、わからない。しかし、ふるさとでは（⑧　　　　）が昔のまま咲いているよ。
	思ひつつ…	あの人のことを思いながら寝たから、夢にあの人が現れたのだろうか。夢だと（⑨　　　　）目を覚まさなかったのに。
	世の中は…	この世の中は何が（⑩　　　　）ものであろうか。昨日は深い淵（ふち）だったところが、今日は浅瀬になっているのだから。
新古今和歌集	見わたせば…	見渡すと桜も紅葉（もみじ）もなく殺風景だよ。（⑪　　　　）が散らばるこの浦の秋の夕暮れは。
	玉の緒（を）よ…	私の命よ。絶えてしまうのなら（⑫　　　　）。このまま生き長らえていると、耐え忍ぶ力が困ったことに弱ってしまうから。
	風になびく…	風になびく（⑬　　　　）が空に消えてゆくように、行き先もわからない私の思いであることよ。

おさえよう

要点 和歌を鑑賞する際には、和歌に詠（よ）まれた〔ア 背景　イ 特徴〕を想像しながら、それぞれの和歌の情景や心情を捉えるようにする。また、〔ア 季語　イ 掛詞（かけことば）〕などの表現技法にも注意する。

知識の泉 Q 「呉越同舟（ごえつどうしゅう）」の意味は？

実力判定テストA ステージ2

和歌の世界 ——万葉集・古今和歌集・新古今和歌集

30分

自分の得点まで色をぬろう！ 100点 合格！ 80 もう一歩 60 がんばろう！ 0

/100

解答 11ページ

次の文章を読んで、問題に答えなさい。

教 p.108〜109

①やまとうたは、人の心を種として、よろづの言の葉とぞなれりける。世の中にある人、②ことわざ繁きものなれば、心に思ふことを、見るもの聞くものにつけて、③言ひ出だせるなり。④花に鳴くうぐひす、水にすむかはづの声を聞けば、⑤生きとし生けるもの、⑥いづれか歌をよまざりける。力をも入れずして天地を動かし、目に見えぬ鬼神をもあはれと思はせ、男女のなかをも和らげ、猛き武士の心をも慰むるは歌なり。

〈紀貫之「古今和歌集 仮名序」より〉

1 「仮名序」について答えなさい。

(1) 何の序文として書かれたものですか。（5点）

(　　　)

(2) いつ書かれたものですか。漢字二字で書きなさい。（5点）

[　][　]時代

2 ①やまとうたは、人の心を種として、よろづの言の葉とぞなれりける。とありますが、ここには比喩が用いられています。何を、植物の何にたとえていますか。二つ書きなさい。5点×4（20点）

・(　　　)を植物の(　　　)にたとえている。

・(　　　)を植物の(　　　)にたとえている。

3 よく出る ②ことわざ繁きものなれば とありますが、その意味として適切なものを次から一つ選び、記号で答えなさい。（5点）

ア いろいろなできごとに関わっているので

イ さまざまな身分の人といっしょになって

ウ 知りたいことがたくさんあるけれども

エ 言葉をいいかげんに使ってきたが

(　　　)

4 ③言ひ出だせるなり　とありますが、主語はなんですか。次から一つ選び、記号で答えなさい。（5点）

ア　花に鳴くうぐひす、水にすむかはづ
イ　生きとし生けるもの
ウ　世の中にある人
エ　筆者

（　　）

5 ④花に鳴くうぐひす、水にすむかはづの声を聞けば　とありますが、この中で対句になっている部分をそれぞれ抜き出しなさい。5点×2（10点）

（　　）（　　）

6 ⑤生きとし生けるもの　とありますが、その意味を書きなさい。（10点）

（　　）

7 ⑥いづれか歌をよまざりける　について答えなさい。

(1)「うぐひす」や「かはづ」は動物ですが、彼らにとっての共通する「歌」とはなんですか。三字で書きなさい。（10点）

---

(2) よく出る ⑥いづれか歌をよまざりける　の意味として適切なものを次から一つ選び、記号で答えなさい。（5点）

ア　全てが歌を詠むとはかぎらない
イ　どんなものでも歌を詠む
ウ　どれを歌に詠んだらよいのだろう
エ　いつか歌を詠むにちがいない

（　　）

攻略！「いづれか」の「か」は、係りの助詞。

8 記述　筆者は「歌」にはどのような力があると考えていますか。「天地」「精霊」「人々」の三語を使って三十字以内で書きなさい。（10点）

攻略！「歌の力」について表現しているのは、最後の四行。

9 この文章を前半と後半に分けます。

(1) 後半はどこから始まりますか。行のはじめの四字を抜き出しなさい。（5点）

(2) 前半と後半の内容を□から選び、書き入れなさい。5点×2（10点）

前半…（　　）　後半…（　　）

和歌の作り方　和歌の本質　和歌の力　和歌の歴史

知識の泉　Q「額」の部首名は？

実力判定テストB　ステージ3

和歌の世界
——万葉集・古今和歌集・新古今和歌集

30分

自分の得点まで色をぬろう！　合格！　もう一歩　がんばろう！　/100

解答 11ページ

1 次の和歌を読んで、問題に答えなさい。

教 p.110〜111

A あしひきの山のしづくに妹待つと我立ち濡れぬ山のしづくに　大津皇子

B 我を待つと君が濡れけむあしひきの山のしづくにならましものを　石川郎女

C 銀も金も玉も何せむにまされる宝子にしかめやも　山上憶良

D 父母が頭かき撫で幸くあれて言ひし言葉ぜ忘れかねつる　防人歌

〈「万葉集」による〉

1 Aの和歌にはどのような気持ちがこめられていますか。次から一つ選び、記号で答えなさい。（5点）

ア 恋人をあきらめきれず、つらく苦しい気持ち。
イ やっと恋人に会えるかもしれないと期待する気持ち。
ウ 恋人に待ちぼうけをくわされて腹立たしい気持ち。
エ 待っていたのに恋人に会えず、寂しい気持ち。

（　　）

2 A・Bの和歌の「あしひきの」のような言葉をなんといいますか。漢字二字で書きなさい。（10点）

3 Bの和歌の「ならましものを」の意味を書きなさい。（10点）

4 記述 Cの和歌にはどのような親の気持ちがこめられていますか。書きなさい。（10点）

5 Dの和歌について答えなさい。

(1) よく出る 「幸くあれ」には、どのような親の気持ちがこめられていますか。（10点）

(2) 「忘れかねつる」の現代語訳を次から一つ選び、記号で答えなさい。（5点）

ア 忘れてしまった
イ 忘れてしまうだろう
ウ 忘れられない
エ 忘れてはいけない

（　　）

知識の泉　**A おおがい。** ひざまずいた人の頭部を強調した形から，「頁」となった。

2 次の和歌を読んで、問題に答えなさい。

教p.112～113

A　①人はいさ心も知らずふるさとは花ぞ昔の香ににほひける　紀貫之

B　世の中は何か常なる②あすか川昨日の淵ぞ今日は瀬になる　詠み人知らず

C　見わたせば③花も紅葉もなかりけり浦の苫屋の秋の夕暮れ　藤原定家

D　玉の緒よ絶えなば絶えねながらへば忍ぶることの④弱りもぞする　式子内親王

E　風になびく富士の煙の空に消えてゆくへも知らぬわが思ひかな　西行法師

〈「古今和歌集」「新古今和歌集」による〉

1　A～Eの和歌の中から、字余りの和歌を選び、記号で答えなさい。（5点）（　　）

2　①人はいさ心も知らず　とありますが、「人の心」と対比されているものを、和歌の中の言葉を使って書きなさい。（5点）（　　）

3　よく出る　②あすか川　の部分で用いられている表現技法を、漢字二字で書きなさい。（5点）

4　レベルUP　Bの和歌はどのようなことを表していますか。「世の中に……」という書き出しで書きなさい。（10点）（　　）

5　③花も紅葉もなかりけり　とありますが、「花」「紅葉」はどのようなものの象徴としてあげられていますか。次から一つ選び、記号で答えなさい。（5点）（　　）

ア　美しく趣深いもの。　イ　悲しく哀れなもの。
ウ　強く明るいもの。　エ　はかなく弱いもの。

6　記述　④弱り　とありますが、何が弱るというのですか。二十字以内で書きなさい。（10点）

7　Eの和歌について説明した次の文の□にあてはまる言葉を、和歌の中からそれぞれ四字で抜き出しなさい。5点×2（10点）

空に消えて行方のわからない「　　　　」に、どこに行くのかわからない「　　　　」を重ねている。

知識の泉　Q　——線を正しく書き直すと？　危機一発の状態を切り抜けた。

確認のワーク ステージ1

おくのほそ道
言葉発見④ 言葉の現在・過去・未来

解答 12ページ ｜ スピードチェック 9・17ページ ｜ 予想問題 128ページ

学習のねらい
- 歴史的背景に注意して読もう。
- 作者のものの見方を捉えよう。
- 古文の優れた表現や文体の特徴に着目しよう。

漢字と言葉

1 漢字の読み 読み仮名を横に書きなさい。

▼＊は新出漢字 は新出音訓・◎は熟字訓

❶ ＊舟（訓読み） ❷ 生＊涯 ❸ 漂＊泊 ❹ 別＊荘
❺ ＊巡る ❻ 清＊閑 ❼ ＊麓（訓読み） ❽ ＊佳景

2 漢字の書き 漢字に直して書きなさい。

❶ （べっそう）に行く。 ❷ （ひょうはく）の旅。
❸ 財産を（ゆず）る。 ❹ 食事に（さそ）う。

3 言葉の現在・過去・未来 次の――線の言葉の意味をあとから一つずつ選び、記号で答えなさい。

❶ 雁（かり）などの連ねたるが、いと小さく見ゆるは、いとをかし。（　）
❷ おかしい話を聞いて笑う。（　）
❸ おなかの調子がおかしい。（　）

ア 変である。 イ 趣がある。 ウ 滑稽である。

教科書の要点

1 作品 （　）に教科書の言葉を書き入れなさい。 教p.127

●おくのほそ道

作者	（①　　）
成立	江戸時代
文章の種類	（②　　）文
内容	元禄（げんろく）二年三月に江戸を出発し、門人の（③　　）とともに、（④　　）・（⑤　　）地方を行脚（あんぎゃ）し、大垣（おおがき）に至るまでの旅についてまとめたもの。

2 作者 （　）に教科書の言葉を書き入れなさい。 教p.127

松尾芭蕉（まつおばしょう）は、江戸時代の俳人であり、（①　　）を文学として確立した。その作風は（②　　）といわれ、独特の文体で多くの作品を残した。

3 歴史的仮名遣い 歴史的仮名遣いを現代仮名遣いに直して、全て平仮名で書きなさい。

① 過客（くわかく）（　　） ② 江上（かうしやう）（　　）
③ 白河（しらかは）（　　） ④ 庵（いほり）（　　）

知識の泉 A **危機一髪。** 「髪の毛一本ほどの差で危険が迫ること」。「一触即発」は類義語。

4 対句 対句表現になるように（　）に教科書の言葉を書き入れなさい。 教p.120〜121

「舟の上に（①）とらへて　生涯を浮かべ」「（①）とらへて　老いを迎ふる」

「そぞろ神の（②）の　物につきて　心を狂はせ」「（②）の　招きにあひて、　取るもの手につかず」

5 構成のまとめ （　）に教科書の言葉を書き入れなさい。また、［　］には、俳句の主題をあとの□から一つずつ選び、記号で答えなさい。 教p.120〜124

場面	できごと
月日は 教p.120〜121	●月日は永遠の（①）である。 ●旅そのものを（②）としている人たちがいる。 ↓例船頭・馬方 ●昔の詩人の中には、旅の途中で亡くなった人もいる。 旅を（③）と重ねている。← 俳句 草の戸も住み替はる代ぞひなの家　［④］
平泉 教p.122〜123	●（⑤）氏三代の栄華は、はかなく消え、広大な館も田野となっている。 ●義経の家臣が（⑥）を立てた跡も今はなくなり、ただ一面の草むらとなっている。 ▼杜甫の詩が胸にしみ、涙を落とす。← 俳句 夏草やつはものどもが夢の跡　［⑦］ ●話に聞いて驚いていた（⑧）は、荒廃しつつもかつての趣を残している。 ▼昔の姿をとどめている様子に感動する。← 俳句 五月雨の降り残してや光堂　［⑨］
立石寺 教p.124	●人に勧められて（⑩）領の立石寺という山寺を参拝する。 ▼佳景寂寞として清らかな気持ちになる。← 俳句 閑かさや岩にしみ入る蝉の声　［⑪］

ア　心が澄みゆく静けさ。　イ　変わらぬものはないこと。
ウ　人間の営みのはかなさ。　エ　風雪に耐えた物への賛嘆。

おさえよう

要点 「おくのほそ道」は松尾芭蕉が書いた［ア　紀行文　イ　随筆］である。旅先で目にした風景や感じたことが描写され、そこで詠んだ数々の［ア　和歌　イ　俳句］も収録されている。

知識の泉 Q「東奔西走」の意味は？

おくのほそ道

1 次の文章を読んで、問題に答えなさい。

教 p.120〜121

①月日は百代の過客にして、行き交ふ年もまた旅人なり。②舟の上に生涯を浮かべ、③馬の口とらへて老いを迎ふる者は、日々旅にして旅をすみかとす。④古人も多く旅に死せるあり。予もいづれの年よりか、片雲の風に誘はれて、⑤漂泊の思ひやまず、海浜に⑥さすらへて、去年の秋、江上の破屋にくもの古巣を払ひて、やや年も暮れ、⑦春立てるかすみの空に、白河の関越えむと、⑧そぞろ神の物につきて心を狂はせ、道祖神の招きにあひて、取るもの手につかず。もも引きの破れをつづり、笠の緒付け替へて、三里に灸据ゆるより、松島の月まづ心にかかりて、住めるかたは人に譲りて、杉風が別墅に移るに、

⑨草の戸も住み替はる代ぞひなの家

面八句を庵の柱に懸け置く。

〈松尾芭蕉「おくのほそ道」による〉

1 ①月日は百代の過客にして　について答えなさい。

(1) 現代語に直しなさい。(5点)

（　　　　）

(2) よく出る　この部分と対句になっている部分を、文章中から抜き出しなさい。(4点)

（　　　　）

2 ②舟の上に生涯を浮かべ、③馬の口とらへて　と表現されている人は、どのような職業の人ですか。それぞれ漢字二字で書きなさい。4点×2（8点）

② [　　] ③ [　　]

3 ④古人も多く旅に死せるあり。について答えなさい。

(1) 芭蕉の言う「古人」にあてはまらない人物を次から一つ選び、記号で答えなさい。(3点)

ア 杜甫　イ 与謝蕪村　ウ 能因法師
エ 宗祇　オ 西行法師

（　　）

(2) この表現から、芭蕉のどのような考えが読み取れますか。次から一つ選び、記号で答えなさい。(10点)

ア 尊敬する詩人たちは旅を人生と思い、旅の中で日々を過ごしていた。だから、私も旅先で死んでも悔いはない。
イ 昔の人たちの多くは、旅に出て旅の途中で死ぬことを好んだ。だから、私も旅先で死にたい。
ウ 尊敬する僧たちは旅に出て修行し、死を人生の目標としていた。だから、私も旅に出てみたい。
エ 尊敬する詩人たちは旅に出て創作をし、旅を修行の場と考えていた。だから、私にも旅はぜひとも必要だ。

（　　）

解答 12ページ

知識の泉　**A あちこち走り回って努力すること。**　〈例〉野球部の設立に東奔西走する。

4 よく出る ⑤漂泊の思ひ とは、具体的にどのような気持ちですか。「……という気持ち。」に続くように、十字以内で書きなさい。（10点）

という気持ち。

5 ⑥さすらへて の主語を、文章中から抜き出しなさい。（4点）

（　　）

6 ⑦立てる に使われている表現技法を次から一つ選び、記号で答えなさい。（3点）

ア 枕詞（まくらことば）　イ 対句　ウ 掛詞（かけことば）　エ 係り結び

（　　）

7 記述 ⑧そぞろ神の物につきて……取るもの手につかず という表現から、芭蕉がどのような気持ちでいることがわかりますか。簡潔に書きなさい。（10点）

（　　）

攻略！ 「そぞろ神」は、なんとなく人の心をそわそわさせる神のこと。

8 ⑨草の戸も…… の俳句の季語と季節を書きなさい。3点×2（6点）

季語……（　　）　季節……（　　）

9 この文章は何について書かれたものですか。次の□にあてはまる言葉を文章中から漢字一字で抜き出しなさい。（5点）

芭蕉が抱いている、□に対する憧れの気持ち。

攻略！ 芭蕉が人生に重ね合わせているものが何であるのかを考えよう。

2 次の俳句を読んで、問題に答えなさい。 教 p.125〜126

A さみだれをあつめて早し最上川（もがみがは）
B 荒海や佐渡（さど）によこたふ天（あま）の河（がは）
C 蛤（はまぐり）のふたみにわかれ行く秋ぞ
D 行く春や鳥啼（な）き魚の目は泪（なみだ）
〈松尾（まつお）芭蕉（ばしょう）「おくのほそ道」による〉

1 A・Bの俳句の季語と季節を書きなさい。3点×4（12点）

A 季語……（　　）　季節……（　　）
B 季語……（　　）　季節……（　　）

2 C・Dの俳句から切れ字を抜き出しなさい。3点×2（6点）

C（　　）　D（　　）

3 Cの俳句は、芭蕉が伊勢（いせ）の二見（ふたみ）というところに行こうとしているときに詠（よ）まれたものです。このことをふまえて、この俳句に用いられている表現技法を答えなさい。（4点）

（　　）

4 Dの俳句に「鳥啼き魚の目は泪」とありますが、芭蕉にはなぜ鳥も魚もないているように思えるのですか。その理由を述べた次の文の□にあてはまる言葉を八字以内で書きなさい。（10点）

鳥や魚も行く春を□ように思えるから。

知識の泉 Q 「非常に珍しい」という意味の四字熟語は？ □未聞（みもん）

おくのほそ道

30分

自分の得点まで色をぬろう！
合格！　もう一歩　がんばろう！
100点　80　60　0
/100

解答 13ページ

1 次の文章を読んで、問題に答えなさい。

教 p.122〜123

①三代の栄耀一睡のうちにして、大門の跡は一里こなたにあり。秀衡が跡は田野になりて、金鶏山のみ形を残す。まづ高館に登れば、北上川南部より流るる大河なり。衣川は和泉が城を巡りて、高館の下にて大河に落ち入る。泰衡らが旧跡は、衣が関を隔てて南部口をさし固め、蝦夷を防ぐと見えたり。さても義臣すぐつてこの城にこもり、②功名一時の草むらとなる。国破れて山河あり、城春にして草青みたりと、笠うち敷きて時の移るまで③涙を落としはべりぬ。

夏草やつはものどもが夢の跡
卯の花に兼房見ゆるしらがかな　曾良

④かねて耳驚かしたる二堂開帳す。経堂は三将の像を残し、光堂は三代の棺を納め、三尊の仏を安置す。七宝散りうせて玉の扉風に破れ、金の柱霜雪に朽ちて、既に頽廃空虚の草むらとなるべきを、四面新たに囲みて、甍を覆ひて風雨をしのぎ、しばらく千歳の記念とはなれり。

五月雨の降り残してや光堂

〈松尾芭蕉「おくのほそ道」による〉

1 よく出る　①三代の栄耀一睡のうちにして　とは、どのような意味ですか。次から一つ選び、記号で答えなさい。（10点）

ア　藤原氏三代の繁栄は永遠に続くかのように思われて。
イ　藤原氏三代の繁栄はひと眠りの夢のようにはかなくて。
ウ　藤原氏三代の繁栄は目をみはるほど素晴らしくて。
エ　藤原氏三代の繁栄は次の世代にまで受け継がれて。

（　　）

2 記述　②功名一時　とありますが、どのようなことですか。「功名」「一時」の言葉を使って簡潔に書きなさい。（15点）

3 レベルUP　③涙を落としはべりぬ　とありますが、このとき作者はどのような思いで涙を流していますか。次から一つ選び、記号で答えなさい。（10点）

ア　功名を立てようとしたが、その思いも届かずこの世を去っていった人々のことを思い同情の涙を流した。
イ　かつては戦場であったことへの恐ろしさを感じるとともに、今の平和な世に感謝しながら涙を流した。
ウ　昔と変わらぬ壮大な自然の中で、それとは対照的な人間の営みのむなしさやはかなさを思って涙を流した。
エ　高館から見える美しい自然の様子に心を動かされ、昔のできごとなど忘れて感嘆の涙を流した。

（　　）

A **前代。**「未曾有」と同じ意味を表す。

4 「卯の花に……」の俳句では、何から何を連想していますか。その説明になるように、□ A・Bにあてはまる言葉を俳句の中からそれぞれ三字で抜き出しなさい。 5点×2（10点）

A から兼房の B を連想している。

A □□□　B □□□

5 ④かねて耳驚かしたる二堂 とありますが、何と何のことですか。それぞれ文章中から抜き出しなさい。（完答5点）

（　　　）と（　　　）

6 「五月雨の……」の俳句は、どのような思いを詠んだものですか。次から一つ選び、記号で答えなさい。（10点）

ア 雨の中で光り輝いている光堂の美しさに対する憧れ。
イ 長年の風雪に耐えて残っている光堂に対する感動。
ウ 素晴らしいとうわさの光堂を見ることができた喜び。
エ 光堂をよけて雨が降っている不思議に対する興味。（　　）

2 次の文章を読んで、問題に答えなさい。 教p.124

山形領に立石寺といふ山寺あり。慈覚大師の開基にして、殊に清閑の地なり。一見すべきよし、人々の勧むるによりて、尾花沢よりとつて返し、その間七里ばかりなり。日いまだ暮れず。麓の坊に宿借り置きて、山上の堂に登る。①岩に巌を重ねて山とし、松柏年ふり、土石老いて、苔滑らかに、岩上の院々扉を閉ぢて物の音聞こえず。岸を巡り岩を這ひて、仏閣を拝し、佳景寂寞として心澄みゆくのみおぼゆ。

閑かさや岩にしみ入る②蟬の声

〈松尾 芭蕉「おくのほそ道」による〉

1 記述 芭蕉が立石寺を訪れた理由を「……から。」につながるように二十字以内で書きなさい。（10点）

□□□□□□□□□□□□□□□□□□□□から。

2 ①岩に巌を重ねて山とし とはどのようなことですか。次から一つ選び、記号で答えなさい。（10点）

ア 大きい岩に小さい岩を重ねて山の形に作り上げたということ。
イ 山の斜面に大小さまざまな岩が突き出ているということ。
ウ 山のような大きな岩が幾重にも重なり合っているということ。
エ たくさんの岩が重なって不思議な形になっているということ。（　　）

3 立石寺の魅力を端的に表現している言葉を、文章中から漢字四字で抜き出しなさい。（10点）

□□□□

4 よく出る ②蟬の声 は、どのような様子を際立たせる効果をあげていますか。俳句の中から三字で抜き出しなさい。（10点）

□□□

知識の泉 Q ——線の使い方は○か×か？ 気が置けない友人と遊ぶのは疲れる。

確認のワーク ステージ1

論語
漢文の読み方 訓読の仕方の確認 ほか

解答 14ページ ｜ スピードチェック 9・17ページ ｜ 予想問題 129ページ

学習のねらい
● 漢文の読み方を理解しよう。
● 孔子のものの見方や考え方を捉えよう。

漢字

1 漢字の読み 読み仮名を横に書きなさい。

＊は新出漢字 ▼は新出音訓・◎は熟字訓

❶ ＊罷免 ❷ ＊詮索 ❸ ＊弥生 ❹ 貝＊塚
❺ ＊儒教 ❻ ＊禅宗 ❼ 名＊僧 ❽ ＊瓦（訓読み）
❾ ＊洞＊窟 ❿ ＊怨念 ⓫ ◎海原 ⓬ ◎波止場
⓭ ◎早苗 ⓮ ◎早乙女 ⓯ ◎木綿 ⓰ ◎芝生

2 漢字の書き 漢字に直して書きなさい。

❶ （いど）が高い。
❷ 厚労省の（かんかつ）。
❸ （かんこく）へ旅行する。
❹ 現職の（かくりょう）。
❺ 野球（はっしょう）の地。
❻ 首相（かんてい）。
❼ （はばつ）に属する。
❽ （こふん）の発掘。

教科書の要点

1 論語 （　）に教科書の言葉を書き入れて、「論語」についてまとめなさい。 教p.132

● 『論語』は、（①　　）とその弟子たちの言行録である。
● 中心思想…（②　　）（真心、思いやり）を中心にした（③　　）の思想。

2 漢文の読み方 （　）に教科書の言葉を書き入れなさい。 教p.135

白文	もとの漢字だけの文章。→春眠不覚暁
訓読文	白文に（①　　）（返り点・送り仮名・句読点）がつけられたもの。→春眠不ㇾ覚ㇾ暁。
書き下し文	訓読文を（②　　）の日本語の文章として書き改めたもの。→春眠暁を覚えず。

3 訓点 （　）に教科書の言葉を書き入れなさい。 教p.135

送り仮名	漢字の右下に（①　　）で小さく表記。歴史的仮名遣いを用いる。
返り点	読む順序を表す。漢字の（②　　）に添える。

知識の泉 A ×。「気が置けない」＝気づかいの必要がなく，気楽につき合えること。

4 返り点

読む順を、（　）に算用数字で書きなさい。　教 p.135

レ点	一字だけ上の字に返る。 例 我読ㇾ書。→我書を読む。 ①（　）（　）（　）
一・二点	二字以上離れた上の字に返る。 例 青雲在二目前一。→青雲目前に在り。 ②（　）（　）（　）（　）
上・下点	一・二点をはさんで下から上に返る。 例 有ㇾ朋、自二遠方一来上。→朋、遠方より来たる有り。 ③（　）（　）（　）（　）（　）（　）

5 書き下し文

次の訓読文を書き下し文に直しなさい。

① 不ㇾ踰ㇾ矩。（　　　　）

② 勿ㇾ施二於人一。（　　　　）

書き下し文への直し方

・返り点に従って漢字の順序を変える。
・送り仮名は、歴史的仮名遣いのままで平仮名に直す。
・「不」のような助動詞は平仮名に直す。
・「而」のような訓読の際に読まない文字（置き字）は、書き下し文には書かない。

6 内容

（　）に教科書の言葉を書き入れなさい。　教 p.132〜133

吾十有五にして…　教 p.132・⑤〜⑩	●孔子が自分の生涯を振り返り、十五歳で（①　　　）てから自己の学問や人格がどのように向上したかを述べている。
故きを温めて…　教 p.133・①〜②	●昔の物事を研究してそこから新しい（②　　　）を発見できる人が、人の師となることができる。
己の欲せざる所…　教 p.133・③〜④	●自分が（③　　　）ことを人にしてはいけない。
学びて時に…　教 p.133・⑤〜⑩	●学問に精進するのはうれしく、遠方から友が訪ねてくれるのは楽しいことだ。他人の評価を求めない人は（④　　　）だ。

おさえよう

要点 『論語』は、中国の思想家である〔ア 孔子　イ 老子〕とその弟子たちの言行録で、他人を思いやる気持ちである「仁」を中心にした〔ア 儒教　イ 仏教〕の思想が記されている。

知識の泉　Q「雨だれ石をうがつ」と意味の近い熟語は？　ア＝油断　イ＝根気

論語

30分

自分の得点まで色をぬろう！
100点 80 60 0
合格！ もう一歩 がんばろう！
/100

解答 14ページ

★ 次の文章を読んで、問題に答えなさい。

教 p.132・133

A

子曰はく、「吾十有五にして学に志す。三十にして立つ。四十にして惑はず。五十にして天命を知る。六十にして耳順ふ。七十にして心の欲する所に従へども、矩を踰えず。」と。

子曰、「吾十有五而志于学。①三十而立。②四十而不惑。五十而③知天命。六十而耳順。七十而従心所欲、④不踰矩。」（為政）

B

子曰はく、「　　　。以て⑤師と為るべし。」と。

子曰、「⑥温故而知新。可以為師矣。」（為政）

C

子曰はく、「己の欲せざる所、⑦人に施すこと勿かれ。」と。

子曰、「己所不欲、勿施於人。」（衛霊公）

D

子曰はく、「学びて時に之を習ふ、亦説ばしからずや。朋、遠方より来たる有り、亦楽しからずや。人知らずして慍みず、⑧亦君子ならずや。」と。

子曰、「学而時習之、不亦説乎。有朋自遠方来、不亦楽乎。人不知而不慍、不亦君子乎。」（学而）

〈「論語」による〉

1 A〜Dに共通する「子」とは誰のことですか。名前を漢字で書きなさい。（5点）

（　　　）

2 ①三十而立。の中から、訓読する際に読まない字を一字抜き出しなさい。（5点）

（　　　）

攻略！ 置き字（訓読しない文字）を答える。

3 よく出る ②四十而不惑、③知天命 に、書き下し文を参考にして、返り点と送り仮名をつけなさい。5点×2（10点）

② 四十而不惑

③ 知天命

4 ④不レ踰レ矩 とは、どのような意味ですか。次から一つ選び、記号で答えなさい。（5点）

ア 物事に集中し余計なことを考えなくなった。
イ する必要のないことまで、するようになった。
ウ どんなに厳しい練習でも苦にならなくなった。
エ 人として守るべき道を踏みはずさなくなった。

（　　）

5 「他人の意見を素直に聞き入れる」という意味を表す部分を、Ａの書き下し文中から抜き出しなさい。（10点）

（　　）

攻略！「聞き入れる」に着目する。

6 よく出る Ａの文章から人の年齢をいう言葉が生まれましたが、「不惑（ふわく）」「而立（じりつ）」はそれぞれ何歳を表しますか。漢数字で書きなさい。5点×2（10点）

不惑…（　　）歳
而立…（　　）歳

7 ⑤師と為るべし の「師」とは、どのような人物を表していますか。次から一つ選び、記号で答えなさい。（5点）

ア 役人　イ 学生
ウ 先生　エ 大臣

（　　）

8 ⑥温レ故而知レ新。について答えなさい。

(1) 「温レ故而知レ新」の書き下し文を書きなさい。（5点）

（　　）

(2) よく出る 次の文は、「温レ故而知レ新」の意味を表したものです。（　）にあてはまる言葉を書きなさい。5点×2（10点）

（①　　）の事柄や学説などをよく研究し、（②　　）知識や道理を見つけること。

9 ⑦人に施すこと勿かれ の現代語訳を書きなさい。（10点）

（　　）

攻略！「勿かれ」は禁止を表す表現。

10 Ｃの文章で、「子」はどのような気持ちをもつことが大切だと説いていますか。「他人……気持ち。」という形で書きなさい。（10点）

（　　）

攻略！「子」が戒めている内容から考える。

11 ⑧亦君子ならずや とは、どのような意味ですか。次から一つ選び、記号で答えなさい。（5点）

ア なんとも真の人格者ではないか。
イ やはり真の人格者にはなれない。
ウ いまのままでは真の人格者と言えるだろうか。
エ どうにかして真の人格者になりたい。

（　　）

12 記述 Ｄの文章で、「楽しいこと」としてあげられていることはどのようなことですか。現代語で書きなさい。（10点）

（　　）

知識の泉 Q「突然のできごとに驚く」のはどれ？　ア＝寝耳に水　イ＝立て板に水

確認のワーク ステージ1

複数の情報を関連づけて考えをまとめる
情報社会を生きる—メディア・リテラシー ほか

解答 15ページ ｜ スピードチェック 10ページ ｜ 予想問題 130ページ

学習のねらい
- 文章の構成をおさえて筆者の主張を読み取ろう。
- 情報の適切な受け取り方を捉えよう。

漢字

1 漢字の読み 読み仮名を横に書きなさい。

＊は新出漢字 ▼は新出音訓・◎は熟字訓

❶ ＊恣意的　❷ ＊把握

教科書の要点　情報社会を生きる——メディア・リテラシー

1 話題 「情報社会」とはどのような社会ですか。（　）に教科書の言葉を書き入れなさい。 教p.142

メディアが媒介する（①　　）が生活の中心的な役割を果たし、私たちに対して大きな（②　　）を発揮する社会。

2 要点 メディア・リテラシーとはどのような能力ですか。（　）に教科書の言葉を書き入れなさい。 教p.144

メディアが形づくる「現実」を（①　　）に読み取るとともに、メディアを使って効果的に（②　　）していく総合的な能力。

3 構成のまとめ （　）に教科書の言葉を書き入れなさい。（各段落に1〜14の番号を付けて読みましょう。） 教p.142〜147

まとまり		段落	内容
序論	情報社会とは	1〜3段落	▼私たちは人生の大半を（①　　）とともに過ごしている。
本論	情報は現実ではない	4〜6段落	▼メディアの情報は、送り手の主観で選び取った見方の一つ。
	メディア・リテラシー	7〜8段落	▼メディア・リテラシーとは情報を批判的に読み取り、メディアで自らの（②　　）などを効果的に表現する総合的な能力。
	ニュース報道の例	9〜11段落	▼制作過程における情報の（③　　）や編集機能を理解し、情報を冷静に判断する。
結論	情報社会の未来	12〜14段落	▼多様な情報の収集・分析・吟味 ↓（④　　）に情報を再構成 ▼誰もが情報を発信できる現在（⑤　　）としてのメディア・リテラシーが必要。 ▼情報社会の未来は、前向きで創造力あふれるメディア・リテラシーを身につけた私たちにかかっている。

おさえよう

要旨 〔ア 現代　イ 情報〕社会を生きる私たち一人一人は、メディアの多様な情報を建設的に〔ア 批判　イ 収集〕したり、メディアを使って自らの考えなどを〔ア 個性　イ 効果〕的に表現したりするメディア・リテラシーを身につける必要がある。

A ア。　「立て板に水」＝すらすらとよく話す様子。

基本問題 広告の読み比べ

教科書の148ページから149ページの広告1と広告2を読んで、問題に答えなさい。

1 よく出る 広告1のキャッチコピーを抜き出して書きなさい。

（　　　　）

攻略！ キャッチコピーとは、消費者の関心を引くための宣伝文句のこと。

2 広告2に載っているデータは、それぞれどのようなことを示していますか。二つ説明しなさい。

（　　　　）

（　　　　）

3 次のA～Dの【対象者】は、広告1と広告2のどちらに、よりひきつけられると考えられますか。それぞれ選んで広告の番号を算用数字で書きなさい。

【対象者】

A 日頃から健康に気を配っている人。　広告（　）

B 甘いチョコレートが苦手な人。　広告（　）

C 体脂肪を気にしている人。　広告（　）

D 高級感のあるお菓子が好きな人。　広告（　）

基本問題 ポスター

1 よく出る 情報を発信するときに気をつけるべきこととして適切なものを次から一つ選び、記号で答えなさい。

ア 不特定多数の多様な読み手に向けて情報を発信することになるので、できるだけ自分の主張を表に出さない。

イ 自分の考えを多様な読み手に伝えるためには、図表やグラフなどは最小限にとどめ、論理的文章での説明を心がける。

ウ 資料を引用するときには、資料の客観性や信頼性が保たれているかどうかを確認する。

エ 説得力があるかどうかよりも、自分の伝えたいことを余すところなく伝えられるように構成する。

（　）

2 次の「美化活動」を呼びかけるポスターの A に入れるものとして適切なものを次から一つ選び、記号で答えなさい。

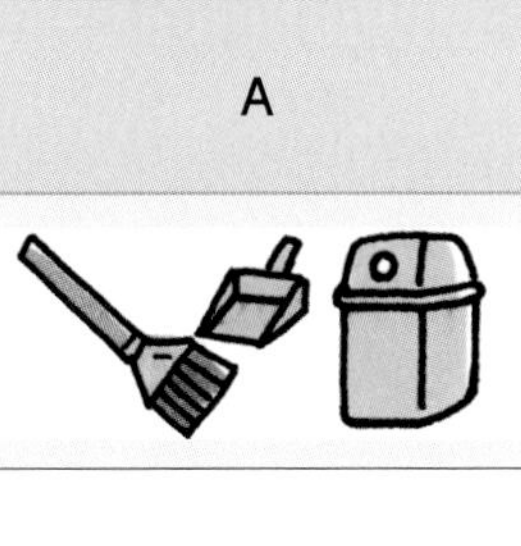

ア 美化委員会の日頃の活動を説明した文章。

イ 過去の美化活動で出たゴミの量を集計したグラフ。

ウ 「○○中学校美化委員会」という発行者名。

エ 町内のゴミの現状についてまとめたレポート。

（　）

実力判定テストA ステージ2

情報社会を生きる――メディア・リテラシー

30分

自分の得点まで色をぬろう！
100点 合格！ 80 もう一歩 60 がんばろう！ 0
/100

解答 15ページ

1 次の文章を読んで、問題に答えなさい。 教p.142・⑭〜144・⑨

〔私たちは、メディアが媒介する情報社会に生きており、その情報は私たちに大きな影響力を発揮している。〕

ところが、①メディアが送り出す情報は、現実そのものではなく、送り手が選び取ったものの見方の一つにすぎない。現実に起こったできごとを全てそのまま伝えることはできない以上、何らかの観点に基づいて事実を切り取らなければならないからだ。事実を切り取るためには常に主観が必要であり、何かを伝えるということは、裏返せば何かを伝えないということでもある。

②事実が切り取られる観点には、次のようなものがある。一つには、メディアの種類による特性だ。テレビ・新聞・インターネットなど、それぞれに特性があり、伝えられることと伝えられないこととがある。二つには、地域性。無数にあるできごとの中から取り上げられる話題は、地域ごとに違ってくるし、同じ話題についても、その地域にとってどれくらい関わりが深いかによって、事実を切り取る視点は異なる。三つには、読者・視聴者層。子供向けなのか高齢者向けなのかによってどの部分を詳しく示し、どの部分を省くかは変わってくる。その他にも、商業的な判断などが加えられることによって、メディアの情報は形づくられている。

つまり、メディアが伝える情報は、取捨選択の連続によって現実を再構成した恣意的なものである。たとえどんなに客観的に伝えようと努めたとしても、制作者の思わくや価値判断が入り込まざるを得ないのだ。

だからこそ、情報社会を生きる私たち一人一人が、メディアがもたらす利点と限界を冷静に把握するための③「メディア・リテラシー」を身につける必要がある。

メディア・リテラシーとは、メディアの特性や社会的な意味を理解し、④メディアが送り出す情報を「構成されたもの」として建設的に「批判」する能力である。と同時に、自らの考えなどをメディアを使って表現し、社会に向けてコミュニケーションを図ることで、メディア社会と積極的につき合うための能力でもある。言いかえれば、メディアが形づくる「現実」を批判的に読み取るとともに、メディアを使って効果的に表現していく総合的な能力といってもよいだろう。

〈菅谷明子「情報社会を生きる――メディア・リテラシー」による〉

1 よく出る ①メディアが送り出す情報は、現実そのものではなく、送り手が選び取ったものの見方の一つにすぎない について答えなさい。

(1) その理由を述べた部分を文章中から一文で抜き出し、はじめの五字を書きなさい。 (10点)

(2) 「メディアが送り出す情報」は、「送り手」の何によって選ばれますか。文章中から漢字二字で抜き出しなさい。（10点）

2 ②事実が切り取られる観点　とありますが、切り取られる理由をまとめた次の文の［　］ⓐ～ⓒにあてはまる言葉を、ⓐ・ⓑは文章中から抜き出し、ⓒは文章中の言葉を使って、それぞれ十字以内で書きなさい。10点×3（30点）

・メディアの［ⓐ］のため、伝えられないことがあるから。
・その地域にどれくらい［ⓑ］によって、取り上げる話題や視点が異なるから。
・読者・視聴者層によって、［ⓒ］と省く部分が変わるから。
・商業的な判断などが加えられるから。

ⓐ
ⓑ
ⓒ

攻略！ メディアが伝える情報は、取捨選択されていることに注目。

3 よく出る ③「メディア・リテラシー」を身につける必要があるとありますが、それはなんのためですか。次から一つ選び、記号で答えなさい。（15点）

ア　メディアが伝える情報が客観的で、制作者の思わくや価値判断が入り込んでいないかを検討するため。
イ　複雑な情報社会の中で生きていくための知恵を、メディアの情報から読み解くため。
ウ　メディアが切り取った観点が、自分の求めている情報に沿っているかどうかを冷静に判断するため。
エ　メディアの利点や、メディアが切り取って再構成した情報の恣意性を、自分自身で冷静に把握するため。
（　　）

4 ④メディアが送り出す情報を「構成されたもの」として建設的に「批判」する　について答えなさい。

(1) ――線④を言いかえた表現を文章中から抜き出しなさい。（15点）
（　　）

(2) 記述　――線④以外の、メディア・リテラシーのもう一つの能力を、文章中の言葉を使って四十字以内で書きなさい。（20点）

攻略！ メディア・リテラシーの能力を二つに分けて読み取ろう。

知識の泉　Q　――線の使い方は○か×か？　情けは人のためならずだから手伝わない。

確認のワーク ステージ1
文法の窓 表現につながる文法（漢字を身につけよう⑥）

解答 16ページ　スピードチェック 10・18ページ

学習のねらい
- 表現による細かい意味の違いを考えよう。
- 視点のおき方の違いによる表現をつかもう。

漢字

1 漢字の読み 読み仮名を横に書きなさい。

＊は新出漢字　▼は新出音訓・◎は熟字訓

① 割＊賦　② 約＊款　③ 隠＊蔽　④ 失＊墜
⑤ ＊毀損　⑥ 法＊曹　⑦ ＊猶予　⑧ 形＊骸
⑨ ▼専ら　⑩ ▼歩がいい　⑪ ▼著しい　⑫ ▼貴い
⑬ 旅▼客機

2 漢字の書き 漢字に直して書きなさい。

① （ばいしょう）金。
② （おんしゃ）が行われる。
③ （しさ）を与える。
④ （けいばつ）を科す。
⑤ 学会の（じゅうちん）。
⑥ （りょうじゅう）を所持する。
⑦ （そしょう）をする。
⑧ お金を（かせ）ぐ。
⑨ （か）けをする。
⑩ 行動を（さまた）げる。

基本問題 文法の窓

1 文中の（　）に「において」という表現を入れると、不自然な感じがするのはどちらですか。記号で答えなさい。（　　）

ア 今度、ぼくの家（　）いっしょにゲームをやろうよ。
イ この議案は、現在、国会（　）審議中である。

2 次の各組の文の（　）に入れるのにふさわしい言葉をあとから一つずつ選び、記号で答えなさい。

(1)
① ねえ、最近のベストセラーのこと（　）教えてほしいことがあるんだけど、聞いてもいいかな。
② 最近の売れる本の傾向（　）書店員の立場から発言します。
③ わが校の一部の生徒の行動（　）苦情があったので、反省を促したい。

ア で　イ に関して

(2)
① 彼なら、きっと約束の時間にくる（　）。
② 彼女は、ひょっとしたら遅れてくる（　）。
③ サッカー部はかならず優勝する（　）。

ア はずだ　イ かもしれない

知識の泉 A ×。 正しい意味は「人に親切にしておけば，自分によい報いがある」。

3 よく出る 意味の通る文になるように、次の文の（　）にあてはまる言葉をあとから一つずつ選び、記号で答えなさい。

① 昼食を食べたばかりで満腹（　　）、パンを食べてしまう。
② 大友さんの意見（　　）、クラス会の議題について話し合う。
③ 台風の接近（　　）、風雨が強くなってきた。
④ 明日にピアノの発表会（　　）、妹は落ち着かない様子だ。

ア に伴って　イ をふまえて　ウ をひかえ
エ にもかかわらず　オ に応じて

4 意味の通る文になるように、次の文の（　）にあてはまる言葉をあとから一つずつ選び、記号で答えなさい。直前の語句は続き方を考えて活用するものとします。

① 彼は優秀なので、絶対に合格する（　　）。
② 無理とわかっているなら引き受ける（　　）。
③ 私は、ちょうど、買い物に出ようと思っていた（　　）。

ア とよい　イ ものだ　ウ ざるをえない
エ はずだ　オ てはだめだ　カ ところだ

5 次の文は、——線の同じ助詞が続き、読みにくい文になっています。助詞に相当する適切な語句を使って、より読みやすい文に直しなさい。

建設の途中で資金難で放置されたビルで再計画の話がある。

（　　　　）

6 よく出る ——線の動詞を、自動詞なら他動詞に、他動詞なら自動詞に変えて文を完成させなさい。

① 朝早く目を覚ます。
→朝早く目が（　　）。
② 全校生徒を講堂に集める。
→全校生徒が講堂に（　　）。
③ やっと長年の夢がかなった。
→やっと長年の夢を（　　）た。

攻略！「覚ます」「集める」は、他動詞。「かなう」は自動詞。

7 視点と表現についての問題に答えなさい。

(1) 「私が友達に絵葉書（えはがき）をもらった。」という文を、「友達がしたこと」に視点をおいた述べ方に書きかえなさい。

（　　　　）

(2) 「母が」「妹を」「歯医者」「連れて」という言葉を使って、次の指示に従って書きなさい。

① 「＝話し手から遠ざかる方向」に視点をおいた述べ方。

（　　　　）

② 「＝話し手に近づいてくる方向」に視点をおいた述べ方。

（　　　　）

Q □にあてはまる漢字は？　亀の□より年の□

確認のワーク ステージ1　初恋

学習のねらい
● 詩の形式をふまえて読み、詩に描かれている思いを捉えよう。
● 表現の特徴とその効果を理解しよう。

解答 16ページ

教科書の要点

1 作者と分類　「初恋」の詩について、（　）にあてはまる言葉を書き入れなさい。　教 p.156〜159

① 作者名……（　　）
② 詩の種類……（　　）定型詩
③ 詩の調子……（　　）調
　文語
　まだあげ初めし（七音）前髪の（五音）← 第四連まで、七音・五音が繰り返されている
④ 詩の構成……（　　）連から成る構成
⑤ 特徴的な表現技法……係り結び
● 問ひたまふこそこひし（　　）

2 構成のまとめ　（　）に教科書の言葉を書き入れなさい。　教 p.156〜157

連	内容	
第一連	出会い　教 はじめ〜p.156・④	（①　）の木のもとで、前髪に（②　）をさした少女と出会う。→「（③　）」と感じる。
第二連	恋の始まり　教 p.156・⑤〜⑧	「君」が（④　）をのばして「われ」に林檎（りんご）をさし出す。→「君」に恋心を感じ始める。
第三連	恋の高まり　教 p.157・①〜④	「われ」の「（⑤　）」が、「君」の髪の毛にかかる。→深まる恋心。二人は近く寄り添っている。
第四連	恋の成就（じょうじゅ）　教 p.157・⑤〜終わり	踏み固まって（⑥　）ができるほど、二人は何度も林檎畑（ばたけ）の木の下に通い合った。

それぞれの連に描かれている情景を捉え、「われ」の「君」に対する心情の変化を読み取ろう。

おさえよう

主題　〔ア 畠への細道　イ 林檎畠〕で出会った若くて美しい「君」。「われ」のためいきが「君」の〔ア 肩　イ 髪の毛〕にかかるほど二人は接近し、恋が成就（じょうじゅ）した。

基本問題

★ 次の詩を読んで、問題に答えなさい。

教156〜157

初恋　島崎藤村

まだあげ初めし前髪の
林檎のもとに見えしとき
前にさしたる花櫛の
①花ある君と思ひけり

やさしく白き手をのべて
林檎をわれにあたへしは
薄紅の秋の実に
②人こひ初めしはじめなり

③わがこころなきためいきの
その髪の毛にかかるとき
たのしき恋の盃を
君が情に酌みしかな

林檎畑の樹の下に
おのづからなる細道は
誰が踏みそめしかたみぞと
④問ひたまふこそこひしけれ

1 ①花ある君 について答えなさい。

(1) 「君」が、まだ若い少女であることは、どの言葉からわかりますか。第一連から九字で抜き出しなさい。

□□□□□□□□□

(2) 「花ある君」の意味を次から一つ選び、記号で答えなさい。

ア 花櫛をさしている人。　イ 林檎の花を持った人。
ウ 花のように美しい人。　エ 花の中にいる人。（　　）

2 よく出る ②人こひ初めしはじめなり とありますが、恋が始まったきっかけを、詩の中の言葉を使って簡潔に書きなさい。

（　　　　　　　　）

攻略！ 直前の「君」の行動に着目しよう。

3 ③わがこころなきためいき とありますが、「われ」はどう思っているのですか。次から一つ選び、記号で答えなさい。

ア 「君」との恋がなかなか進展しないのであせりを感じている。
イ 自分の思いに「君」が気づかないので悲しく思っている。
ウ 「君」がなぜ自分を好きなのか不思議に思っている。
エ 美しい「君」と恋仲になれたことをうれしく思っている。（　　）

4 ④問ひたまふ とありますが、誰が誰に尋ねているのですか。詩の中の言葉で書きなさい。

（　　　）が（　　　）に尋ねている。

攻略！ 「問ひたまふ」の直前までが質問の内容。

7 読みを深め合う

知識の泉 Q 「隠していたことが明らかになる」という意味のことわざは「馬脚を□」？

確認のワーク　ステージ1

言葉発見⑤　相手や場に配慮した言葉遣い

解答 17ページ

学習のねらい
- 敬語の目的やはたらきに応じた使い方を理解しよう。
- 相手との距離感を適切に表現できる言葉遣いについて考えよう。

教科書の要点

1 敬語のはたらき　（　）に教科書の言葉を書き入れなさい。　教p.160〜161

敬語には、（①　　　）やはたらきに応じた、さまざまな使い方があり、相手との（②　　　）を考えることが重要である。

2 敬語の使い方　次の表は敬語の使い方をまとめた表です。ア〜オの例文の――線部に注意して、あてはまる例文を一つずつ選び、（　）に記号で答えなさい。　教p.160

1	相手への尊敬の気持ちや、相手を尊重していることを伝える。	①（　　）
2	初対面やよく知らない人に話す。	②（　　）
3	あらたまった場面で大勢の人に話す。	③（　　）
4	相手に頼みごとや謝罪をする。	④（　　）
5	相手と少し距離をおいていることを示す。	⑤（　　）

ア「今は、会いたくありません。」
イ「図書館までの道をご存じですか。」
ウ「ただいまより、○○中学校運動会を開催いたします。」
エ　先生が会場にいらっしゃった。
オ　お電話をいただけますか。

敬語のはたらきを理解して、適切に使えるようになろう。

基本問題

1 よく出る　次の文は、どのような目的に適していますか。あとから一つずつ選び、記号で答えなさい。

① お手数ですが、ご協力をお願いいたします。（　　）
② 先日お借りした本は、とてもおもしろかったです。（　　）
③ 本日は、○○中学校音楽会にお越しいただき、ありがとうございました。（　　）
④ 失礼ですが、お名前は何とおっしゃいますか。（　　）

ア　初対面の人に話す。
イ　相手に頼みごとをする。
ウ　あらたまった場面で大勢の人に話す。
エ　相手を尊重していることを伝える。

攻略！ それぞれの相手との距離感を考えよう。

A　あらわす。　芝居で馬の脚の役をしていた人が正体を現したことから。

2 次のア・イのうち、相手と少し距離をおいているのはどちらですか。記号で答えなさい。

① ア ごめん、待った？
イ お待たせしてしまい、すみません。
（　　）

② ア 花壇の水やり当番を代わってもらえませんか。
イ 花壇の水やり当番、代わってもらえないかな。
（　　）

③ ア 本当に申し訳ありません。
イ 本当にごめんなさい。
（　　）

3 次のア・イのうち、相手に対する気配りが表されているのはどちらですか。記号で答えなさい。

① ア あいにく、こちらも忙しくてお手伝いができそうにありません。
イ 今、僕は忙しいから手伝えないよ。
（　　）

② ア うるさい、声が大きい。
イ もう少し小さな声で話してくれないかな。
（　　）

4 次の文を、（　）の条件に合う表現に書き直しなさい。

① これ、頼むよ。（目上の人に話す）
（　　）

② 言い訳は聞きたくないよ。（相手と少し距離をおいて）
（　　）

③ 今から、地域のニュースを伝えます。（あらたまった場面で大勢の人に話す）
（　　）

5 よく出る 次の場合の言葉遣いとして最も適切なものはどれですか。それぞれあとから一つずつ選び、記号で答えなさい。

① 父親に謝るとき
ア 大切なカメラを壊してしまってごめんなさい。
イ 大切なカメラを壊してしまい心よりおわび申し上げます。
ウ 大切なカメラを壊してしまってごめん。
エ 大切なカメラを壊してしまい恐縮です。
（　　）

② 母親の外出中に、母親に用事で電話がかかってきたとき
ア お母さんは外出中です。そちらは誰ですか。
イ 母は外出中です。失礼ですが、どちら様でしょうか。
ウ お母さんは外出中です。失礼ですが、どちら様ですか。
エ 母は外出中です。失礼ですが、どなたですか。
（　　）

③ 初めて行った市民会館の受付係の人に質問をするとき
ア 大変恐縮でございます。わからないことがあるのですが、お尋ねしても差し支えございませんでしょうか。
イ あの、わからないことがあるんで、聞いてもいいですか。
ウ ねえ、わからないことがあるんだけど、聞いてもいい。
エ すみません。わからないことがあるのですが、お尋ねしてもいいですか。
（　　）

攻略！ 場所や相手に応じた敬語の使い方を覚えよう。

知識の泉 Q □にあてはまる言葉は？　「□の不養生」

確認のワーク ステージ1　故郷（漢字を身につけよう⑦）

解答 17ページ　スピードチェック 11・12ページ　予想問題 131ページ

学習のねらい
- 登場人物の言動や関係を捉えよう。
- 人物の心情と描写との関連など、表現の特徴を捉えよう。

漢字と言葉

1 漢字の読み　読み仮名を横に書きなさい。

＊は新出漢字　▼は新出音訓・◎は熟字訓

①＊怪しい　②＊股（訓読み）　③＊溺愛　④＊塀
⑤▼香＊炉　⑥＊炊事　⑦時＊宜　⑧＊甚だしい
⑨＊諭す　⑩＊訃報　⑪哀＊悼　⑫▼映える

2 漢字の書き　漢字に直して書きなさい。

①音（さた）がない。　②麻酔から（かくせい）する。
③（はいせき）運動。　④（うすずみ）色の文字。
⑤（つや）を出す。　⑥運動して（や）せる。

3 語句の意味　意味を下から選んで、線で結びなさい。

①わびしい　・　・ア　へりくだって礼儀正しい。
②やるせない　・　・イ　悲しみが晴れずにつらい。
③恭しい（うやうや）　・　・ウ　さびれて活気がない。

教科書の要点

1 作品　（　）に教科書の言葉を書き入れなさい。　教 p.162〜174

① 作者…（　　）
② 主題…人々の自覚と連帯によって、暗く絶望的な現実を打開し、（　　）を実現させたいという希望。

2 登場人物　（　）に教科書の言葉を書き入れなさい。　教 p.162〜174

① 「私」…二十年ぶりに（　　）に帰る。
② 「私」の（　　）…古い家を処分し故郷を離れる準備をする。
③ （　　）…八歳になる、「私」のおい。
④ （　　）…「私」のあこがれの幼友達。
⑤ （　　）…④の息子。③と同世代で心が通い合う。
⑥ （　　）…昔は豆腐屋小町（こまち）と呼ばれた人。

A　**医者。**　他人にすすめながら，自分では実行しないこと。類義は「紺屋（こうや）の白袴（しろばかま）」。

3 構成のまとめ

（　）に教科書の言葉を書き入れなさい。教p.162～174

場面			出来事	心情や様子
発端	教はじめ～p.163・④	帰郷	●「私」は、二十年ぶりに（①　）する。	「私」寂寥（せきりょう）の感がこみあげる。⇔寂しさ、わびしさ
展開①	p.163・⑤～p.163・⑳	母との再会	●わが家で母と再会し、おいの宏児（ホンル）に会う。	母（②　）表情は隠しきれない。⇔晴らしようのないつらさ、苦しさ
	p.164・①～p.167・⑦	閏土（ルントー）の思い出	●十歳の頃、使用人の息子（③　）と知り合った。 ●父親に溺愛され、銀の首輪をはめていた。	「私」の脳裏に浮かぶ閏土のイメージ ▼紺碧（こんぺき）の空の金色の丸い月の下、すいか畑に立つ閏土。⇔「私」のあこがれ
	p.167・⑧～p.169・⑪	楊（ヤン）おばさん	●昔 楊おばさんは、「（④　）」と呼ばれていた。 現在 頬骨の出た、唇の薄い、五十がらみの女。（⑤　）そっくりの姿勢。	楊おばさん 蔑むような冷笑を浮かべ、皮肉を浴びせて母の手袋を取っていく。⇔やけを起こして野放図（のほうず）に走る様子 「私」返事のしようがない。
展開②	p.169・⑫～p.172・⑪	閏土との再会	閏土 ●子供の頃 艶のいい丸顔 現在 黄ばんだ顔で、深いしわがたたまれ、目の周りも赤く腫れている。 ●「私」を恭（うやうや）しく「（⑥　）」と呼ぶ。	閏土 喜びと（⑦　）の色が顔に現れた。 「私」悲しむべき（⑧　）が二人を隔ててしまった。 つらい境遇が、閏土をでくのぼうみたいにした。⇔打ちひしがれて心がまひした様子
結末	p.172・⑫～終わり	離郷	●船で旅立つ。宏児は（⑨　）を慕っている。 ●「私」は母から、閏土が食器類を隠したらしいと聞かされる。	「私」故郷も、閏土との距離も遠くなった。 ▼若い世代は、互いに（⑩　）することのないように。 魂をすり減らさず、心がまひせず、野放図に走らない、新しい生活を希望する。⇔紺碧の空の金色の丸い月のイメージ

おさえよう

主題 少年時代の美しい故郷は、絶望的な現実に押しつぶされていた。「私」は若い世代に、互いに隔絶することのない〔ア 新しい生活　イ 昔ながらの生活〕をもってほしいという〔ア 希望　イ 所望〕を託す。

Q「けりをつける」の意味は？　ア＝決着をつける。　イ＝あきらめる。

実力判定テストA ステージ2 故郷

30分

自分の得点まで色をぬろう!
合格! もう一歩 がんばろう!
100点 80 60 0
/100

解答 17ページ

次の文章を読んで、問題に答えなさい。 教 p.162・①〜163・⑭

厳しい寒さの中を、二千里の果てから、①別れて二十年にもなる故郷へ、私は帰った。

もう真冬の候であった。そのうえ、故郷へ近づくにつれて、空模様は怪しくなり、冷たい風がヒューヒュー音をたてて、船の中まで吹き込んできた。苫（とま）の隙間から外をうかがうと、鉛色の空の下、わびしい村々が、いささかの活気もなく、あちこちに横たわっていた。覚えず寂寥（せきりょう）の感が胸にこみあげた。

②ああ、これが二十年来、片時も忘れることのなかった故郷であろうか。

私の覚えている故郷は、まるでこんなふうではなかった。私の故郷は、もっとずっとよかった。その美しさを思い浮かべ、その長所を言葉に表そうとすると、しかし、その影はかき消され、言葉は失われてしまう。やはりこんなふうだったかもしれないという気がしてくる。そこで私は、こう自分に言い聞かせた。もともと故郷はこんなふうなのだ――進歩もないかわりに、私が感じるような寂寥もありはしない。そう感じるのは、自分の心境が変わっただけだ。なぜなら、今度の帰郷は決して楽しいものではないのだから。

③今度は、故郷に別れを告げに来たのである。私たちが長いこと一族で住んでいた古い家は、今はもう他人の持ち物になってしまった。明け渡しの期限は今年いっぱいである。どうしても旧暦の正月の前に、住み慣れた古い家に別れ、なじみ深い故郷をあとにして、私が今暮らしを立てている異郷の地へ引っ越さねばならない。

明くる日の朝早く、私はわが家の表門に立った。屋根には一面に枯れ草のやれ茎が、おりからの風になびいて、④この古い家が持ち主を変えるほかなかった理由を説き明かし顔である。一緒に住んでいた親戚たちは、もう引っ越してしまったあとらしく、ひっそり閑としている。自宅の庭先まで来てみると、母はもう迎えに出ていた。あとから八歳になるおいの宏児（ホンル）もとび出した。

母は機嫌よかったが、さすがにやるせない表情は隠しきれなかった。私を座らせ、休ませ、茶をついでくれなどして、すぐ引っ越しの話はもち出さない。宏児は、私とは初対面なので、離れた所に立って、じっと私のほうを見つめていた。

だが、⑤とうとう引っ越しの話になった。私は、あちらの家はもう借りてあること、家具も少しは買ったこと、あとは家にある道具類をみんな売り払って、その金で買い足せばよいこと、などを話した。

〈魯迅（ろじん）／竹内好（たけうちよしみ）訳「故郷」による〉

知識の泉 A ア。 古文では「けり」で文が終わることが多いことから。

1 ①別れて二十年にもなる故郷へ、私は帰った　とありますが、故郷の様子がわかる一文を文章中から抜き出し、はじめの五字を書きなさい。（15点）

2 よく出る ②ああ、これが二十年来、片時も忘れることのなかった故郷であろうか。について答えなさい。

(1) このときの「私」の気持ちを表す言葉を、文章中から四字で抜き出しなさい。（10点）

(2) (1)で感じたことについて、私はどのように考えましたか。次から一つ選び、記号で答えなさい。（15点）

ア　故郷の美しさは自分の思い込みだったと思い知ったから。

イ　少年時代のもっと美しかった故郷と比べて失望したから。

ウ　故郷は何も変わらないが、自分の心境が変わったから。

エ　自分が本当の故郷の姿を知らずにいたことに気づいたから。

（　　）

攻略！　次の段落から、「私」の複雑な心境を読み取ろう。

3 記述 ③今度は、故郷に別れを告げに来たのである。とありますが、「私」はどのような目的で帰郷したのですか。文章中の言葉を使って、具体的に書きなさい。（20点）

4 よく出る ④古い家が持ち主を変えるほかなかった理由　を次から一つ選び、記号で答えなさい。（15点）

ア　親戚が家を出てしまい、古い家の管理ができなくなったこと。

イ　一族が長い間暮らした家が古びて、住めなくなったこと。

ウ　家族が経済的に苦しく、家を維持していけなくなったこと。

エ　母がすっかり老いて、一人暮らしができなくなったこと。

（　　）

攻略！　同じ段落の中から帰郷の目的を説明している部分を捉えよう。

5 ⑤とうとう引っ越しの話になった　について答えなさい。

(1) このときの母の気持ちを表す言葉を、文章中から一語で抜き出しなさい。（10点）

（　　）

攻略！　屋根の枯れ草や、「ひっそり閑」とした様子から考えよう。

(2) 「私」は引っ越しの準備として、この家でどのようなことをしようとしていますか。文章中の言葉を使って、二十字以内で書きなさい。（15点）

知識の泉　Q　次の故事成語の□にあてはまる漢数字は？　朝□暮□

実力判定テストB ステージ3 故郷（1）

30分

自分の得点まで色をぬろう！ 合格！ 80 もう一歩 60 がんばろう！ 100点 0

/100

解答 18ページ

★ 次の文章を読んで、問題に答えなさい。

教 p.169・⑭〜171・⑳

来た客は閏土である。ひとめで閏土とわかったものの、その閏土は、①私の記憶にある閏土とは似もつかなかった。背丈は倍ほどになり、昔の艶のいい丸顔は、今では黄ばんだ色に変わり、しかも深いしわがたたまれていた。目も、彼の父親がそうであったように、周りが赤く腫れている。私は知っている。海辺で耕作する者は、一日中潮風に吹かれるせいで、よくこうなる。頭には古ぼけた毛織りの帽子、身には薄手の綿入れ一枚、全身ぶるぶる震えている。紙包みと長いきせるを手に提げている。その手も、私の記憶にある血色のいい丸々した手ではなく、太い、節くれだった、しかもひび割れた、松の幹のような手である。

私は感激で胸がいっぱいになり、しかしどう口をきいたものやら思案がつかぬままに、ひと言、

②「ああ、閏ちゃん――よく来たね……。」

続いて言いたいことが、あとからあとから、数珠つなぎになって出かかった。角鶏、跳ね魚、貝殻、猹……だがそれらは、何かでせき止められたように、頭の中を駆け巡るだけで、口からは出なかった。

彼は突っ立ったままだった。③喜びと寂しさの色が顔に現れた。唇が動いたが、声にはならなかった。最後に、恭しい態度に変わって、はっきりこう言った。

「だんな様！……。」

私は身震いしたらしかった。④悲しむべき厚い壁が、二人の間を隔ててしまったのを感じた。私は口がきけなかった。

彼は、後ろを向いて、「水生、だんな様におじぎしな。」と言って、⑤彼の背に隠れていた子供を前へ出した。これぞまさしく三十年前の閏土であった。いくらか痩せて、顔色が悪く、銀の首輪もしていない違いはあるけれども。「これが五番めの子でございます。世間へ出さぬものですから、おどおどしておりまして……。」

母と宏児が二階から降りてきた。話し声を聞きつけたのだろう。

「ご隠居様、お手紙は早くにいただきました。全く、うれしくてたまりませんでした、だんな様がお帰りになると聞きまして……。」と、閏土は言った。

「まあ、なんだってそんな、他人行儀にするんだね。おまえたち、昔は兄弟の仲じゃないか。昔のように、迅ちゃん、でいいんだよ。」と、母はうれしそうに言った。

「めっそうな、ご隠居様、なんとも……とんでもないことでございます。あの頃は子供で、なんのわきまえもなく……。」そしてまたも水生を前に出しておじぎさせようとしたが、子供ははにかんで、父親の背にしがみついたままだった。

「これが水生？ 五番めだね。知らない人ばかりだから、はにかむのも無理ない。宏児や、あちらで一緒に遊んでおやり。」と、母は言った。

知識の泉 A 三・四。「朝三暮四」＝たくみなことばで，人をだますこと。

言われて宏児は、水生を誘い、水生もうれしそうに、そろって出ていった。母は閏土に席を勧めた。彼はしばらくためらったあと、ようやく腰を降ろした。長ぎせるをテーブルに立てかけて、紙包みを差し出した。

「冬場は、ろくなものがございません。少しばかり、青豆の干したのですが、自分とこのですから、どうかだんな様に……。」

私は、暮らし向きについて尋ねた。彼は首を振るばかりだった。

「とてもとても。今では六番めの子も役に立ちますが、それでも追っつけません。……世間は物騒だし……、どっちを向いても金は取られほうだい、きまりもなにも……。作柄もよくございません。作った物を売りに行けば、何度も税金を取られて、元は切れるし、そうかといって売らなければ、腐らせるばかりで……。」

⑥首を振りどおしである。顔にはたくさんのしわがたたまれているが、まるで石像のように、そのしわは少しも動かなかった。苦しみを感じはしても、それを言い表すすべがないように、しばらく沈黙し、それからきせるを取り上げて、黙々とたばこを吹かした。

〈魯迅（ろじん）／竹内好（たけうちよしみ）訳「故郷」による〉

1 ①私の記憶にある閏土とは似もつかなかった　とありますが、「記憶」の閏土と現在の閏土を対照的に描いた一文を、文章中から二つ抜き出し、はじめの四字を書きなさい。10点×2（20点）

2 記述 ②ああ、閏ちゃん——よく来たね……。とありますが、このときの「私」の気持ちを、文章中の言葉を使って書きなさい。（20点）

3 記述 ③喜びと寂しさの色が顔に現れた。とありますが、どのような喜びと寂しさですか。それぞれ説明しなさい。15点×2（30点）

喜び……

寂しさ…

4 よく出る ④悲しむべき厚い壁　とは、二人を隔てるどのような違いを表していますか。次から一つ選び、記号で答えなさい。（10点）

ア　性格や態度の違い。
イ　思い出への思い入れの違い。
ウ　境遇や身分の違い。
エ　思想や経験の違い。（　）

5 ⑤彼の背に隠れていた子供　とありますが、その子供を見た「私」はどのように思いましたか。文章中からひと続きの二文を抜き出し、はじめの五字を書きなさい。（10点）

6 レベルUP ⑥首を振りどおしである。とありますが、現在の閏土はどのような気持ちでいるのですか。次から一つ選び、記号で答えなさい。（10点）

ア　都会で豊かな生活をしている「私」をうらやむ気持ち。
イ　兄弟の仲だった二人が隔たってしまったことの悲しみ。
ウ　働いても報われない社会の仕組みや政治に対する怒り。
エ　生活の苦しみやひどい境遇を嘆きつつ諦（あきら）める気持ち。（　）

Q　次の□にあてはまる漢字は？　自分の失敗を□に上げて忠告を続けた。

故郷(2)

30分

自分の得点まで色をぬろう!
合格! もう一歩 がんばろう!
100点 80 60 0
/100

解答 18ページ

★ 次の文章を読んで、問題に答えなさい。　教p.172・⑲〜174・⑲

私と一緒に窓辺にもたれて、暮れてゆく外の景色を眺めていた宏児が、ふと問いかけた。

「おじさん、僕たち、いつ帰ってくるの?」

「帰ってくる?　どうしてまた、行きもしないうちに、帰るなんて考えたんだい?」

「だって、水生が僕に、家へ遊びに来いって。」

大きな黒い目をみはって、彼はじっと考えこんでいた。

私も、私の母も、①はっと胸を突かれた。そして話がまた閏土のことに戻った。母はこう語った。例の豆腐屋小町の楊おばさんは、私の家で片づけが始まってから、毎日必ずやってきたが、おととい、灰の山からわんや皿を十個余り掘り出した。あれこれ議論の末、それは閏土が埋めておいたにちがいない、灰を運ぶとき、一緒に持ち帰れるから、という結論になった。楊おばさんは、この発見を手柄顔に、「犬じらし」(これは私たちの所で鶏を飼うのに使う。木の板に柵を取り付けた道具で、中に食べ物を入れておくと、鶏は首を伸ばしてついばむことができるが、犬にはできないので、見てじれるだけである。)をつかんで飛ぶように走り去った。纏足用の底の高い靴で、よくもと思うほど速かったそうだ。

②古い家はますます遠くなり、故郷の山や水もますます遠くなる。だが名残惜しい気はしない。自分の周りに目に見えぬ高い壁があって、その中に自分だけ取り残されたように、気がめいるだけである。すいか畑の銀の首輪の小英雄のおもかげは、もとは鮮明このうえなかったのが、今では急にぼんやりしてしまった。これもたまらなく悲しい。

母と宏児とは寝入った。

私も横になって、船の底に水のぶつかる音を聞きながら、今自分は、自分の道を歩いているとわかった。思えば私と閏土との距離は全く遠くなったが、若い世代は今でも心が通い合い、現に宏児は水生のことを慕っている。せめて彼らだけは、私と違って、互いに隔絶することのないように……とはいっても、彼らがひとつ心でいたいがために、私のように、無駄の積み重ねで魂をすり減らす生活をともにすることは願わない。また閏土のように、打ちひしがれて心がまひする生活をともにすることも願わない。また他の人のように、やけを起こして野放図に走る生活をともにすることも願わない。希望をいえば、彼らは新しい生活をもたなくてはならない。③私たちの経験しなかった新しい生活を。

希望という考えが浮かんだので、私はどきっとした。たしか閏土が香炉と燭台を所望したとき、私はあいかわらずの偶像崇拝だな、いつになったら忘れるつもりかと、④心ひそかに彼のことを笑ったものだが、今私のいう希望も、やはり手製の偶像にすぎぬのではないか。ただ彼の望むものはすぐ手に入り、私の望むものは手に入りにくいだけだ。

A　棚。　「棚に上げる」＝問題として取り上げず，ほうっておく。

まどろみかけた私の目に、海辺の広い緑の砂地が浮かんでくる。⑤その上の紺碧（こんぺき）の空には、金色の丸い月がかかっている。思うに希望とは、もともとあるものともいえぬし、ないものともいえない。それは地上の道のようなものである。もともと地上には道はない。⑥歩く人が多くなれば、それが道になるのだ。

〈魯迅（ろじん）／竹内好（たけうちよしみ）訳「故郷」による〉

1 よく出る ①はっと胸を突かれた とありますが、その理由を示した次の文の（　）にあてはまる言葉を文章中から抜き出しなさい。 10点×3（30点）

（　　　）を慕っている宏児の姿に、かつての自分と（　　　）との関係を重ね合わせたが、「私」たちはもう故郷に（　　　）ことはないから。

2 ②古い家はますます遠くなり、故郷の山や水もますます遠くなる。とありますが、このとき、「私」はどのような気持ちでしたか。次から一つ選び、記号で答えなさい。 （10点）

ア 故郷や故郷の人々に隔たりを感じたことを後悔している。
イ 遠ざかる故郷を見て、急に去りがたい思いにかられている。
ウ 故郷や故郷の人々に再び会いに来ることを決意している。
エ 故郷や故郷の人々に隔たりを感じて気持ちが沈んでいる。

（　　　）

3 ③私たちの経験しなかった新しい生活 とありますが、「私たち」はどのような生活を経験してきたのですか。文章中から順に三つ抜き出しなさい。 10点×3（30点）

（　　　）
（　　　）
（　　　）

4 よく出る ④手製の偶像 とは、ここではどのようなもののことですか。次から一つ選び、記号で答えなさい。 （10点）

ア 自分が作り出して、自分の中だけで信じているもの。
イ 実現はとうてい不可能だと自分でも思っているもの。
ウ 限られた人しか見ることのできない神秘的なもの。
エ すぐ消えてしまうような、はかないもの。

（　　　）

5 レベルUP ⑤その上の紺碧の空には、金色の丸い月がかかっている。とありますが、この光景が象徴しているものを文章中から二字で抜き出しなさい。 （10点）

（　　　）

6 記述 ⑥歩く人が多くなれば、それが道になるのだ。とありますが、これはどのようなことをいっているのですか。次の文の（　）にあてはまる言葉を、考えて書きなさい。 （10点）

同じ希望を抱く人が（　　　　　　）ということ。

知識の泉 Q「激しく争う」という意味の慣用句は？ ＿＿を削る

確認のワーク ステージ1

「文殊(もんじゅ)の知恵」の時代

解答 19ページ　スピードチェック 13ページ　予想問題 132ページ

学習のねらい
●あげられている例に注意して、筆者の主張を捉えよう。
●これからの社会を生きるために必要な力とは何かを読み取ろう。

漢字と言葉

1 漢字の読み 読み仮名を横に書きなさい。

＊は新出漢字
▼は新出音訓・◎は熟字訓

❶＊徹底的　❷決＊裂

2 漢字の書き 漢字に直して書きなさい。

❶交渉が（けつれつ）する。❷（てってい てき）に調べる。

3 語句の意味 意味を下から選んで、線で結びなさい。

❶決裂　・　・ア　意見がまとまらないまま終わること。
❷駆使　・　・イ　機能を自由自在に使うこと。

教科書の要点

1 話題 「三人寄れば文殊(もんじゅ)の知恵」ということわざの意味になるように、（　）に教科書の言葉を書き入れなさい。 教p.182

平凡な人でも（①　　　）集まって相談すれば、知恵を受けもつ文殊菩薩(ぼさつ)のような、すばらしい（②　　　）が生まれるものだ。

2 検証 アイデアを知恵に練りあげるために必要なことはなんですか。次から一つ選び、記号で答えなさい。 教p.182

ア　自分の価値観をふまえ、独自の視点で徹底的に検証すること。
イ　自分の価値観より、相手の価値観を尊重して検証すること。
ウ　相手との少々の価値観の違いには目をつぶって検証すること。
エ　価値観の違いがどこから生じるのかを徹底的に検証すること。

（　　）

3 実例 自分の専門分野であっても、自分だけでは解決できない問題の具体的な例として、筆者は何をあげていますか。教科書の言葉を書きなさい。 教p.183

（　　　　）

4 筆者の考え 「文殊の知恵」を生み出す力とは、どのようなものですか。（　）に教科書の言葉を書き入れなさい。 教p.184

（①　　　）と自分の知識や経験を結びつけて活用し、（②　　　）の全く違う人たちと（③　　　）して、一緒に考えていく力。

知識の泉　**A しのぎ。**　しのぎ（刃(は)と峰との間の盛り上がり）が削れるほど激しく戦うこと。

おさえよう

5 構成のまとめ

（　）に教科書の言葉を書き入れなさい。（各段落に1〜10の番号を付けて読みましょう。） 教 p.182〜184

まとまり	序論	本論		結論
	「文殊の知恵」とは	知恵を生み出す難しさ	私たちが直面するさまざまな問題	「文殊の知恵」の力
	1〜2段落	3〜5段落	6〜8段落	9〜10段落
内容	ことわざ「三人寄れば文殊の知恵」……平凡な人でも三人集まって相談すれば、すばらしい知恵が生まれるものだ。 問いかけ ▼知恵が生まれるかどうかに、一人よりも三人という原理があてはまるのか。 ▼ちょっとした「アイデア」からどうやって、すばらしい「（①　　）」を生み出すことができるのか。	検証の必要性 ▼アイデアを知恵に練りあげるには ↓三人が自分の（②　　）を前面に押し出し、独自の視点で徹底的に検証することが求められる。 検証の難しさ ●自分と相手の知識や経験の矛盾。 ●自分と相手の価値観の（③　　）。 ↓違いを見過ごしたほうが楽だが、検証の放棄につながる。↓知恵を生み出せない。	❶経験したことがなく、（④　　）もできないような問題に直面することがある。↓自分一人の知識と経験だけでは解決できない。 ↓同じ問題を共有する他人と（⑤　　）し、全員の知識と経験を総動員して解決にあたる。 ❷科学技術の発達などにより、新しい知識が爆発的に増殖し、社会が急速に変化して（⑥　　）の度合いを強めている。 ↓さまざまな立場や視点から徹底的に（⑦　　）し、協力して解決策を見いだす必要がある。 ❸世界の変化により、国や文化が違い、（⑧　　）な価値観をもつ人々が、一緒に働き、暮らす社会になりつつある。 ↓全く考えの違う人々とも協力して（⑨　　）にあたる必要がある。	筆者の主張 ▼すばらしい知恵を生み出すために、人との違いを尊重し、全員の知識や経験を、折り合いをつけながら利用する。 ▼「文殊の知恵」を生み出す力とは ・他人と自分の知識や経験を結びつけて（⑩　　）し、価値観の全く違う人たちとも協力して一緒に考えていく力。↓今、必要とされている。

要旨 アイデアを知恵に練りあげるには、徹底的に〔ア 相談する　イ 検証する〕ことが必要だ。「文殊の知恵」を生み出すのは、価値観の〔ア 違う　イ 同じ〕人の知識や経験を活用し、協力して考えていく力である。

知識の泉 Q □に共通して入る言葉は？　目星を□・折り紙を□

実力判定テストA ステージ2

「文殊の知恵」の時代

30分

自分の得点まで色をぬろう!
100点 合格! 80 もう一歩 60 がんばろう! 0
/100

解答 19ページ

次の文章を読んで、問題に答えなさい。

教p.183・③〜184・⑪

1 生きていると、さまざまな問題に直面するものである。問題に直面したら、まずは自分の①知識と経験を用いて解決しようとするだろう。例えば②学校のテストの問題であれば、これまでに自分の習い覚えたことを駆使して解くものだ。だが、社会に出ると、経験したこともなければ、予測もできないような問題に直面することがある。自分一人の知識と経験だけでは、とても解決できない。そのようなとき、③同じ問題を共有する他人と協力し、全員の知識と経験を総動員して解決にあたるのである。人間は、社会に出たら自分の力で生きていかなければならないが、自分の力だけで生きていくこともできないのだ。

2 また、最近では、科学技術の発達などによって、新しい知識が爆発的に増殖している。社会も急速に変化して、複雑化の度合いを強めている。そのような社会において生じる問題は、とても④一人の知識や経験だけで対処できるようなものではない。専門家であっても、自分の専門領域の問題を自分だけでは解決できなくなってしまった。例えば、エネルギー問題などは、人類の英知を結集すべき課題だ。環境学者や物理学者だけでなく、政治や経済の専門家や企業、そして一般の人々が、ともに取り組む必要がある。一つの問題について、さまざまな立場の人々がさまざまな視点から徹底的に検証し、みんなで協力して解決策を見いだしていかなければならなくなっている。

3 そのうえ、世界が変化したことにより、さまざまな国や地域の人々と接する機会が多くなった。国が違えば文化も違う。文化が違えば価値観も違う。今世界全体が、多様な価値観をもった人々が一緒に働き、あるいは一緒に暮らすような社会になりつつある。⑤そういう社会で問題が起これば、全く考えの違う人々とも協力して解決にあたらなければならないのである。

4 ⑥すばらしい知恵を生み出すためには、違いを恐れてはいけない。人それぞれが違うことを知り、その違いを尊重する一方で、活用することを考える。そうすれば、全員の知識や経験をうまく折り合いをつけながら利用できるようになる。それぞれにとっての「正しいこと」や「大切なこと」が違っていたとしても、全員にとっての「正しいこと」や「大切なこと」を一緒に探すことができる。そうすることによってのみ、三人で相談して「文殊の知恵」を生み出すことができるのだ。

5 今必要とされているのは、この「文殊の知恵」である。他人の知識や経験を自分の知識や経験と結びつけて活用する力、価値観の全く違う人たちとも協力して一緒に考えていくことのできる力。事の道理や筋道をわきまえ、正しく判断するために、⑦「文殊の知恵」を生み出す力が必要とされる時代を迎えているのである。

〈北川達夫「『文殊の知恵』の時代」による〉

知識の泉 A つける。「目星をつける」=見当をつける。「折り紙をつける」=保証する。

1 ①知識と経験を言いかえている言葉を、文章中から七字で抜き出しなさい。（10点）

2 ②学校のテストの問題と対比した形で説明されている問題はなんですか。□にあてはまる言葉を文章中から抜き出しなさい。（10点）

□に出て直面する問題。

3 よく出る ③同じ問題とはどのような問題ですか。□ⓐ・ⓑにあてはまる言葉を文章中からそれぞれ二十五字以内で抜き出し、はじめと終わりの五字を書きなさい。10点×2（20点）

ⓐで、ⓑような問題。

ⓐ □～□

ⓑ □～□

攻略！ すぐ前の説明から「同じ問題」を捉えよう。

4 ④一人の知識や経験だけでは問題を対処できなくなっているのはなぜですか。理由を次から一つ選び、記号で答えなさい。（10点）

ア 科学技術の発達などで、社会が変化し複雑化しているから。
イ 科学者が減少し、問題への対処能力も低下しているから。
ウ 人と人のつながりが希薄で、社会が分散化しているから。
エ 学校で、一人で解決する力を身につけていないから。

（　）

5 1～3段落で共通して述べられているのは、どういうことですか。次から一つ選び、記号で答えなさい。（10点）

ア 科学的な問題の解決は、専門家でも困難であること。
イ 自分一人の力では、生きることも問題解決も難しいこと。
ウ 問題解決のためには、他人との協力が必要であること。
エ 現代は、昔に比べて問題が複雑になっていること。

（　）

6 ⑤そういう社会とはどういう社会ですか。文章中から三十五字以内で抜き出し、はじめと終わりの五字を書きなさい。（10点）

□～□

7 よく出る ⑥すばらしい知恵を生み出すためにはどうすることが大切だと筆者は考えていますか。文章中から一文で抜き出し、はじめの五字を書きなさい。（10点）

□

8 記述 ⑦「文殊の知恵」を生み出す力とはどのような力ですか。文章中の言葉を使って、五十字以内で書きなさい。（20点）

攻略！ 結論の部分から、筆者が主張していることを簡潔にまとめよう。

知識の泉 Q □□にあてはまるのは（　）のどっち？ □□（けが・病気）の功名

坊(ぼ)っちゃん（漢字を身につけよう⑧）

解答 20ページ
スピードチェック 13・14ページ
予想問題 133ページ

学習のねらい
●登場人物の言動から、その人物像を捉えよう。
●語句の使われ方に注意して、作品の特徴を捉えよう。

漢字と言葉

1 漢字の読み　読み仮名を横に書きなさい。

＊は新出漢字　▼は新出音訓・◎は熟字訓

①＊湧き出る　②＊懲役　③＊零落　④気▼性
⑤周＊旋　⑥食＊卓　⑦骨＊髄　⑧＊蓋（訓読み）
⑨＊廉価　⑩＊頒布　⑪◎硫黄　⑫◎為替

2 漢字の書き　漢字に直して書きなさい。

①商家に（ほうこう）する。②花の（ほうこう）が漂う。
③酒を（じょうぞう）する。④海外に（ふにん）する。
⑤（あ）げ物を買う。⑥夢を（あきら）めない。

3 語句の意味　意味を下から選んで、線で結びなさい。

① 零落 ・　　・ア 落ちぶれること。
② 淡泊 ・　　・イ 悪い行為が元で悪いことが起こる。
③ たたる ・　　・ウ 物事にこだわらない様子。

教科書の要点

1 登場人物　（　）に教科書の言葉を書き入れなさい。　教 p.186〜196

①「俺」……物語の主人公。親譲りの（　　）
②（　　）…「俺」をろくな者にはならないと言う。
③（　　）…「俺」と仲が悪く、よくけんかをしていた。
④（　　）…召し使いの婆(ばあ)さん。「俺」をかわいがる。

2 あらすじ　正しい順番になるように、番号を書きなさい。　教 p.186〜196

（　）父の死後、下宿して物理学校に入り、勉強する。
（　）両親は将来を案じ、兄とはけんかばかりする。
（　）無鉄砲な性格で、いたずらばかりしていた。
（　）教師になって四国に行くことになる。
（　）清(きよ)と最後の別れをし、出立(しゅったつ)する。
（　）母の死後、清がむやみにかわいがる。

A けが。「失敗だと思ったことが，かえってよい結果を生むこと」という意味。

3 構成のまとめ

（　）に教科書の言葉を書き入れなさい。教p.186～196

	子供時代	子供時代	母の死後	父の死後	旅立ち
場面	教はじめ～p.188・⑭ 無鉄砲	p.188・⑮～188・⑲ 母の死	p.188・⑳～192・⑨ 清と「俺」	p.192・⑩～195・⑧ 「俺」の独立	p.195・⑨～終わり 清との別れ
できごと	●小学校の二階から飛び降りて、腰を抜かす。 ●自らナイフで親指を切り、消えない傷跡を残す。 ●その他、さまざまないたずらを繰り返した。	●母が病気で死ぬ。 ●兄に親不孝と罵られたので、横っ面（つら）を張る。	●兄とけんかになり、将棋の駒を眉間にたたきつけてけがをさせる。↑兄と「俺」は仲が悪い。 ●父は「俺」を勘当すると言ったが、（③　）がとりなす。	●下宿に移り、遺産を分けてもらい、兄と別れる。 ●清はおいの家へ行く。 ●物理学校に入学。卒業後、中学教師として四国に赴任することになる。	出立の三日前 ●清に、田舎へ行くと告げる。 出立の日 ●清は来て世話をやき、いつまでも汽車を見送っていた。
心情や様子	俺（①　）で子供のときから損ばかりしている。 父「どうせろくな者にはならない」→「俺」をかわいがってくれない。 母「乱暴で乱暴で行く先が案じられる」→兄ばかり（②　）した。	俺 もう少しおとなしくすればよかった。←…後悔	清「あなたはまっすぐでよいご気性だ」「将来立身出世して立派な者になる」など ←…「俺」をかわいがる 俺▼つまはじき者の自分をなぜかわいがるのかわからず、不審で（④　）に思った。	清▼「俺」に、早くうちを持っての、来て世話をするのと言う。 ↓俺 親身のおいよりも他人の「俺」のほうが好きなのだろう。 俺▼通りがかりに募集を見て物理学校に入学。校長に勧められ就職を即決。←（①）	清▼非常に（⑤　）した様子。 「もうお別れになるかもしれません。」←…別れの覚悟 俺▼もう少しで（⑥　）ところだった。←…別れのつらさ ▼清の姿が大変（⑦　）見えた。←…老いた清へのいたわり

おさえよう

主題 語り手の「俺」が、自分の半生を振り返るという形で、自分の〔ア 無神経　イ 無鉄砲〕な性格や家族との葛藤、そして無償の〔ア 愛情　イ 奉仕〕を注いでくれた清との交流を描いた作品である。

知識の泉 Q「□現実・□常識」に共通してつけられる否定の意味を表す漢字は？

坊っちゃん

次の文章を読んで、問題に答えなさい。

教 p.188・⑩〜189・⑲

自分の得点まで色をぬろう！ 100点 合格！ 80 もう一歩 60 がんばろう！ 0 /100

解答 20ページ

おやじはちっとも俺をかあいがってくれなかった。母は兄ばかりひいきにしていた。この兄はやに色が白くって、芝居のまねをして女形になるのが好きだった。俺を見るたびにこいつはどうせろくな者にはならないと、おやじが言った。乱暴で乱暴で行く先が案じられると母が言った。なるほどろくな者にはならない。ご覧のとおりの始末である。行く先が案じられたのも無理はない。ただ懲役に行かないで生きているばかりである。

母が病気で死ぬ二、三日前、台所で宙返りをしてへっついの角であばら骨を打って大いに痛かった。母がたいそう怒って、おまえのような者の顔は見たくないと言うから、親類へ泊まりに行っていた。①するととうとう死んだという知らせが来た。そう早く死ぬとは思わなかった。そんな大病なら、もう少しおとなしくすればよかったと思って帰ってきた。そうしたら例の兄が俺を親不孝だ、俺のために、おっかさんが早く死んだんだと言った。悔しかったから、兄の横っ面を張って大変叱られた。

母が死んでからは、おやじと兄と三人で暮らしていた。おやじはなんにもせぬ男で、人の顔さえ見ればきさまはだめだだめだと口癖のように言っていた。何がだめなんだか今にわからない。妙なおやじがあったもんだ。兄は実業家になるとか言ってしきりに英語を勉強していた。元来ずるいから、仲がよくなかった。十日に一ぺんぐらいの割でけんかをしていた。あるとき将棋をさしたらひきょうな待ち駒をして、人が困るとうれしそうに冷やかした。あんまり腹が立ったから、②手にあった飛車を眉間へたたきつけてやった。眉間が割れて少々血が出た。兄がおやじに言いつけた。おやじが俺を勘当すると言いだした。

そのときはもうしかたがないと観念して先方の言うとおり勘当されるつもりでいたら、十年来召し使っている清という女が、泣きながらおやじに謝って、③ようやくおやじの怒りが解けた。それにもかかわらずあまりおやじを怖いとは思わなかった。かえってこの清に気の毒であった。この女はもと由緒のある者だったそうだが、瓦解のときに零落して、つい奉公までするようになったのだと聞いている。だから婆さんである。この婆さんがどういう因縁か、④俺を非常にかあいがってくれた。不思議なものである。母も死ぬ三日前にあいそを尽かした——おやじも年中もてあましている——町内では乱暴者の悪太郎とつまはじきをする——この俺をむやみに珍重してくれた。俺はとうてい人に好かれるたちでないと諦めていたから、他人から木の端のように取り扱われるのはなんとも思わない、かえってこの清のようにちやほやしてくれるのを不審に考えた。清はときどき台所で人のいないときに「あなたはまっすぐでよいご気性だ。」と褒めることがときどきあった。しかし俺には清の言う

知識の泉 **A 非。** 否定の意味を表す接頭語には，「非・不・未・無」などがある。

意味がわからなかった。いい気性なら清以外の者も、もう少しよくしてくれるだろうと思った。清がこんなことを言うたびに俺はお世辞は嫌いだと答えるのが常であった。すると婆さんはそれだからいいご気性ですと言っては、うれしそうに俺の顔を眺めている。自分の力で俺を製造して誇ってるように見える。少々気味が悪かった。

〈夏目漱石「坊っちゃん」による〉

1 「俺」の両親は、「俺」についてどう思っていましたか。次の（　）にあてはまる言葉を文章中から抜き出しなさい。5点×2（10点）

あまりに（　　）なので、将来（　　）にはならないと行く先を案じた。

2 記述 ①とうとう死んだという知らせが来た とありますが、母が死んだとき、「俺」はどのように反省しましたか。また、兄はどのように言いましたか。それぞれ文章中の言葉を使って書きなさい。15点×2（30点）

「俺」…（　　）

兄……（　　）

攻略！ 突然の母の死に対する兄弟の気持ちを捉えよう。

3 よく出る ②手にあった飛車を眉間へたたきつけてやった とありますが、そのようなことをしたのはなぜですか。次から一つ選び、記号で答えなさい。（15点）

ア 父が兄ばかりひいきして、「俺」を叱ってばかりいたから。
イ 兄がひきょうな手を使い、困った「俺」を冷やかしたから。
ウ 兄は元来ずるく、もともと「俺」とは仲が悪かったから。
エ 兄は「俺」と違い、勉強が得意なので悔しかったから。

（　）

攻略！ 具体的に乱暴をはたらく原因になったできごとを読み取ろう。

4 ③ようやくおやじの怒りが解けた とありますが、このときの「俺」はどのような気持ちでしたか。次の（　）にあてはまる言葉を文章中の言葉を使って書きなさい。（15点）

あまりおやじを怖いとは思わず、（　　）

5 ④俺を非常にかあいがってくれた とありますが、そのことに対する「俺」の気持ちを次から一つ選び、記号で答えなさい。（15点）

ア 人に好かれるたちではないので、大いに喜んでいた。
イ 人にどのような態度をとられても、なんとも思わなかった。
ウ ちやほやしてくれるのが不思議で、逆に不審に思った。
エ 無理に褒めてくれるので、少し気味が悪かった。

（　）

6 よく出る 清は、「俺」のどのようなところを気に入っていたと考えられますか。「……なところ。」につながるように、文章中から四字で抜き出しなさい。（15点）

□□□□なところ。

攻略！ 清が、「俺」のどんな「ご気性」を褒めているかを考えよう。

実力判定テストB　ステージ3

坊っちゃん

30分

自分の得点まで色をぬろう！　合格！ 80　もう一歩 60　がんばろう！ 0　/100

解答 20ページ

★ 次の文章を読んで、問題に答えなさい。　教p.195・①〜196・④

家をたたんでからも清のところへはおりおり行った。清のおいというのは存外けっこうな人である。俺が行くたびに、おりさえすれば、なにくれともてなしてくれた。①清は俺を前へ置いて、いろいろ俺の自慢をおいに聞かせた。今に学校を卒業すると麴町辺へ屋敷を買って役所へ通うのだなどと吹聴したこともある。独りで決めて一人でしゃべるから、こっちは困って顔を赤くした。それも一度や二度ではない。おりおり俺が小さいとき寝小便をしたことまで持ち出すには閉口した。おいはなんと思って清の自慢を聞いていたかわからぬ。ただ清は昔ふうの女だから、自分と俺の関係を封建時代の主従のように考えていた。自分の主人ならおいのためにも主人に相違ないと合点したものらしい。おいこそいい面の皮だ。

いよいよ約束が決まって、もうたつという三日前に清を訪ねたら、北向きの三畳に風邪をひいて寝ていた。俺の来たのを見て起き直るが早いか、坊っちゃんいつうちをお持ちなさいますと聞いた。卒業さえすれば金が自然とポケットの中に湧いてくると思っている。そんなに偉い人をつらまえて、まだ②坊っちゃんと呼ぶのはいよいよばかげている。俺は単簡に当分うちは持たない。田舎へ行くんだと言ったら、非常に失望した様子で、③ごま塩のびんの乱れをしきりになでた。あまり気の毒だから「行くことは行くがじき帰る。来年の夏休みにはきっと帰る。」と慰めてやった。それでも妙な顔をしているから「何を土産に買ってきてやろう、何が欲しい。」と聞いてみたら「越後の笹あめが食べたい。」と言った。越後の笹あめなんて聞いたこともない。だいいち方角が違う。「俺の行く田舎には笹あめはなさそうだ。」と言って聞かしたら「そんなら、どっちの見当です。」と聞き返した。「西の方だよ。」と言うと、「箱根の先ですか手前ですか。」と問う。④ずいぶんもてあましました。

出立の日には朝から来て、いろいろ世話をやいた。来る途中小間物屋で買ってきた歯磨きとようじと手拭いをズックのかばんに入れてくれた。そんな物はいらないと言ってもなかなか承知しない。車を並べて停車場へ着いて、プラットフォームの上へ出たとき、車へ乗り込んだ俺の顔をじっと見て「もうお別れになるかもしれません。ずいぶんご機嫌よう。」と小さな声で言った。⑤目に涙がいっぱいたまっている。俺は泣かなかった。しかしもう少しで泣くところであった。汽車がよっぽど動きだしてから、もうだいじょうぶだろうと思って、窓から首を出して振り向いたら、やっぱり立っていた。⑥なんだか大変小さく見えた。

〈夏目　漱石「坊っちゃん」による〉

知識の泉　A　頭・尾。　「竜頭蛇尾」＝はじめは盛んだが，終わりがふるわないこと。

1 ①清は俺を前へ置いて、いろいろ俺の自慢をおいに聞かせた。について答えなさい。 10点×2（20点）

(1) このときの「俺」の気持ちを表す漢字二字の言葉を文章中から抜き出しなさい。

(2) 清が自分のおいに「俺」の「自慢」をする理由を、「俺」はどのように考えましたか。文章中からひと続きの二文で抜き出し、初めの五字を書きなさい。

2 ②坊っちゃんと呼ぶのはいよいよばかげているからわかる「俺」の清に対する気持ちを次から一つ選び、記号で答えなさい。（15点）

ア 清が優しく自分を受け入れてくれたので驚く気持ち。

イ 清が思うほど自分は偉くはないので恥ずかしく思う気持ち。

ウ 清がいつまでも自分を頼っていることに腹を立てる気持ち。

エ 清が今も変わらず自分を信じ続けるのに困惑する気持ち。

（　　）

3 よく出る ③ごま塩のびんの乱れをしきりになでたとありますが、このときの清の気持ちとして、次の（　）にあてはまる言葉を、文章中の言葉を使って書きなさい。 5点×3（15点）

清は、「俺」が卒業したら自分の（　　）と思い込んでいたのに、「俺」は、（　　）と言うので、すっかり（　　）する気持ち。

4 よく出る ④ずいぶんもてあました。とありますが、このときの「俺」の気持ちを次から一つ選び、記号で答えなさい。（15点）

ア 何を言って慰めても納得してくれないのでいらだつ気持ち。

イ 遠くへ行くと言って悲しませるのは気の毒だと思う気持ち。

ウ 越後や箱根の位置を知らない清に、あきれる気持ち。

エ 年老いて子供のようになった清との別れを後悔する気持ち。

（　　）

5 レベルUP ⑤目に涙がいっぱいたまっている。とありますが、このとき清は、どんな気持ちでいましたか。次の□にあてはまる言葉を五字以上十字以内で考えて書きなさい。（15点）

清は、「俺」と□ことを覚悟し、寂しく思っている。

6 記述 ⑥なんだか大変小さく見えた。とありますが、このときの「俺」はどのような気持ちでしたか。三十字以内で書きなさい。（20点）

知識の泉 Q 慣用句「腑に落ちない」の意味は？

確認のワーク　ステージ1

三年間の文法の総まとめ

解答 21ページ　スピードチェック 19・20ページ

学習のねらい
●これまで学習した文法の重要事項について確認しよう。

教科書の要点

1 言葉のまとまり　（　）に教科書の言葉を書き入れなさい。　教p.212

文章・談話	書き言葉（文章）や話し言葉（談話）で表現され、ひとまとまりとなっている全体。	
①（　　）	文章や談話の中で、内容的にひとまとまりになっている部分。	
②（　　）	句点でくぎられるひと続きの言葉のまとまり。	私は山に登った。
文節	不自然にならないように、できるだけ小さくくぎったときのまとまり。	私は｜ネ 山に｜ネ 登った。
③（　　）	文節を組み立てている一つ一つの言葉。	私｜は｜山｜に｜登っ｜た。

「文節」の切れめは、「ネ」が自然に入るところだね。

2 文節の関係・連文節・文の成分　（　）に教科書の言葉を書き入れなさい。　教p.212〜213

主語・述語	鳥が　鳴く。　空が　青い。
修飾語	白い　花。　ゆっくり　歩く。
①（　　）	雨になった。しかし、試合は行われた。
②（　　）	・あら、すてきね。・もしもし、山田です。

3 単語の類別と品詞　（　）に教科書の言葉を書き入れなさい。　教p.213

単語			
自立語	活用がない	主語になる	①（　　）
		主語にならない	副詞・②（　　）・接続詞・感動詞
	活用がある	述語になる	③（　　）・形容詞・形容動詞
付属語	活用がない		④（　　）
	活用がある		助動詞

4 名詞　（　）に教科書の言葉を書き入れなさい。

教 p.213

①（　）	学校・教室・机・いす・平和・法律……
固有名詞	日本・富士山（ふじさん）・源氏物語（げんじものがたり）・太郎（たろう）……
②（　）	二本・三冊・第六章・五メートル……
③（　）	こと・ため・もの・ほう・ところ……
代名詞　④（　）	私・君・彼……
代名詞　指示代名詞	これ・そこ・あれ…

5 動詞・形容詞・形容動詞　（　）に教科書の言葉を書き入れなさい。

教 p.214

品詞	性質	基本の形
動詞	人や物事の①（　）・作用・状態・存在を表す。	言い切りの形が②（　）段の音で終わる。
形容詞	物事の③（　）や状態、人の感情などを表す。	「④（　）」で終わる。
形容動詞	（形容詞と同じ）	「だ・です」で終わる。

6 副詞・連体詞・接続詞・感動詞

教 p.215

品詞	例
副詞	そっと・ずいぶん・とても・たぶん……
接続詞	そして・しかし・それとも・さて……
連体詞	あらゆる・たいした・ある・いろんな……
感動詞	ああ・こんにちは・はい・まあ……

7 助詞

教 p.215

種類	例
格助詞	が・を・に……
副助詞	は・も・こそ……
接続助詞	ても・から・し……
終助詞	か・な・や……

8 助動詞　（　）に教科書の言葉を書き入れなさい。

教 p.215

意味	例
受け身・自発・可能・尊敬	れる・られる
①（　）	せる・させる
②（　）	だ
丁寧な断定	です
③（　）	ます
打ち消し（否定）	ない／ぬ・ん
過去・完了・存続・確認	た・だ
④（　）	たい・たがる
意志・勧誘（かんゆう）推量	う・よう
⑤（　）	らしい
推定・たとえ例示	ようだ
様態・伝聞	そうだ
打ち消しの意志・打ち消しの推量	まい

知識の泉　Q　――線を漢字で書くと？　布のサイ断。花のサイ培。

実力判定テストA　ステージ2

三年間の文法の総まとめ

30分

自分の得点まで色をぬろう！　100点　合格！　80　もう一歩　60　がんばろう！　0　/100

解答 21ページ

1 次に挙げるものを、言葉の単位の大きい順に並べなさい。　完答（3点）

文節　段落　文　単語　文章

（　）→（　）→（　）→（　）→（　）

2 よく出る 次の――線の品詞名をあとから一つずつ選び、記号で答えなさい。　2点×10（20点）

① 飼っているインコが鳴く。
② 遠い場所まで歩いていく。
③ 兄は計算問題をすらすら解く。
④ 昨日読んだ本の感想を述べる。
⑤ 図書館に続くこの坂はなだらかだ。
⑥ 家族といっしょに海に行きたい。
⑦ ある日のことです。
⑧ サッカーの練習で校庭を走る。
⑨ いいえ、それは私のものではありません。
⑩ 話はここまで。ところで、これからどうしますか。

ア 名詞　イ 動詞　ウ 形容詞　エ 形容動詞
オ 連体詞　カ 副詞　キ 接続詞　ク 感動詞
ケ 助詞　コ 助動詞

3 次の――線の動詞について、A…活用の種類（活用型）とB…活用形をあとから一つずつ選び、記号で答えなさい。　1点×10（10点）

① 刻々と過ぎる時間。　A（　）B（　）
② 試合に負けたことを悔やむ。　A（　）B（　）
③ ちゃんと私の言うことを聞け。　A（　）B（　）
④ 彼が来れば全員がそろう。　A（　）B（　）
⑤ 目的達成のために努力する。　A（　）B（　）

A｛ア 五段活用　イ 上一段活用　ウ 下一段活用　エ カ行変格活用　オ サ行変格活用｝

B｛a 未然形　b 連用形　c 終止形　d 連体形　e 仮定形　f 命令形｝

4 次の各文の形容詞に――線を、形容動詞に＝＝線を引き、その活用形を**3**のBのa〜fから選び、記号で答えなさい。　完答2点×5（10点）

① 顔には出さないが彼の心中はきっと複雑だろう。
② 痛いのをひたすら我慢して走り続けた。
③ 天気がよければ外でランチを食べよう。
④ 今年の夏は例年以上に暑かった。
⑤ 落ち着いて冷静に話し合うべきです。

5 次の各文から名詞を全て抜き出しなさい。　完答3点×3（9点）

① これはエジソンの写真です。
② アメリカに来て五年たつ。

知識の泉　A 裁・栽。「裁」＝切る・判定を下す。「栽」＝植える・植物の手入れをする。

③ 見たいものが何もない。（　　）

攻略！ 普通名詞、固有名詞、数詞、形式名詞、代名詞を選ぼう。

6 次の各文の□にあてはまる接続詞をあとから一つずつ選び、記号で答えなさい。 2点×4（8点）

① 早めに家を出た。□、電車が遅れて遅刻した。（　　）
② 親鳥は逃げなかった。□、卵を抱いていたからだ。（　　）
③ 説明は終わりです。□、今何時ですか。（　　）
④ 赤組十点、白組五点、□、赤組の勝ち。（　　）

ア ところが　イ なぜなら
ウ したがって　エ ところで

7 よく出る 次の――線の言葉を副詞と連体詞に分けて、記号で答えなさい。 完答3点×2（6点）

ア たいした品物ではない。
イ いきなり大きな音がした。
ウ これはいわゆる絶体絶命というやつだ。
エ 君の言うことは、とうてい信じられない。

副詞…（　　）　連体詞…（　　）

8 次の各文の――線の助詞についての説明として適切なものをあとから一つずつ選び、記号で答えなさい。 2点×4（8点）

① あの人にだけは負けたくない。（　　）
② この間の映画おもしろかったね。（　　）
③ 風邪気味だが出かけなければならない。（　　）
④ 日本酒は米から作られる。（　　）

ア 材料を表す格助詞　イ 逆接を表す接続助詞
ウ 限定を表す副助詞　エ 念押しを表す終助詞

9 よく出る 次の各文の――線の助動詞の意味をあとから一つずつ選び、記号で答えなさい。 2点×7（14点）

① この写真のような髪型にしたいのですが。（　　）
② これはあくまで個人的な意見だ。（　　）
③ もう一度よく考えようと思います。（　　）
④ この天気ならおそらく雨は降るまい。（　　）
⑤ 今年は例年以上に米が豊作だそうだ。（　　）
⑥ 今年こそは何とか地区大会で優勝したい。（　　）
⑦ 先生が、こちらに来られる。（　　）

ア 希望　イ 尊敬　ウ 断定　エ 例示
オ 意志　カ 伝聞　キ 打ち消しの推量

攻略！ ⑦の「来られる」は、「いらっしゃる」と同じ。

10 次の各文の――線の言葉の説明として適切なものをあとから一つずつ選び、記号で答えなさい。 2点×6（12点）

① そんなことは全く知らない。（　　）
② この仕事に関しては全く経験がない。（　　）
③ ここは静かで落ち着く空間だ。（　　）
④ 運動会が雨で延期になってしまった。（　　）
⑤ あれはぼくの本だ。（　　）
⑥ あれ、おかしなこともあるね。（　　）

ア 形容詞　イ 形容動詞の一部　ウ 助詞
エ 助動詞　オ 感動詞　カ 代名詞

知識の泉 Q 「玉」「寸」「巻」に共通してつけることができる部首は？

確認のワーク ステージ1

高瀬舟

学習のねらい
- 人生に対する喜助と庄兵衛の考え方の違いを読み取ろう。
- 喜助に対する庄兵衛の心の動きを読み取ろう。

解答 21ページ　予想問題 134ページ

教科書の要点

1 登場人物　（　）に教科書の言葉を書き入れなさい。 教p.226～237

① 羽田庄兵衛…京都町奉行配下の（　）。②が乗っている高瀬舟の護送にあたっている。

② （　）…三十歳くらいの住所不定の男。罪人として高瀬舟に乗せられている。

③ ②の弟…（　）で働けず、兄に養われていた。

2 内容理解　（　）に教科書の言葉を書き入れなさい。 教p.226～237

● 高瀬舟は、京都の高瀬川を往来する小舟で、（　）時代、（　）の刑に処せられた罪人を大阪まで連れていくのに使われた。

3 構成のまとめ　（　）に言葉を書き入れなさい。 教p.226～237

場面			様子・心情
第一場	教はじめ～p.227・上⑨	高瀬舟	▼護送役の同心は罪人の悲惨な境遇を知ることになる。→①（　）職務として嫌われていた。
第二場面	p.227・下①～p.228・下④	喜助の態度	喜助 弟殺しの罪人なのに、晴れやかで、目には輝きがある。←いかにも②（　） 庄兵衛 喜助の様子を見て、③（　）に思う。
第三場面	p.228・下⑤～p.231・下⑥	喜助と庄兵衛	喜助 ④（　）がなく、足ることを知っている。 ↔大いなる懸隔がある 庄兵衛 生活に⑤（　）を覚えたことはない。 ▼驚異の目で喜助を見る。↔敬意を抱く
第四場面	p.231・下⑦～終わり	喜助の罪	▼喜助は、自死しきれなかった弟に強く頼まれ、喉から剃刀を抜いた。←苦から救うため 庄兵衛 これが果たして⑥（　）というものだろうか。↔納得できない思い

おさえよう

主題 今の生活に満足していない庄兵衛は、〔ア 欠くこと　イ 足ること〕を知っている喜助を見て驚き、尊敬の念を抱く。そして、自死しきれなかった弟を苦しみから救うため死なせた喜助の行為は人殺しといえるのだろうかと、〔ア 憤慨した　イ 納得できなかった〕。

知識の泉 A 口（くにがまえ）。「国」「団」「圏」となる。

基本問題

☆ 次の文章を読んで、問題に答えなさい。 教p.231・上⑩〜下⑥

いったいこの懸隔はどうして生じてくるだろう。ただうわべだけを見て、それは喜助には身に係累がないのに、こっちにはあるからだといってしまえばそれまでである。しかし①それはうそである。よしや自分が独り者であったとしても、どうも喜助のような心持ちにはなられそうにない。この根底はもっと深いところにあるようだと、庄兵衛は思った。

庄兵衛はただ漠然と、人の一生というようなことを思ってみた。②人は身に病があると、この病がなかったらと思う。その日その日の食がないと、食ってゆかれたらと思う。万一のときに備える蓄えがないと、少しでも蓄えがあったらと思う。蓄えがあっても、またその蓄えがもっと多かったらと思う。かくのごとくに先から先へと考えてみれば、人はどこまで行って踏みとまることができるものやらわからない。それを今、目の前で踏みとまって見せてくれるのがこの喜助だと、庄兵衛は気がついた。

庄兵衛は今さらのように驚異の目をみはって喜助を見た。③このとき庄兵衛は空を仰いでいる喜助の頭から毫光がさすように思った。

〈森鷗外「高瀬舟」による〉

1 ①それはうそである とありますが、これはどのようなことを表していますか。（　）にあてはまる言葉を、文章中から抜き出しなさい。

庄兵衛と喜助との間の（　　）は、（　　）の有無で生じるのではないということ。

2 ②人は身に病があると、この病がなかったらと思う。……その蓄えがもっと多かったらと思う。とは、どのようなことを表していますか。

（　　）

攻略！ 一つ手に入れたらその次と求め続ける気持ちを考える。

3 ③このとき庄兵衛は空を仰いでいる喜助の頭から毫光がさすように思った。について答えなさい。

(1) よく出る このときの庄兵衛はどのような気持ちですか。次から一つ選び、記号で答えなさい。

ア 喜助に後ろめたい。　イ 喜助に敬意を抱いている。
ウ 喜助に共感している。　エ 喜助をあわれんでいる。　（　　）

(2) 庄兵衛が(1)のような気持ちになったのはなぜですか。（　）にあてはまる言葉を書きなさい。

喜助が（　　）に溺れることを（　　）見せてくれているから。

Q「しじま」と同じ意味の二字熟語は？

高瀬舟

30分

自分の得点まで色をぬろう!
100点　合格!　80　もう一歩　60　がんばろう!　0
/100

解答 22ページ

次の文章を読んで、問題に答えなさい。

教 p.234・上⑤〜235・上⑲

「それを見ていて、私はとうとう、①これは弟の言ったとおりにしてやらなくてはならないと思いました。私は『しかたがない、抜いてやるぞ。』と申しました。すると弟の目の色がからりと変わって、晴れやかに、さもうれしそうになりました。私はなんでもひと思いにしなくてはと思って膝をつくようにして体を前へ乗り出しました。②弟はついていた右の手を離して、今まで喉を押さえていた手の肘を床について、横になりました。私は剃刀の柄をしっかり握って、ずっと引きました。このとき私の内から締めておいた表口の戸を開けて、近所のばあさんが入ってきました。留守の間、弟に薬を飲ませたりなにかしてくれるように、私の頼んでおいたばあさんなのでございます。もうだいぶうちの中が暗くなっていましたから、私にはばあさんがどれだけのことを見たのだかわかりませんでしたが、ばあさんはあっと言ったきり、表口を開け放しにしておいて駆け出してしまいました。私は剃刀を抜くとき、手早く抜こう、まっすぐに抜こうというだけの用心はいたしましたが、どうも抜いたときの手応えは、今まで切れていなかったところを切ったように思われました。刃が外の方へ向いていましたから、外の方が切れたのでございましょう。私は剃刀を握ったまま、ばあさんの入ってきてまた駆け出していったのを、ぼんやりして見ておりました。ばあさんが行ってしまってから、気がついて弟を見ますと、弟はもう息が切れておりました。傷口からはたいそうな血が出ておりました。それから年寄衆がおいでになって、役場へ連れてゆかれますまで、私は剃刀をそばに置いて、目を半分開いたまま死んでいる弟の顔を見つめていたのでございます。」

少しうつむきかげんになって庄兵衛の顔を下から見上げて話していた喜助は、こう言ってしまって、③視線を膝の上に落とした。

喜助の話はよく条理が立っている。ほとんど④条理が立ちすぎているといってもいいくらいである。これは半年ほどの間、当時のことをいくたびも思い浮かべてみたのと、役場で問われ、町奉行所で調べられるそのたびごとに、注意に注意を加えてさらってみさせられたのとのためである。

庄兵衛はその場の様子をまのあたり見るような思いをして聞いていたが、これが果たして弟殺しというものだろうか、⑤人殺しというものだろうかという疑いが、話を半分聞いたときから起こってきて、聞いてしまっても、その疑いを解くことができなかった。弟は剃刀を抜いてくれたら死なれるだろうから、抜いてくれと言った。それを抜いてやって死なせたのだ、殺したのだとは言われる。しかしそのままにしておいても、どうせ死ななくてはならぬ弟であったらしい。

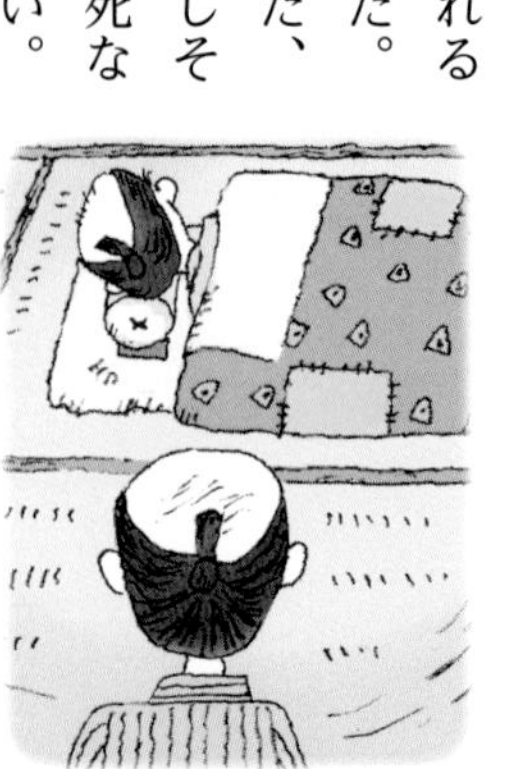

A 静寂。　静まり返っていること。〈例〉「夜のしじま」

それが早く死にたいと言ったのは、苦しさに耐(た)えなかったからである。喜助はその苦を見ているに忍びなかった。苦から救ってやろうと思って命を絶った。それが罪であろうか。殺したのは罪に相違ない。しかしそれが苦から救うためであったと思うと、そこに疑いが生じて、どうしても解けぬのである。

〈森(もり)鷗外(おうがい)「高瀬舟(たかせぶね)」による〉

1 よく出る ①弟の言ったとおりとありますが、弟はどのようなことを言ったのですか。文章中から六字で抜き出しなさい。（10点）

2 ②弟はついていた右の手を離して、今まで喉を押さえていた手の肘を床について、横になりました。から、弟のどのような様子がわかりますか。次から一つ選び、記号で答えなさい。（10点）

ア　兄に助けてもらうことを諦めた様子。

イ　生き延びるため、必死で助けを求める様子。

ウ　早く楽にしてもらおうとしている様子。

エ　兄の手を借りることを申し訳なく思う様子。

3 ③視線を膝の上に落としたときの喜助はどのような気持ちですか。（　）にあてはまる言葉を書きなさい。（15点）

弟の死を（　　　）気持ち。

4 ④条理が立ちすぎているのはなぜですか。次から二つ選び、記号で答えなさい。10点×2（20点）

ア　喜助の話は全てうまい作り話だったから。

イ　あちこちで何度も同じ話をさせられていたから。

ウ　自分のしたことを繰り返し思い出していたから。

エ　事件が起こったのは、つい最近のことだから。

オ　罪が軽くなるように言い訳を用意していたから。

5 ⑤人殺しというものだろうかという疑いについて答えなさい。

(1) 記述 庄兵衛はなぜこのような疑いをもったのですか。（20点）

攻略！ 庄兵衛は殺した理由にこだわっている。

(2) よく出る 庄兵衛の心にこのような疑いを生んだ殺し方（死に方）は、現代のどのような問題に通じていますか。漢字三字で書きなさい。（15点）

攻略！ 助かる見込みのない病人を楽に死なせることの是非である。

6 この場面から、庄兵衛は喜助に対してどのような感情をもつようになったと考えられますか。次から一つ選び、記号で答えなさい。（10点）

ア　淡々としていて本心がつかめず、最後まで不思議だった。

イ　はじめは同情していたが、悪びれないので不快になった。

ウ　事情を知り、罪人と決めつけることに迷いが生じた。

エ　身の上話を聞いて共感し、仲間意識が芽生えた。

知識の泉 Q ――線を漢字で書くと？「幼少期をカエリみる」「自らをカエリみる」

確認のワーク ステージ1

サシバ舞う空

学習のねらい
- 方言や擬音語・擬態語といった、独特な表現を味わおう。
- 島の文化や人々の生活の様子を捉えよう。

解答 22ページ 予想問題 135ページ

教科書の要点

1 登場人物など （ ）に教科書の言葉を書き入れなさい。 教p.238〜245

① （ ）…小さな島で、祖父と二人で暮らす少年。
② （ ）…①の祖父。
③ ピルバ…①が捕まえた（ ）。

2 表現 （ ）にあてはまる言葉を、あとの□から選んで書き入れなさい。

かけ声や会話文に① （ ）を使用したり、「ぶるぶると」などの② （ ）や、「ピックィー」「かんかんろー」などの③ （ ）を多用したりして、情景を生き生きと表現している。

擬音語　擬態語　比喩　方言

3 構成のまとめ （ ）に言葉を書き入れなさい。 教p.238〜245

場面		できごと・心情
第一場面	教はじめ〜p.238・下① 導入	▼サシバ(タカ)の群れが一羽の大きな鳥になって来るという話。→タルタはその鳥に① （ ）。
第二場面	p.238・下②〜p.241・上⑭ サシバ捕り	▼タルタは腕の中に飛び込んできたサシバを捕まえる。←初めて自分で捕まえたのでうれしい
第三場面	p.241・上⑮〜p.244・上③ ピルバとの日々	●タルタはサシバをピルバと名づけ、② （ ）も離れずに過ごす。←愛着 ▼ある日タルタは空を飛ぶ感覚を知る。←しびれるような喜び そして、③ （ ）へ渡りたいというピルバの強い思いを感じ取り、放してやる。
第四場面	p.244・上④〜終わり ピルバと共に	●タルタが浜に行くと、ピルバが現れる。タルタは、飛び立つピルバを追いかける。←離れがたい ↓サシバの群れが大きな一羽の鳥になって舞い戻り、タルタを④ （ ）、飛んでいった。

おさえよう

主題 サシバに強い〔ア 愛着　イ 興味〕をもつ島の少年タルタと、彼が初めて捕まえたサシバであるピルバとの〔ア 悲しい別れ　イ 心のきずな〕が描かれている。

知識の泉 A **顧・省。** 「顧みる」＝回顧する。「省みる」＝反省する。

基本問題

★ 次の文章を読んで、問題に答えなさい。

教p.239・上⑩〜下⑦

その日の午後、①そわそわと、タルタは空ばかり見上げていました。太陽が光の帯を空に放ち、西の海に傾き始めると、涼しい風が吹きだし、辺りは夕暮れどきの優しさに包まれていきます。そのときタルタは、西の空に②真っ黒な雲が湧き出したのを、誰よりも早く見つけました。黒い雲は、みるみるうちに大きくなると、南の空いっぱいに広がりながら島に向かってきます。

「タカだよー。タカが来たよー。」

タルタもムサじいも、島の人たちは皆、仕事を放り出して、

「タカどーい　てぃんぐ　てぃんぐ。

タカどーい　てぃんぐ　てぃんぐ。」

次々と声をかけ合い、③踊るように、サシバの降りてくる海岸のアダン林へと走りだしました。

タルタは芋づるを頭からかぶると、アダン木に登って立ち上がりました。目の位置がぐんっと高くなって、海の向こうに揺らいでいる真っ赤な夕日が、目に飛び込んできました。その光を覆わんばかりに、次々と現れる黒いサシバの群れが、タルタを体の芯から、ぷとぅぷとぅ揺さぶります。タルタは知らぬまに、ぶるぶると震えていました。

〈石垣幸代・秋野和子「サシバ舞う空」による〉

1 ①そわそわと、タルタは空ばかり見上げていましたとありますが、なぜですか。

（　　　　　　　　　　）

攻略！ 空が気になっているのは、なぜかを読み取ろう。

2 よく出る ②真っ黒な雲は、何をたとえていますか。文章中から八字で抜き出しなさい。

□□□□□□□□

3 ③踊るように、サシバの降りてくる海岸のアダン林へと走りだしましたには、島の人たちのどのような様子が表れていますか。次から一つ選び、記号で答えなさい。

ア　我先に逃げ出す様子。
イ　興奮し、はしゃぐ様子。
ウ　血眼になって探す様子。
エ　夢心地でふらつく様子。

（　　）

4 この文章の表現にはどのような特徴がありますか。（　）にあてはまる言葉を、文章中から抜き出しなさい。

「黒い雲」、「（　　　　）夕日」のように、色を対比させて情景を鮮やかに描いている。また、「ぐんっと」、「ぷとぅぷとぅ」、「（　　　　）」のように、擬態語を効果的に用いて情景を生き生きと描いている。

知識の泉 Q「猫に小判」と同じ意味のことわざは？

実力判定テストA　ステージ2

サシバ舞う空

30分

自分の得点まで色をぬろう！
合格！　もう一歩　がんばろう！
0　60　80　100点
/100

解答 23ページ

★ **次の文章を読んで、問題に答えなさい。**　教p.242・上④〜243・②

いつのまにかタルタは、ピルバと同じように、サシバの舞っている遠くの空を見つめることが多くなりました。

日ざしがやわらいで、誘うような風が吹く夕方になると、①島の子供たちは、自慢のサシバを連れて浜に集まり、サシバの飛ばし勝負をしています。そのざわめきから離れるように、タルタとピルバは、丘に上っていきました。二人の目の前には、南の海と空が、どこまでも続いています。そのとき、ずんと、風がタルタを打ちました。

ずん、ずん、ずん。

風が打ちつけるたびに、体の芯がむずむずします。

ずん、ずん、ずん。

今度は、体が風をつかみ、力みなぎると、タルタは空を見上げました。

空の青、深く、吸い込まれるような大空です。

タルタの両の手が風を受け、タルタは、②青の中へ吸い込まれていきました。はるか下に、青い海が広がっています。青一色の世界で、タルタの体は風をつかまえて、どこまでも昇っていきます。すぐそばを、たくましく成長し、金色の目をしたピルバが、飛んでいます。

「ピルバ、見て！③僕、空を飛んでる！」

うれしくて、うれしくて、飛んでいるのを確かめるように、タルタは、翼をはばたいてみせました。

空の高みに昇りきったタルタたちは、今度は一直線になって、ぐんぐん前に進んでいきます。いつのまにか、タルタの前にも、横にも、後ろにも、翼をもったものたちが、一つになって、風に乗っています。背に受ける日の光が温かさを増し、タルタは体中でしびれるような喜びを、感じていました。そのとき、タルタの耳に、ピルバの声が聞こえました。

「南へ、南へ、もっと南へ！」

その声で、タルタは、はっと我に返りました。すぐそばで、タルタを見守っているピルバに気づくと、④タルタは手を差し伸べ、ピルバの足のひもを外しました。すぐには飛び立とうとしないピルバの羽を、タルタはそっと名残を惜しむように、何度も、何度も、なでました。すべすべして、滑らかではじけるようなピルバの体。

ピルバの、命の鼓動が、タルタの鼓動と一つになったとき、⑤ピルバは、大空に舞い上がりました。ピルバの翼を夕日が黄金色に染め、その上空では、今日島に渡ってきたサシバの群れが、悠然と舞っています。「ピックィーッ！」ひと声鳴くと、誘うように、タルタの上を回っていたピルバは、高く高く舞い上がり、サシバ

知識の泉　A　**豚に真珠，馬の耳に念仏。**　価値のあるものを与えても無駄なこと。

の群れの中へ消えていきました。
〈石垣(いしがき) 幸代(さちよ)・秋野(あきの) 和子(かずこ)「サシバ舞う空」による〉

1 よく出る ①島の子供たち とありますが、彼らはサシバで何をしていますか。文章中から五字で抜き出しなさい。（10点）

2 ②青 とありますが、これは何の色ですか。漢字一字で書きなさい。（10点）

3 ③僕、空を飛んでる！ について答えなさい。

(1) タルタが空を飛ぶ感覚を味わっている場面のはじめと終わりの五字を文章中から抜き出しなさい。（完答15点）

〜

(2) よく出る 空を飛んでいるとき、タルタはどのような気持ちを感じていましたか。文章中から十字以内で抜き出しなさい。（15点）

4 ④タルタは手を差し伸べ、ピルバの足のひもを外しました について答えなさい。

(1) ピルバの足のひもを外すとは、どのようなことを意味しますか。□にあてはまる言葉を、書きなさい。（15点）

ピルバを□にしてやること。

(2) 記述 タルタはなぜ、ピルバの足のひもを外したのですか。四十字以内で考えて書きなさい。（20点）

攻略！ タルタが我に返ったきっかけを考えよう。

5 ⑤ピルバは、大空に舞い上がりました とありますが、このあとピルバはどうしましたか。文章中の言葉を使って二十五字以内で書きなさい。（15点）

攻略！ 直後のピルバの動きをおさえよう。

読書の広場

知識の泉 Q「徐々に」の類義語はどっち？ ア＝暫時 イ＝漸次

確認のワーク ステージ1

近世の短詩――俳句・川柳・狂歌

学習のねらい
● 省略の技法を理解し、俳句・川柳・狂歌を深く味わおう。
● 状況や背景をふまえて、俳句・川柳・狂歌を理解しよう。

解答 23ページ

教科書の要点

1 俳句の知識 （　）に言葉を書き入れなさい。

● 五・七・五の三句（①　　）音からなる定型詩である。
● 一句の中に季節を表す言葉である（②　　）を詠み込む約束がある。
● 句の切れめや末尾に置く「けり」などの言葉を（③　　）といい、これを置くことで感動の中心がはっきりする。

2 川柳・狂歌の知識 （　）に教科書の言葉を書き入れなさい。 教 p.248〜249

(1) 川柳
● 俳句と同じ十七音の短詩。季語や切れ字などの制約はない。
●（①　　）時代中期頃から、口語詩として流行した。
● 人情や世のありさまを鋭く捉えている。

(2) 狂歌
● おどけたおかしみを主とし、（①　　）な内容を詠み込んだ。
●（②　　）時代中期、天明年間頃に流行した。

3 俳句の鑑賞 （　）に教科書の俳句の中の言葉を書き入れなさい。 教 p.246〜247

俳句	内容
「古池や…」の句	古い池に（①　　）が飛びこむ音が聞こえてきた。…静寂の強調
「田一枚…」の句	（②　　）の木陰で西行法師をしのびながら休んでいたら、いつの間にか一枚の田の田植えが終わっていたよ。…古人への思慕
「旅に病んで…」の句	旅の途中で病に倒れたが、（③　　）は枯野をかけ廻ってやまない。…旅と風雅への憧れ
「春の海…」の句	春の海は（④　　）ゆったりとうねっていることだ。…穏やかな景色
「さみだれや…」の句	五月雨で水かさを増した（⑤　　）を前にして、二軒の家が寄り添うように並んでいる。…緊迫感
「凧…」の句	空を見上げると、昨日と同じところに（⑥　　）があがっている。子供の頃もそうだった気がする。…郷愁
「痩せ蛙…」の句	痩せ蛙よ、（⑦　　）、一茶がついているぞ。…小さな命への愛情

知識の泉 **A** イ。「暫時」は「少しの間」の意味。

「むまさうな…」の句	おいしそうな（⑧　　）がふわりふわりと舞い落ちてくるなあ。…雪に興じる様子
「朝顔に…」の句	早朝、井戸に行くと、（⑨　　）に朝顔の蔓が巻きついて咲いている。それを外すのはかわいそうで、近所で水をもらってきた。…花に対する愛情
「はやり風邪…」の句	周りの人が次々とはやり風邪にかかっているのに、なぜ自分はひかないのか。気になっていたがやっと人並みにひいて（⑤　　）した。…風刺

4 川柳の鑑賞

（　）に教科書の川柳の中の言葉を書き入れなさい。 教p.248

川柳	内容
「寝て居ても…」の句	親はうとうとしているときでも、（①　　）で子供をあおぐ手は止めない。…子供への愛情
「芭蕉翁…」の句	芭蕉は、（②　　）水の音がするたびに、足を止めたのだろうよ。…ユーモア
「これ小判…」の句	おい、小判よ。せめて（③　　）だけでもいておくれ。めったにないことだから。…庶民の生活
「褒められる…」の句	今にもしおれそうな（④　　）だが、褒めると期待に応えるかのように、不思議と花がもち直すよ。…花も生きているという親しみ

5 狂歌の鑑賞

（　）に教科書の狂歌の中の言葉を書き入れなさい。 教p.249

狂歌	内容
「歌よみは…」の歌	『古今和歌集』の仮名序で紀貫之は、歌は天地を動かすほどの力があると述べている。上手に歌を詠んで天地が動き出したら大変だから、歌人は（①　　）なほうがよい。…ユーモア
「わが庵は…」の歌	『古今和歌集』の喜撰法師の「わが庵は都の辰巳しかぞ住む世をうぢ山と人はいふなり」を本歌とし、この歌に十二支全てを入れて詠み、最後の「（②　　）」は「宇治」に掛けた。…ユーモア
「秋風に…」の歌	『新古今和歌集』の藤原顕輔の「秋風にたなびく雲の絶え間より漏れ出づる月の影のさやけさ」を本歌とし、明るく清らかな月の様子を素直に（③　　）と見立てた。…爽やかさ

おさえよう

要点 俳句と同じ十七字だが季語などの制約のない〔ア 発句　イ 川柳〕が、江戸時代中期頃から流行した。同じ時期に、滑稽な内容を詠み込んだ短歌である〔ア 狂歌　イ 連歌〕も流行した。

知識の泉 Q 一つだけ違う漢字は？　ア＝境グウ　イ＝奇グウ　ウ＝グウ然

実力判定テストA ステージ2

近世の短詩――俳句・川柳・狂歌

30分

自分の得点まで色をぬろう！
100点 合格！ 80 もう一歩 60 がんばろう！ 0

/100

解答 23ページ

1 次の俳句を読んで、問題に答えなさい。

教 p.246〜247

A 古池や蛙飛びこむ水の音　松尾芭蕉

B 春の海終日のたりのたりかな　与謝蕪村

C さみだれや大河を前に家二軒　与謝蕪村

D 痩せ蛙負けるな一茶これにあり　小林一茶

E 朝顔につるべ取られてもらひ水　加賀千代女

1 よく出る A〜Eの俳句について、それぞれの季語を抜き出し、季節を漢字一字で書きなさい。　1点×10（10点）

A 季語（　　）季節（　　）

B 季語（　　）季節（　　）

C 季語（　　）季節（　　）

D 季語（　　）季節（　　）

E 季語（　　）季節（　　）

2 Aの俳句に「水の音」とありますが、この「水の音」が聞こえることによってより強調されたのは何ですか。「周囲の……」に続くように、五字以内で書きなさい。（10点）

周囲の□□□□□。

3 Bの俳句の「のたりのたりかな」は、「春の海」のどのような様子を表していますか。適切なものを次から一つ選び、記号で答えなさい。（10点）

ア のどかでゆったりとした様子。

イ 水面がきらきらと光り輝く様子。

ウ 波が頻繁に岸に押し寄せる様子。

エ 波の水しぶきが上がる荒れた様子。（　　）

4 Cの俳句には作者のどのような思いが詠み込まれていますか。適切なものを次から一つ選び、記号で答えなさい。（5点）

ア とうとうと流れる大河の恵みを受けた人間の生活の豊かさ。

イ 増水した大河に二軒の家が今にものみこまれそうな緊迫感。

ウ 自然の猛威に直面し、精いっぱい抵抗する人間の力強さ。

エ 穏やかで雄大な自然に対する人間の存在の卑小さ。（　　）

5 よく出る Dの俳句から、作者のどのような気持ちが読み取れますか。適切なものを次から一つ選び、記号で答えなさい。（10点）

ア 小さいものや弱いものに対する愛情。

イ 大きな壁を乗り越えようとするものへの尊敬。

ウ 優しく愛情をもって接してくれるものへの感謝。

エ どうすることもできない運命に対する悲哀。（　　）

知識の泉 A ウ。　ア＝境遇　イ＝奇遇　ウ＝偶然

6 Eの俳句で、なぜ作者は「もらひ水」をしなければならなかったのですか。その理由を説明した次の文の（　）にあてはまる言葉を俳句の中から抜き出しなさい。　5点×2（10点）

朝早く、外にある井戸に水をくみに出てみると、水をくみ上げる（①　　）に（②　　）の蔓が巻きついて清楚な花をつけており、その美しく咲く花のはかない命を奪うのがしのびなく、水をくむことができなかったから。

2　次の川柳・狂歌を読んで、問題に答えなさい。

教 p.248〜249

A　寝て居ても団扇の動く親心

B　芭蕉翁ぼちやんといふと立ち止まり

C　はやり風邪ひいてしまつて安堵する

D　歌よみは下手こそよけれあめつちの動き出してたまるものかは　宿屋飯盛

E　わが庵はみやこの辰巳午[　　]申酉戌亥子丑寅う治　蜀山人

1 よく出る　Aの川柳に「寝て居ても団扇の動く」とありますが、ここからどのような「親心」が読み取れますか。次の（　）にあてはまる言葉を書き入れなさい。　5点×2（10点）

疲れてうとうとしていても

（①　　）のことを（②　　）親の気持ち。

2 Bの川柳の「ぼちやん」は、何の音ですか。　（10点）

（　　　　）

攻略！ Bは俳句の「古池や蛙飛びこむ水の音」をふまえたものである。

3 Cの川柳に詠まれている心情をまとめた次の文を読んで、（　）にあてはまる言葉を考えて書きなさい。　5点×2（10点）

風邪が（①　　）いて、周りの人が次々とひいている。自分がひかないことを何となく気にしていたところ、やっと人並みにひいて（②　　）した気持ちになる。

4 記述　Dの狂歌は、和歌の力について述べた「古今和歌集仮名序」の一節をふまえて詠まれたものです。「歌よみは下手こそよけれ」とありますが、なぜ歌よみ（歌人）は下手なのがよいと言っているのですか。その理由を「……大変だから。」に続くように二十字以内で書きなさい。　（10点）

大変だから。

5 Eの狂歌の[　　]にあてはまる言葉を平仮名三字で書きなさい。　（5点）

攻略！ 十二支の動物が詠み込まれている。

読書の広場

知識の泉　Q　一つだけ違う部首の漢字は？　ア＝雄　イ＝焦　ウ＝雇

確認のワーク ステージ1

「ありがとう」と言わない重さ

学習のねらい
- モンゴル人の感謝の表現方法とその価値観について理解しよう。
- 外国語を学ぶことに対する筆者の考え方を捉えよう。

解答 24ページ 予想問題 136ページ

教科書の要点

1 内容理解 モンゴル人の感謝の示し方はどのような考え方に基づくものですか。 教p.252

ア 相手の好意に対しては感謝の言葉を述べてはならない。
イ 恩を胸に刻み、将来恩返しをすることで謝意を表すべきだ。
ウ 相手に下に見られるため感謝の意は簡単に示してはいけない。
エ 相手の好意に見合う品物をすぐに返すべきである。 （　　）

2 筆者の考え 言語を学ぶ者の特権とはどのようなことですか。教科書の言葉を書き入れなさい。 教p.254

言語と言語の［　　］をのぞきこむことによって、相手の言語や背景にある［　　］がはっきりと見えてくる。

3 構成のまとめ （　）に言葉を書き入れなさい。 教p.250〜254

まとまり		内容
導入	モンゴル人の感謝の表現 教はじめ〜p.251・上⑧	**モンゴル人の感謝の表し方** ● 実に（①　　）と相手の好意を受け入れる。 ▼ 横柄（おうへい）とも傲慢（ごうまん）とも映りかねない。
本文	モンゴル人の考え方 p.251・上⑨〜p.252・下⑰	● モンゴル人夫婦の例⇔アメリカ人の例 ▼ アメリカ人や日本人と違う（②　　）。 ● モンゴル人の先生の例→恩を胸に刻み、将来（③　　）をする。
本文	モンゴルの自然 p.252・下⑱〜p.254・下④	**モンゴルの自然・生活環境**→厳しい ▼ 寄り添い助け合うことは（④　　）。 厳しい彼らの表情の裏→ユルール＝感謝の気持ち。
まとめ	筆者の考え p.254・下⑤〜終わり	▼ 言語と言語の隙間（すきま）をのぞきこむ。 →相手の言語や背景にある文化が見える。 ▼ 外国語を学ぶ者に与えられた（⑤　　）。

おさえよう

要旨 モンゴル人はふだん感謝の言葉を口にしない。これは、日本人とは異なる〔ア 価値観　イ 知識〕や、〔ア 自給自足　イ 相互依存〕で成り立つ生活をしていることによる。このように言語と言語の隙間をのぞきこむことで、相手の言語やその背景にある〔ア 文化　イ 信念〕が見えてくる。

知識の泉 A イ。「焦」の部首はれっか（れんが）（灬），他はふるとり（隹）。

基本問題

次の文章を読んで、問題に答えなさい。 教p.250・上①〜下⑤

日本人にとって、「ありがとう」ほど、①使いこんだ革製品のように手触りのいい言葉もないでしょう。私たちはよく、「以心伝心」などといって、お互いの意思を無言のうちに伝え合うことをよしとしていますが、「ありがとう」に関しては別のようです。相手がなにかをしてくれたとき、それが自分にとって「ありがたい」ものであるかどうかはさておき、とりあえず、「ありがとう」と言っておかなければ、どうにもおさまりがつかないのではないでしょうか。

でも、それがどんな言語にもあてはまると考えるのは、②早合点（はやがてん）のようです。

モンゴル語を学び始めてまもなく、「ありがとう」は「バヤルラー」というんだと教わりました。これは、「喜んだ」という意味の語です。③舌がもつれそうな発音に閉口しながらも、大切な言葉だからと一生懸命練習したものです。ところが、フフホトで暮らしていると、頻出語であってしかるべきこの「バヤルラー」はあまり聞かれないのです。たまに聞くことがあっても、ふだん耳にしない分だけ、なにかとってつけたような④不自然な感じがするのです。

〈呉人（くれびと）恵（めぐみ）「『ありがとう』と言わない重さ」による〉

1 よく出る ①使いこんだ革製品のように手触りのいい言葉 とありますが、筆者は「ありがとう」という言葉をどのようなものだと考えていますか。次から一つ選び、記号で答えなさい。

ア 普段の生活で何度も使われる、親しみやすい言葉。
イ 厳しそうに感じるが、相手のことを思いやる言葉。
ウ 親しい相手にだけ使える、一般的に通じない言葉。
エ 目上の人に対して、礼儀正しさを感じさせる言葉。

（　　）

攻略！ 「『ありがとう』に関しては別」以降の内容を読み取ろう。

2 ②早合点 とありますが、筆者はどのようなことに対してそう思ったのですか。（　）にあてはまる言葉を文章中から抜き出しなさい。

「ありがとう」という言葉に対する（　　）の考え方が、どんな（　　）にもあてはまると考えたこと。

3 ③舌がもつれそうな発音に閉口しながらも、大切な言葉だからと一生懸命練習した とありますが、なぜですか。

（　　）

攻略！ 日本人の筆者が「大切な言葉だから」と考えていることを捉える。

4 ④不自然な感じ とありますが、筆者がそう感じる理由を文章中から一文で抜き出し、はじめの五字を書きなさい。

□□□□□

Q 「正念場」の意味は？

読書の広場

実力判定テストA ステージ2

「ありがとう」と言わない重さ

30分

自分の得点まで色をぬろう！
100点　合格！　80　もう一歩　60　がんばろう！　0
/100

解答 ▶ 24ページ

次の文章を読んで、問題に答えなさい。

教 p.252・上⑩〜253・⑱

　しかし、モンゴル人の中で暮らしていると、彼らのこのような態度が、横柄とか礼儀知らずから出たものでは決してないことがわかってきます。彼らはこの点に関して、①アメリカ人や私たち日本人とは違う価値観をもっているだけなのです。つまり、相手の好意に対する感謝の気持ちをやたらに言葉にするのはよくない。それよりもむしろ、その恩を胸に刻み、将来恩返しをすることによってこそ表すべきだ、と彼らは考えているのです。私自身、「バヤルララー」を連発しては、「わざとらしい」ととがめられ、すぐにお返ししなきゃと焦っては、「お返しは何気なくするもの。そんなに慌ててやったら、まるで相手の好意を買っているみたいで失礼だ。」とトゥグスにたしなめられるうちに、彼らの考え方が少しずつ理解できるようになりました。

　内モンゴル大学に留学中、『元朝秘史』の個人教授を一年間してくださった先生が、アメリカの学会に行かれるというので、もう一人の留学生とおせんべつをさしあげたことがありました。先生は、そのときはモンゴル人らしく、②私たちの好意を淡々と受け取っておられましたが、その後ずうっとたってトゥグスと私が結婚するというときに、訪ねてこられて、「あのときは、おかげで家族にもお土産が買えた。なんのお返しもできないが、これで布団でも作るように。」と目に涙をためて、なんとご自分の二か月分の給料にあたるお金を渡してくださったのです。その金額もさることながら、こちらはおせんべつをさしあげたことなどすっかり忘れてしまっているのに、先生のほうでは忘れずにいつかなんらかの形で報いようと思い続け、それを実行されたその心がありがたくて、こちらまで目頭が熱くなってしまったものでした。

　③モンゴル人がおかれている自然・生活環境の厳しさは、私たち日本人の比ではありません。春の砂嵐、夏の日照り、冬の雪害など、一年を通じて常に自然災害の危険にさらされながらも、なおかつ、自然によって生きていかなければならない人々にとって、④寄り添い、助け合うことは、きれいごとでもなんでもなく、生きぬいていくために必要不可欠なのです。何軒かでアイル（集落）を形成し、家畜をさまざまな方法で分担放牧したり、羊毛の刈り取り・井戸掘り・草刈りや災害対策などの労働を共同で行うことも、彼らがそのような生活の中から学び取ってきた知恵なのです。無論、こういう協力関係はその集落に限ったことではありません。モンゴルでは、草原を旅していて、何気なく立ち寄った見ず知らずの家で、お茶や、ときには食事を出されることも珍しくないといいます。これも、彼らの助け合いの延長線上にあるものな

知識の泉　A　**きわめて大切な場面。**　〈例〉ここが試合の正念場だ。

のでしょう。フフホトのような町の生活にしても、相互依存によって成り立っている部分は、日本とは比べものにならないくらい大きいといえるでしょう。

今日助けることは明日助けられることであり、今日助けられることは明日助けることにいやおうなしにつながっている生活では、⑤「言う」ことより「する」ことのほうが大事なのです。

〈呉人　恵「『ありがとう』と言わない重さ」による〉

1 よく出る　①アメリカ人や私たち日本人とは違う価値観　とはどのようなものですか。（　）にあてはまる言葉を、文章中から抜き出しなさい。　5点×3（15点）

相手の好意に対する（　　）を言葉にするよりも、恩を（　　）、将来（　　）をすることで表すべきだということ。

2 ②私たちの好意を淡々と受け取っておられました　とありますが、なぜですか。次から一つ選び、記号で答えなさい。　（10点）

ア　簡単に感謝の言葉を口にすることは恥だと考えているから。
イ　わざわざお礼を言うほどの恩を受けたとは考えていないから。
ウ　横柄にふるまうことが当たり前のことだと考えているから。
エ　いつか恩返しをすることで恩に報いようと考えているから。

（　）

攻略！モンゴル人である先生の考えを、前の段落から捉えよう。

3 ③モンゴル人がおかれている自然・生活環境　とはどのようなものですか。　（20点）

（　　）

4 ④寄り添い、助け合うこと　について答えなさい。

(1) どのような具体例があげられていますか。三つ書きなさい。　5点×3（15点）

（　　）
（　　）
（　　）

(2) ——線④を簡潔に言いかえた言葉を二つ、それぞれ四字で文章中から抜き出しなさい。　5点×2（10点）

□□□□
□□□□

5 よく出る　⑤「言う」ことより「する」こと　とありますが、「『言う』こと」と「『する』こと」の内容を説明しなさい。　15点×2（30点）

「言う」こと…（　　）

「する」こと…（　　）

攻略！助けられたことに対して「言う」ことと「する」ことを考える。

読書の広場

知識の泉　Q　次のうち和語はどっち？　ア＝野原　イ＝山脈

確認のワーク ステージ1

武器なき「出陣」——千本松原が語り継ぐ

学習のねらい
●話の筋を的確につかもう。
●平田靭負の発言の主旨を捉えよう。

解答 25ページ

教科書の要点

1 時代背景

（　）に教科書の言葉を書き入れなさい。 教p.257

●（①　　）の合戦…東軍の徳川方の勝利に終わる。
・薩摩藩は、戦に負けながらも徳川の本陣を突破し、帰還する。
→幕府は、薩摩藩士の（②　　）を恐れていた。
・薩摩藩の国力と江戸から遠く目が届かないことを心配する。
→幕府の方策として、薩摩藩の弱体化を考える。
●幕府の「計略」…命令書「（③　　）」が薩摩藩に渡る。

2 あらすじ

正しい順番になるように、番号を書きなさい。 教p.256〜260

（　）平田靭負が藩士を率いて美濃へ向かい工事が始まる。
（　）幕府から濃尾平野の治水工事の命が薩摩藩に下る。
（　）現在、平田靭負の墓には献花の絶えることがない。
（　）一年余りの後、治水工事が見事な出来栄えで完了する。
（　）平田靭負はいくつかの責任を取って自害する。

3 構成のまとめ

（　）に言葉を書き入れなさい。 教p.256〜260

場面	できごと
発端 教はじめ〜p.257・上①	●濃尾平野を流れる木曽川、長良川、揖斐川の流域で暮らす村民は（①　　）に悩まされていた。 ●幕府は治水工事を薩摩藩に命じた。
展開① p.257・上②〜p.257・下⑦	●幕府の命令は薩摩藩を弱体化させる（②　　）だと感じ取った重臣たちは、命令を断ることを主張する。
展開② p.257・下⑧〜p.258・上⑦	●平田の「日本国のために命を賭ける」という意見に、ほかの重臣たちも賛成する。 ●平田は治水工事の（③　　）に任命される。
展開③ p.258・上⑧〜p.259・上⑪	●幕府の（④　　）や暴行が横行。 ●疫病や、幕府に対する抗議の自害による死者が多数出た。
結末 p.259・上⑫〜終わり	●一年余りの後、工事が終了。平田靭負は、犠牲者を出したことと、工事費が巨額になったことへの責任をとって自害した。 ●（⑤　　）の地名は、平田靭負の遺徳をしのんでつけられた。

おさえよう

主題　平田靭負は幕府の圧力にも屈せず、〔ア 一人の藩士　イ 一人の日本人〕として〔ア 縁もゆかりもない　イ 関係の深い〕美濃の人々を水害の苦しみから救うために力を尽くした。

A ア。「野原」はどちらも訓読み。「山脈」はどちらも音読み。

基本問題

次の文章を読んで、問題に答えなさい。

教p.257・下⑤〜258・上③

幕府からの命令書に対して、重臣の中には、「幕府の目的は薩摩藩を自滅させることである。それならば、一戦を交える覚悟で、断固断るべきだ。」という意見もあった。

血気盛んな重臣たちの論議が白熱し始めると、それまで静かに話を聞いていた一人の藩士が口を開いた。家老の平田靭負である。

「この工事を断って幕府と戦いを交えれば、薩摩の地は戦場となり、田畑は荒らされ、家は焼かれ、多くの者が命を失うことになる。縁もゆかりもない美濃の人たちを、水害の苦しみから救う義理はないかもしれないが、薩摩も美濃も、ともに①同じ日本だ。幕府の無理難題と思えば腹も立つが、日本国のために同胞の難儀を救うのは、人としての本分ではなかろうか。」

②話を聞いている重臣たちの表情が、緩やかに和んでいった。

「幕府が相手ではなく、木曽の三つの川を相手に戦うのだ。日本国のために命を賭けるのなら、御家安泰のもとになるばかりでなく、薩摩武士の誉れを後世に残すことになるだろう。」

平田靭負の③いさぎよく腹をすえたすがすがしい意見に、重臣たちはうなずいていた。

〈船戸政一「武器なき『出陣』——千本松原が語り継ぐ」による〉

1 ①同胞の難儀 とありますが、ここではどういうことを言っているのですか。文章中の言葉を使って具体的に書きなさい。

（　　　　）

2 ②話を聞いている重臣たちの表情が、緩やかに和んでいった。とありますが、話を聞く前の重臣たちの様子がわかる表現を五字以内で抜き出しなさい。

□□□□□

3 よく出る ③いさぎよく腹をすえたすがすがしい意見 とありますが、平田靭負のどのような点がすがすがしいのですか。次から一つ選び、記号で答えなさい。

ア 川の普請を成功させ、徳川幕府に薩摩藩の忠実さをわかってもらおうという点。

イ 木曽の三つの川に勝つことが、徳川幕府に勝つことになるという点。

ウ 徳川幕府との戦いを極力避けて、薩摩藩の安泰を図ることができる点。

エ 薩摩藩士は、日本国の同胞を救うために命を賭けるのだという点。

（　　）

攻略！ 「すがすがしい」とは、「さわやかで気持ちがよい」という意味。

4 この場面で平田靭負が述べたのはどのようなことですか。次の文の（　）にあてはまる言葉を文章中から抜き出しなさい。

（　　　　）と戦うのではなく、その命に従って、美濃の治水工事を行えば、（　　　　）のためだけでなく薩摩藩士の名誉にもなるだろうということ。

Q 「見る」の尊敬語は？　ご□になる。

実力判定テストA ステージ2

武器なき「出陣」——千本松原が語り継ぐ

30分

自分の得点まで色をぬろう!
100点 合格! 80 もう一歩 60 がんばろう! 0
/100

解答 25ページ

★ 次の文章を読んで、問題に答えなさい。

教p.258・下⑰〜259・下⑰

堤は少しずつ完成していったものの、①事件はあとを絶たなかった。たびたびできあがった堤が壊されたのである。それは幕府の役人の仕業であった。その嫌がらせに対する抗議として、二人の藩士が自害することになる。それ以後も、合わせて五十一人の抗議の自害による死者が出た。平田靱負の無念と心痛は、計りしれないものがあった。それでも②平田靱負は、その抗議行動の一切を事故や病気として処理し、幕府に届けることはなかった。幕府への抗議と知れると、御家断絶となりかねなかったからである。

劣悪な環境の中で、役人の嫌がらせや村人たちの冷たい態度、その屈辱にじっと耐え忍んでいる薩摩藩士たちの辛苦はいかばかりだったろう。そして、平田靱負はその藩士たちを粘り強く励まし、工事の遂行に力を尽くした。既に心身ともに限界にあったが、薩摩藩のため、そして、この地で暮らす民のために闘い続けた。

平田靱負は何度も思い返していた。

③「幕府が相手ではなく、木曽の三つの川を相手に戦うのだ。」

筆舌に尽くせない多くの困難と犠牲を乗り越えて、ついに宝暦五(一七五五)年三月二十八日、工事は終了した。工事期間一年と一か月であった。

その後、幕府の本検分が、一か月にわたって行われた。全ての工事が図面どおりに完成されていた。

検分の役人は賞賛した。

④「御手伝普請、おみごと、大儀であった。」

そう言うほかに言葉はなかったのである。最大の難工事であった「油島千間堤」には、藩士たちの故郷、薩摩から取り寄せた日向松が植えられていた。そして、堤に守られ川が緩やかに流れていた。みごとな景観だった。検分の役人は、しばらくそこを動こうとしなかった。

工事にかかった費用は、平田靱負の予測を超えて四十万両となっていた。そして、薩摩藩二年間の全収入を上回る巨額な借金が残った。その引き替えに、この治水工事によって恩恵を受けた村々は、美濃、伊勢、尾張三州にわたって三百二十九か村に上った。

工事の完成を見届けた総奉行の平田靱負は、その報告を書面にして国もとへ送った。そして、その翌日、工事の指揮をしていた本小屋で自害し、五十二歳の生涯を閉じた。工事によって多くの犠牲者を出したことと、⑤巨額の工事費を費やして藩の財政を疲弊させたことへの責任をとったのである。

辞世の歌が残されている。

住みなれし里も今さら名残りにて
立ちぞわずらう美濃の大牧

「油島千間堤」に植えられた日向松は「千本松原」として、その美しさを今に伝えている。⑥薩摩藩士たちは薩摩義士として、その魂を日向松に宿しているのだ。

〈船戸政一「武器なき『出陣』――千本松原が語り継ぐ」による〉

1 ①事件はあとを絶たなかった について答えなさい。

(1) 「事件」とはどういうものですか。文章中の言葉を使って説明しなさい。(10点)

（　　　）

攻略！ 幕府の役人の薩摩藩士への態度をおさえる。

(2) (1)の行為に対して、薩摩藩士が取った手段を、文章中から五字で抜き出しなさい。(10点)

2 ②平田靱負は、その抗議行動の一切を事故や病気として処理し、幕府に届けることはなかった とありますが、これはなぜですか。その理由を述べている一文を文章中から抜き出し、はじめと終わりの五字を書きなさい。(完答15点)

〜

3 ③筆舌に尽くせない多くの困難と犠牲 とは、具体的にはどのようなことですか。A「困難」、B「犠牲」を文章中の言葉を使って説明しなさい。10点×2(20点)

A（　　　）

B（　　　）

4 よく出る ④検分の役人は賞賛した。とありますが、役人が賞賛したのはどのようなところですか。次の（　）にあてはまる言葉を文章中から抜き出しなさい。(完答15点)

全てが、（　　　）に完成しており、（　　　）が植えられるなど、（　　　）だったところ。

攻略！ 薩摩藩士の仕事ぶりがわかる描写をおさえる。

5 ⑤巨額の工事費を費やして藩の財政を疲弊させた とありますが、その内容を説明したひと続きの二文を文章中から抜き出し、はじめと終わりの五字を書きなさい。(完答15点)

〜

6 ⑥薩摩藩士たちは薩摩義士として、その魂を日向松に宿しているのだ。とはどういうことですか。次から一つ選び、記号で答えなさい。(15点)

ア 薩摩の素晴らしさをこの地に暮らす人たちに知ってもらいたいという薩摩藩士の希望が日向松にこめられているということ。

イ この地に暮らす人を守りたいという薩摩藩士の思いが千本松原に反映されているということ。

ウ 幕府の役人の誤りは正さねばならないという薩摩藩士の怒りが、日向松のまっすぐな姿と重なって見えるということ。

エ 薩摩藩の永遠の繁栄を願った薩摩藩士の執念が千本松原にこめられているということ。

（　　　）

プラスワーク 聞き取り問題① 話し合い
新しい公園の名前を決めよう

放送文は、上のQRコードから聞くことができます。

解答 26ページ

/100

放送を聞いて、問題に答えなさい。

メモ欄（らん） 放送の間は、問題に答えずメモを取りましょう。

それぞれの人が、どんな視点から提案を考えたのかに注意しよう。

⬇ここより下は問題になります。放送の指示にしたがって答えましょう。

(1) （問題は放送されます。） (20点)

花村（はなむら）市に［　　］は何がよいかを考えて、各クラスから一つずつ案を出すこと。

(2) （問題は放送されます。） (20点)

(3) （問題は放送されます。） (20点)

［　　］から名づけた点。

(4) （問題は放送されます。） (20点)

(5) レベルUP （問題は放送されます。） (20点)

▶文理ホームページからも放送文を聞くことができます。
https://www.kyokashowork.jp/ja11.html アクセスコードを入力→C063692

プラスワーク

聞き取り問題②　グループディスカッション

ペットボトルを使うことに賛成か反対か

放送文は、上のQRコードから聞くことができます。

解答 27ページ

/100

放送を聞いて、問題に答えなさい。

メモ欄（らん）　放送の間は、問題に答えずメモを取りましょう。

発言者の立場と、その理由に注意して、メモを取ろう。

↓ここより下は問題になります。放送の指示にしたがって答えましょう。

(1)（問題は放送されます。）　10点×2（20点）

立場

理由

が問題になっているから。

(2)（問題は放送されます。）　10点×2（20点）

(3)（問題は放送されます。）　（20点）

(4)（問題は放送されます。）　（20点）

プラスチックごみの処理を

という問題点。

(5) レベルUP（問題は放送されます。）　（20点）

プラスワーク 日本文学史（江戸時代〜昭和戦前）

文学史の要点

江戸時代

【町人文化の繁栄】町人が経済力をもち、寺子屋の教育が広まる一方、木版印刷の発達で文学の大衆化が進んだ。前期は上方文学、後期は江戸文学が栄えた。

俳諧	**おくのほそ道**	松尾芭蕉。奥羽・北陸の旅を俳句と文章でつづる紀行文。
	おらが春	小林一茶。人情味あふれる俳文俳句集。
浮世草子	**日本永代蔵**	井原西鶴。町人の生活を描いた物語。「世間胸算用」も有名。
浄瑠璃	**曽根崎心中**	近松門左衛門。身分の差による悲劇的な恋愛を描いた。
川柳・狂歌	世の中の有様を、風刺とユーモアを込めて俳句や短歌の形式で描く庶民文学。	
読本・滑稽本	**東海道中膝栗毛**	十返舎一九。弥次郎兵衛と喜多八の旅を描いた滑稽本。
	南総里見八犬伝	滝沢（曲亭）馬琴。里見家の興亡を書いた長編の読本。

明治・大正・昭和の作家と作品

近代化の中で、西洋の文化も流入し、さまざまなスタイルの作家が活躍した。

作家	**森　鷗外**	（一八六二〜一九二二）	軍医としてドイツに留学。「舞姫」「高瀬舟」など。
	夏目漱石	（一八六七〜一九一六）	英語教師をしながら執筆。「吾輩は猫である」など。
	芥川龍之介	（一八九二〜一九二七）	「今昔物語集」を元にした短編小説「羅生門」など。
	宮沢賢治	（一八九六〜一九三三）	農学校の教師をするかたわら創作。「春と修羅」など。
	太宰　治	（一九〇九〜一九四八）	生きる苦悩や退廃的な美を描く。「人間失格」など。
	川端康成	（一八九九〜一九七二）	日本の美を描き、ノーベル文学賞受賞。「雪国」など。
歌人俳人	**正岡子規**	（一八六七〜一九〇二）	「万葉集」を尊重し、短歌・俳句の革新運動を行った。
	石川啄木	（一八八六〜一九一二）	三行書きの短歌を平易な言葉で歌った。「一握の砂」など。

基本問題

(1) 松尾芭蕉が奥羽・北陸の旅について書いた紀行文の作品名を答えなさい。

（　　　　）

(2) 「日本永代蔵」の作者を答えなさい。

（　　　　）

(3) 森鷗外の作品を次から選びなさい。

ア 春と修羅　イ 人間失格
ウ 舞姫　エ 一握の砂　（　　）

(4) 「一握の砂」に収められているものを選び、記号で答えなさい。

ア 短歌　イ 物語
ウ 俳句　エ 説話　（　　）

(5) 「羅生門」の作者を次から選びなさい。

ア 太宰治　イ 芥川龍之介
ウ 正岡子規　エ 宮沢賢治　（　　）

解答
(1) おくのほそ道　(2) 井原西鶴
(3) ウ　(4) ア　(5) イ

定期テスト対策

得点アップ！予想問題

1 この「**予想問題**」で実力を確かめよう！

2 「**解答と解説**」で答え合わせをしよう！

3 わからなかった問題は戻って復習しよう！

この本での学習ページ

スキマ時間で漢字と知識事項を確認！
別冊「**スピードチェック**」も使おう

●予想問題の構成

第1回 予想問題

握手

次の文章を読んで、問題に答えなさい。

解答 29ページ

15分 ●7問中 問

ルロイ修道士は壁の時計を見上げて、

「汽車が待っています。」

と言い、右の人さし指に中指をからめて掲げた。これは「幸運を祈る」、「しっかりおやり」という意味の、ルロイ修道士の指言葉だった。

上野(うえの)駅の中央改札口の前で思いきってきいた。

「ルロイ先生、①死ぬのは怖くありませんか。私は怖くてしかたがありませんが。」

かつて私たちがいたずらを見つかったときにしたように、ルロイ修道士は少し赤くなって頭をかいた。

「天国へ行くのですからそう怖くはありませんよ。」

「天国か。②本当に天国がありますか。」

「あると信じるほうが楽しいでしょうが。死ねば何もないただむやみに寂しいところへ行くと思うよりも、にぎやかな天国へ行くと思うほうがよほど楽しい。そのためにこの何十年間、神様を信じてきたのです。」

わかりましたと答えるかわりに③私は右の親指を立て、それからルロイ修道士の手をとって、しっかりと握った。それでも足りずに腕を上下に激しく振った。

「痛いですよ。」

ルロイ修道士は顔をしかめてみせた。

上野公園の葉桜が終わる頃、ルロイ修道士は仙台(せんだい)の修道院で亡(な)くなった。まもなくⓐイッシュウキである。私たちに会って回っていた頃のルロイ修道士は、身体(からだ)中が悪いⓑシュヨウの巣になっていたそうだ。ⓒソウシキでそのことを聞いたとき、私は知らぬまに、④両手の人さし指を交差させ、せわしく打ちつけていた。

〈井上(いのうえ) ひさし「握手」による〉

1 ══線ⓐ〜ⓒを漢字に直して書きなさい。

2 ①死ぬのは怖くありませんか ②本当に天国がありますか。という「私」の二つの質問に対するルロイ修道士の答えを、文章中の言葉を使ってまとめて書きなさい。

3 ③私は右の親指を立て、……激しく振った とありますが、このときの「私」の気持ちにあてはまるものを次から二つ選び、記号で答えなさい。

ア 激怒　イ 敬愛　ウ 後悔　エ 賞賛　オ 惜別

4 ④両手の人さし指を……打ちつけていた ときの「私」の気持ちとして適切でないものを次から一つ選び、記号で答えなさい。

ア 口では言い表せない悲しさを感じている。

イ 何ともいえないいきどおりを感じている。

ウ ルロイ修道士の癖を不思議に感じている。

エ 何もできなかった自分を無念に感じている。

1	2	3	4
ⓐ			
ⓑ			
ⓒ			

第2回 予想問題　間の文化

次の文章を読んで、問題に答えなさい。

解答 29ページ

15分　● 5問中　問

こうして日本人は生活や芸術や人間関係のあらゆる分野で間を使いこなしながら暮らしている。それを上手に使えば「間に合う」「間がいい」ということになり、逆に使い方を誤れば「間違い」、間に締まりがなければ「間延び」、間を読めなければ「間抜け」になってしまう。

①このように考えれば、間の使い方はこの国の最も基本的な「掟」であって、日本文化はまさに「間の文化」ということができるだろう。

では、この間は日本人の生活や文化の中でどのようなはたらきをしているのだろうか。その最も重要なはたらきは異質なものどうしの対立を和らげ、調和させ、共存させること、つまり、②「和」を実現させることである。早い話、互いに意見の異なる二人を狭い部屋に押し込めておけばけんかになるだろう。しかし、二人のあいだに十分な間をとってやれば、互いに共存できるはずだ。狭い通路に一度におおぜいの人々が殺到すれば、たちまち身動きがとれなくなってパニックに陥ってしまうが、一人ずつ間遠に通してやればなんの問題も起こらない。

日本人が、昔から尊重し、培ってきたこの「和」が誕生するためには、なくてはならない土台が「間」なのである。和はこの間があって初めて成り立つということになる。

〈長谷川櫂「間の文化」による〉

1 ①このようにの「この」が指す部分を、文章中から四十字以内で抜き出し、はじめと終わりの四字を書きなさい。

2 ②「和」を実現させるについて答えなさい。

(1) これは、どのようなことを言いかえたものですか。

(2) このことの具体例として、筆者は二つの場合をあげています。次のA・Bの場合、「和」を実現させるためにはそれぞれどのようにするとよいですか。

A 互いに意見の異なる二人を狭い部屋に押し込めた場合

B 狭い通路に一度におおぜいの人々が殺到した場合

3 筆者の考えを次から一つ選び、記号で答えなさい。

ア 日本人は、「間」の使い方を制度化して、日本の文化とした。

イ 日本人は、「和」よりも「間」を尊重し、使い方を培ってきた。

ウ 日本人が尊重する「和」の成立には、「間」が不可欠である。

エ 「間」の文化は、「和」を尊重する心があって初めて成り立つ。

1	2 (1)	2 (2) A	2 (2) B	3
〜				

第3回 予想問題　俳句の世界／俳句十句

次の俳句を読んで、問題に答えなさい。

解答 29ページ　15分　●14問中　問

A　秋つばめ包のひとつに赤ん坊　黒田杏子

B　囀りをこぼさじと抱く大樹かな　星野立子

C　菜の花がしあはせさうに黄色して　細見綾子

D　谺して山ホトトギスほしいまま　杉田久女

E　万緑の中や吾子の歯生え初むる　中村草田男

F　芋の露連山影を正しうす　飯田蛇笏

G　星空へ店より林檎あふれをり　橋本多佳子

H　いくたびも雪の深さを尋ねけり　正岡子規

I　入れものが無い両手で受ける　尾崎放哉

1　次の文章は、俳句についてまとめたものです。［①］〜④にあてはまる言葉をあとから一つずつ選び、記号で答えなさい。

〈「俳句の世界／俳句十句」による〉

五七五の［①］の言葉で表現された［②］の詩を俳句という。俳句には、定型で表現することの他に、［③］を用いるという独特の約束がある。また句の切れめや末尾に置く［④］には、句の印象を深め、感動の中心を示すはたらきがある。

ア　自由律　イ　季語　ウ　切れ字
エ　三句十七音　オ　短歌　カ　定型

2　Cの俳句の季語と季節を書きなさい。

3　Fの俳句では、どのような対比が表現されていますか。次から一つ選び、記号で答えなさい。

ア　静と動　イ　自然と人間　ウ　明と暗　エ　近景と遠景

4　冬の季語が用いられている俳句をA〜Hから一つ選び、記号で答えなさい。

5　A〜Iの俳句から自由律俳句を一つ選び、記号で答えなさい。

6　次の鑑賞文に合う俳句をA〜Iから一つずつ選び、記号で答えなさい。

(1)　天にも地にも美しいものがみちている様子が描かれ、対照的な美を並べて透明感のある世界を作っている。

(2)　すくすくと育っている幼い生命力と、これを取り囲むみずみずしい自然の生命が描かれている。

(3)　与えられたものに感謝し、それを素直にありがたいと受け止める作者の気持ちが描かれている。

(4)　季語とそれとは関係のない言葉を取り合わせることによって、人の営みが描かれ、季節の移り変わりを感じさせる。

(5)　深い夏の山の中で鳥が自由に鳴きかわしている声が響きあい、強い生命力を感じさせる様子が描かれている。

1	
①	
②	
③	
④	

2	
季語	
季節	

3

4

5

6	
(1)	
(2)	
(3)	
(4)	
(5)	

第4回 予想問題 希望

次の文章を読んで、問題に答えなさい。

解答 29ページ　15分　●5問中　問

殺害、ⓐ餓死、病死などの恐怖と直面させられていたスタシャックさんは、いったいどのようにして生き延びたのだろうか。

「多くの人たちが連合軍が助けてくれるとか、神が救ってくれるとか、他の力に期待していました。でも①私には、希望だけが大切でした。人間は鋼鉄のように強い神経をもっている。その神経に絶えず希望という小川が流れている限り、人間は耐えられるのです。」

むろん運もある。が、それだけではない。強い意志と人間への信頼感、それに友達の助け、生き残れるという自信も必要だった。また、労働の現場が屋根の下だったか外だったかも生死を左右したと、生還した人たちは口々に語ってくれた。

戦後、腕に刻まれた青黒いⓑ囚人番号を抱えながら、スタシャックさんは新たな希望と使命感に燃えて政治家になった。が、まもなくさまざまな圧力を受けて、学者の道を選んだ。

「私にとってかけがえのないものは、②孫娘のカロリーナです。私が生還できたことの証明と、未来の希望が彼女にはあるからです。」

八重桜のたもとを通った若者たちの後ろで、花弁が舞った。花に向けたレンズの焦点を合わせていると、③ファインダーの中にほほえむカロリーナが見えたような気がした。

〈大石(おおいし)芳野(よしの)「希望」による〉

1 ――線ⓐ・ⓑの漢字の読み仮名を書きなさい。

2 ①私には、希望だけが大切でした とありますが、スタシャックさんは「希望」をどのようなものだと考えていますか。次から一つ選び、記号で答えなさい。

ア 必ず助けがくることを強く信じさせてくれるもの。
イ 自分の中にあり、苦難に耐えて生き延びる力を与えるもの。
ウ 現実のつらさを忘れさせ、夢を見させてくれるもの。
エ 人間への信頼感をつちかい、生き残る自信を与えるもの。

3 ②孫娘のカロリーナ は、スタシャックさんにとってどのような存在ですか。文章中の言葉を使って書きなさい。

4 ③ファインダーの中にほほえむカロリーナが見えたような気がした とありますが、ここには筆者のどのような気持ちが表れていますか。「未来」という言葉を使って書きなさい。

1 ⓐ	1 ⓑ	2	3	4

第5回 予想問題

フロン規制の物語——〈杞憂〉と〈転ばぬ先の杖〉のはざまで

次の文章を読んで、問題に答えなさい。

解答 30ページ　15分　●6問中　問

未完の物語

二〇一二年秋、世界気象機関（ＷＭＯ）は、南極上空のオゾン層が回復しつつあると発表しました。フロン禁止の効果が出ているのかもしれません。しかし問題はまだ解決されたわけではありません。実は、特定フロンが禁止されたことから、①「代替フロン」と呼ばれるフロンが、新たに開発されました。これは、性能は従来のフロンに劣るものの、オゾン層に対する悪影響が非常に少ないと推測されていました。ところがその後、これらの物質が、地球温暖化の原因になることが明らかになったのです。そのため、「代替フロン」を更に「代替すること」が急がれています。

以上のように、新しい科学的な知識や技術を得ることで、私たちの生活は豊かになるのと同時に、思いも寄らない問題にⓐ遭遇することがあります。それまでよかれと思ってやってきたことが、別の新しい問題の原因だった、というように。〈杞憂〉と〈転ばぬ先の杖〉を峻別することは簡単ではありません。しかし少なくとも、科学的に正しいと思われたことも、今後の科学の営みにより、修正されたり、補完されたりして変化する場合があるという事実は、心にとめておくべきことでしょう。

また、②このような問題を考えるときは、それが「誰にとって」「どのような意味で」、よいのかあるいは悪いのか、ということを考えることが大切です。フロンの例からわかるように、本質的に、よい物質、悪い物質があるわけではありません。社会の中で、それらがどう生かされるか、いわばヒトとモノの関係性によって、よくも悪くもなるのです。私たちは、科学的な思考力と、それを社会の中で生かすためのⓑ柔軟な想像力を、ともに学んでいく必要があります。③そのような知恵をつけていくことが今、求められているのです。

〈神里達博「フロン規制の物語——〈杞憂〉と〈転ばぬ先の杖〉のはざまで」による〉

1 ＝線ⓐ・ⓑの漢字の読み仮名を書きなさい。

2 ①代替フロン　からどのような問題が起きましたか。文章中の言葉を使って書きなさい。

3 ②このような問題　とはどのようなことですか。次の文の［　］Ⅰ・Ⅱにあてはまる言葉を、文章中からそれぞれ抜き出しなさい。

［Ⅰ］と思われたことでも、その後の研究によって修正・補完されて、［Ⅱ］があるということ。

4 ③そのような知恵　を具体的に表している部分を文章中から二十九字で抜き出し、はじめと終わりの五字を書きなさい。

1	2	3	4
ⓐ		Ⅰ	〜
ⓑ		Ⅱ	

第6回 予想問題

和歌の世界——万葉集・古今和歌集・新古今和歌集

次の和歌を読んで、問題に答えなさい。

解答 30ページ　15分　●10問中　問

A 君待つと吾が恋ひをれば我が屋戸のすだれ動かし秋の風吹く

B ①近江の海夕波千鳥汝が鳴けば心もしのに古思ほゆ

C 瓜食めば子ども思ほゆ
栗食めばまして偲はゆ
いづくより来たりしものそ
まなかひにもとなかかりて
②安眠しなさぬ

D 銀も金も玉も何せむにまされる宝子にしかめやも

E ③多摩川にさらす手作りさらさらに何そこの児のここだ愛しき

F 人はいさ心も知らずふるさとは花ぞ昔の香ににほひける

G 思ひつつ寝ればや人の見えつらむ夢と知りせば覚めざらましを

H 見わたせば花も紅葉もなかりけり浦の苫屋の秋の夕暮れ

〈「和歌の世界——万葉集・古今和歌集・新古今和歌集」による〉

1 Bの和歌の①近江の海　はなんのことですか。

2 Cのような形式の和歌をなんといいますか。漢字二字で書きなさい。

3 Cの和歌に②安眠しなさぬ　とありますが、なぜですか。二十字以内で書きなさい。

4 DはCに詠み添える歌です。このような歌をなんといいますか。

5 Eの和歌の③多摩川にさらす手作り　は「さらさらに」を導き出すための語句です。これをなんといいますか。漢字二字で書きなさい。

6 次の鑑賞文にあてはまる和歌をA〜Hから一つずつ選び、記号で答えなさい。

(1) うつろいやすい人の心といつまでも変わらぬ自然が、対照的に表現されている。

(2) 滅び去った過去の都のありさまを思い描きながら、湖畔にたたずむ作者の嘆息が聞こえてくるような作品である。

(3) 美しく趣のあるものなど一つもない寂しい景色が、客観的視点で表現されている。

(4) かすかな風にも心を動かされる、恋人を待つしかない女性の繊細な気持ちが表れている。

(5) 恋しい人を強く思いつつ、はかない夢をよりどころにしている切なさを詠んでいる。

1	3	4	6
2		5	(1) (2) (3) (4) (5)

第7回 予想問題　おくのほそ道

次の文章を読んで、問題に答えなさい。

解答 30ページ　15分　●7問中　問

月日は百代の①過客にして、行き交ふ年もまた旅人なり。舟の上に生涯を浮かべ、馬の口とらへて老いを迎ふる者は、日々旅にして旅をすみかとす。古人も多く旅に死せるあり。予もいづれの年よりか、片雲の風に誘はれて、漂泊の思ひやまず、海浜にさすらへて、去年の秋、江上の破屋にくもの古巣を払ひて、やや年も暮れ、春立てるかすみの空に、白河の関越えむと、②そぞろ神の物につきて心を狂はせ、道祖神の招きにあひて、③取るもの手につかず。もも引きの破れをつづり、笠の緒付け替へて、三里に灸据ゆるより、松島の月まづ心にかかりて、住めるかたは人に譲りて、杉風が別墅に移るに、

草の戸も住み替はる代ぞひなの家

面八句を庵の柱に懸け置く。

（松尾芭蕉「おくのほそ道」による）

1 ①過客とほぼ同じ意味で使われている言葉を文章中から二字で抜き出しなさい。

2 ②そぞろ神の物につきてとありますが、この表現と対句になっている部分はどこですか。文章中から抜き出しなさい。

3 ③取るもの手につかずとありますが、このときの芭蕉はどのような気持ちだったと思われますか。次から一つ選び、記号で答えなさい。

ア 杉風の別荘に早く引っ越したいといらだつ気持ち。
イ 旅に出たい思いにひかれて、落ち着かない気持ち。
ウ そぞろ神に取りつかれたことを不安に思う気持ち。
エ 住んでいる家に未練があって離れたくない気持ち。

4 芭蕉が旅に出る間際にした準備について具体的に示している部分を文章中から抜き出し、はじめと終わりの五字を書きなさい。

5 芭蕉はどこを旅しようとしていますか。それがわかる地名を文章中から二つ抜き出しなさい。

6 「草の戸も……」の句の大意として適切なものを次から一つ選び、記号で答えなさい。

ア 今まで旅ばかりしてきたが、今後は毎年ここで雛祭りを祝えるような落ち着いた暮らしをしていこう。
イ 気に入って長く住んでいた草庵ともいよいよお別れである。鳥の雛が巣立つように未来へはばたこう。
ウ 今は雑草が生い茂る荒れた家だが、以前はお雛さまのようなかわいらしい子が住んでいたのだ。
エ 粗末であった私の家も、住む人が替わる時がきた。今度は雛壇を飾るような家になることだなあ。

1	4	5
2	〜	6
3		

第8回 予想問題 論語

次の文章を読んで、問題に答えなさい。

解答 31ページ　15分　●6問中　問

子曰はく、「吾十有五にして学に志す。三十にして立つ。四十にして惑はず。五十にして天命を知る。六十にして①耳順ふ。七十にして②心の欲する所に従へども、矩を踰えず。」と。

子曰、「吾十有五而志于学。三十而立。四十而不惑。五十而知天命。六十而耳順。七十而従心所欲、不踰矩。」（為政）

子曰はく、「③故きを温めて新しきを知る。［A］。」と。

子曰、「温故而知新。可以為師矣。」（為政）

子曰はく、「己の欲せざる所、人に施すこと勿かれ。」と。

子曰、「己所不欲、④勿施於人。」（衛霊公）

子曰はく、「学びて⑤時に之を習ふ、亦説ばしからずや。朋、遠方より来たる有り、亦楽しからずや。人知らずして慍みず、亦君子ならずや。」と。

子曰、「学而時習之、不亦説乎。有朋、自遠方来、不亦楽乎。人不知而不慍、不亦君子乎。」（学而）

〈「論語」による〉

1　①耳順ふ　とありますが、何に耳が従うというのですか。五字以内で書きなさい。

2　②従心所欲　の部分に返り点をつけたものとして適切なものを次から一つ選び、記号で答えなさい。

ア　従㆓心所㆑欲㆒　イ　従㆓心所㆒㆑欲
ウ　従㆑心所㆑欲　エ　従㆓心所㆒欲

3　③故きを温めて新しきを知る。とありますが、ここから生まれた四字熟語を書きなさい。

4　［A］にあてはまる書き下し文を書きなさい。

5　④勿施於人　から、訓読する際に読まない字を一字抜き出しなさい。

6　⑤時に之を習ふ　は何を表していますか。次から一つ選び、記号で答えなさい。

ア　研究　イ　習慣　ウ　予習　エ　復習

1
2
3
4
5
6

第9回 予想問題　情報社会を生きる――メディア・リテラシー

次の文章を読んで、問題に答えなさい。

解答 31ページ　15分　●5問中　問

メディア・リテラシーの重要なポイントは、メディアから送り出される情報は現実そのものではなく、「送り手の観点から捉えたものの見方だ」という点にある。

ニュース報道を例に取ってみよう。ニュースは、私たちが政治・経済の動きや海外の動向をチェックするうえで重要な役割を果たしているが、もちろんそこで取り上げられているのは、①社会をそのまま鏡のように映し出したものではない。ニュースといえども、どんなテーマをどんな視点から取り上げ、誰に取材し、コメントのどんな部分をどう使って、どのように構成するのかによって、受け手にとっての見え方は変わってくる。

報道は、関係者や専門家の意見を交えて事件やできごとを説明することも多いが、②その人が「当事者」なのか否かや、「賛成者」なのか「反対者」なのかをみると、伝えられた情報がどんな視点から切り取られたかがわかる。また、そのニュースにどんなタイトルや見出しをつけているか、どんな映像や写真を組み合わせているかに目を向けると、送り手はどのようなものの見方を伝えようとしているかが捉えやすくなる。こうした、③制作過程における情報の取捨選択や編集機能が理解できれば、メディアが伝えていることは世の中のほんの一面であること、それらは④多様な受け止め方が可能であることがわかる。そう認識することで、メディアの情報をうのみにせず、冷静に判断することもできるというわけだ。

〈菅谷（すがや）明子（あきこ）「情報社会を生きる――メディア・リテラシー」による〉

1 ‖線の漢字の読み仮名を書きなさい。

2 ①社会を……映し出したもの　とは逆の意味の内容を、文章中から十六字で抜き出し、はじめと終わりの五字を書きなさい。

3 ②その人　とはどういう人ですか。文章中から抜き出しなさい。

4 ③制作過程における情報の取捨選択や編集機能　の具体例として適切でないものを次から一つ選び、記号で答えなさい。

ア 政治・経済の動きや海外の動向のチェック機能。
イ 報道のテーマや視点、取材対象、コメントの選択、構成。
ウ 関係者や専門家が事件やできごとを説明する際の立場。
エ ニュースのタイトル、見出し、組み合わせる映像や写真。

5 ④多様な受け止め方が可能　だとわかることで、できるようになることを、文章中の言葉を使って二十字以内で書きなさい。

1	2	3	4	5
	〜			

第10回 予想問題 故郷

次の文章を読んで、問題に答えなさい。

解答 31ページ　15分　●6問中　問

　私も横になって、船の底に水のぶつかる音を聞きながら、今自分は、①自分の道を歩いているとわかった。思えば私と閏土（ルントー）との距離は全く遠くなったが、②若い世代は今でも心が通い合い、現に宏児（ホンル）は水生（シュイション）のことを慕っている。せめて彼らだけは、私と違って、互いに隔絶することのないように……とはいっても、彼らがひとつ心でいたいがために、私のように、無駄の積み重ねでⓐタマシイをすり減らす生活をともにすることは願わない。また閏土のように、打ちひしがれて心がまひする生活をともにすることも願わない。また他の人のように、やけを起こして野放図（のほうず）に走る生活をともにすることも願わない。希望をいえば、彼らは新しい生活をもたなくてはならない。私たちの経験しなかった新しい生活を。

　希望という考えが浮かんだので、③私はどきっとした。たしか閏土が香炉と燭台（しょくだい）を所望したとき、私はあいかわらずの偶像ⓑスウハイだな、いつになったら忘れるつもりかと、心ひそかに彼のことを笑ったものだが、今私のいう希望も、やはり手製の偶像にすぎぬのではないか。ただ彼の望むものはすぐ手に入り、私の望むものは手に入りにくいだけだ。

　まどろみかけた私の目に、海辺の広い緑の砂地が浮かんでくる。その上の紺碧（こんぺき）の空には、金色の丸い月がかかっている。思うに希望とは、もともとあるものともいえぬし、ないものともいえない。それは④地上の道のようなものである。もともと地上には道はない。歩く人が多くなれば、それが道になるのだ。

〈魯迅（ろじん）／竹内好（たけうちよしみ）訳「故郷」による〉

---

1 ══線ⓐ・ⓑを漢字に直して書きなさい。

2 ①自分の道を歩いている　とありますが、どういうことですか。次から一つ選び、記号で答えなさい。

ア　今の社会と隔絶した、理想の社会を建設しているということ。
イ　自分を信じて、自分で選択した道を進んでいるということ。
ウ　故郷を捨てて、新しい友人を見つけたということ。
エ　希望のない険しい道をたった一人で歩んでいるということ。

3 ②若い世代　とありますが、「私」は「若い世代」へ、どのような希望をもっていますか。文章中の言葉を使って書きなさい。

4 ③私はどきっとした　とありますが、なぜ「どきっとした」のですか。文章中の言葉を使って、簡潔に説明しなさい。

5 ④地上の道のようなもの　とありますが、どういうことですか。簡潔に説明しなさい。

1		2	3	4	5
ⓐ	ⓑ				

第11回 予想問題

「文殊の知恵」の時代

次の文章を読んで、問題に答えなさい。

解答 31ページ　15分　●4問中　問

また、最近では、科学技術の発達などによって、新しい知識が爆発的に増殖している。社会も急速に変化して、複雑化の度合いを強めている。①そのような社会において生じる問題は、とても一人の知識や経験だけで対処できるようなものではない。専門家であっても、自分の専門領域の問題を自分だけでは解決できなくなってしまった。例えば、エネルギー問題などは、人類の英知を結集すべき課題だ。環境学者や物理学者だけでなく、政治や経済の専門家や企業、そして一般の人々が、ともに取り組む必要がある。一つの問題について、さまざまな立場の人々がさまざまな視点から徹底的に検証し、みんなで協力して解決策を見いだしていかなければならなくなっている。

そのうえ、世界が変化したことにより、さまざまな国や地域の人々と接する機会が多くなった。国が違えば文化も違う。文化が違えば価値観も違う。今世界全体が、多様な価値観をもった人々が一緒に働き、あるいは一緒に暮らすような社会になりつつある。そういう社会で問題が起これば、②全く考えの違う人々とも協力して解決にあたらなければならないのである。

すばらしい知恵を生み出すためには、違いを恐れてはいけない。人それぞれが違うことを知り、その違いを尊重する一方で、活用することを考える。そうすれば、全員の知識や経験をうまく折り合いをつけながら利用できるようになる。それぞれにとっての「正しいこと」や「大切なこと」が違っていたとしても、全員にとっての「正しいこと」や「大切なこと」を一緒に探すことができる。そうすることによってのみ、三人で相談して③「文殊の知恵」を生み出すことができるのだ。

〈北川達夫「『文殊の知恵』の時代」による〉

1 ①そのような社会　とありますが、どのような社会ですか。文章中の言葉を使って三十字以内で書きなさい。

2 ②全く考えの違う人々　とありますが、ここではどのような人々を指していますか。文章中の言葉を使って十五字以内で書きなさい。

3 ③「文殊の知恵」を生み出すことができる　とありますが、「文殊の知恵」を生み出すにはどうすればよいですか。［　］Ⅰ・Ⅱにあてはまる言葉を文章中から抜き出しなさい。

人との［Ⅰ］し、全員の知識や経験を［Ⅱ］をつけながら利用する。

3	2	1
Ⅰ		
Ⅱ		

第12回 予想問題 坊っちゃん

次の文章を読んで、問題に答えなさい。

解答 32ページ　15分　●6問中　問

親譲りの①無鉄砲で子供のときから損ばかりしている。小学校にいる時分学校の②二階から飛び降りて一週間ほど腰を抜かしたことがある。なぜそんなむやみをしたと聞く人があるかもしれぬ。別段深い理由でもない。新築の二階から首を出していたら、同級生の一人が冗談に、いくらいばっても、そこから飛び降りることはできまい、弱虫やーい、とはやしたからである。人におぶさって帰ってきたとき、おやじが大きな目をして二階ぐらいから飛び降りて腰を抜かすやつがあるかと言ったから、この次は抜かさずに飛んでみせますと答えた。

親類の者から西洋製のナイフをもらってきれいな刃を日にかざして、友達に見せていたら、一人が光ることは光るが切れそうもないと言った。切れぬことがあるか、なんでも切ってみせると請け合った。そんなら君の指を切ってみろと注文したから、なんだ指ぐらいこのとおりだと右の手の親指の甲をはすに切り込んだ。幸いナイフが小さいのと、親指の骨が堅かったので、いまだに親指は手についている。しかし傷跡は死ぬまで消えぬ。

〈夏目漱石「坊っちゃん」による〉

1 ①無鉄砲 について答えなさい。

(1) ①無鉄砲 とはどのような意味ですか。「結果」と「行動」の二つの言葉を使って書きなさい。

(2) 「坊っちゃん」の①無鉄砲 なところを次から二つ選び、記号で答えなさい。

ア 子供のときから損ばかりしているところ。
イ 小学校の二階から飛び降りたところ。
ウ けがをして人におぶさって帰ってきたところ。
エ 人から西洋製のナイフをもらったところ。
オ ナイフで親指の甲をはすに切り込んだところ。

2 ②二階から飛び降りて について答えなさい。

(1) 「坊っちゃん」がそのようなことをしたのはなぜですか。次の文の□にあてはまる言葉を考えて書きなさい。

同級生に飛び降りることはできまいとはやされて、□から。

(2) 「おやじ」は、「坊っちゃん」のしたことのうち、どのようなことについて叱りましたか。十字以内で書きなさい。

3 二つのエピソードから、「無鉄砲」な「坊っちゃん」の、どのような性格がわかりますか。考えて書きなさい。

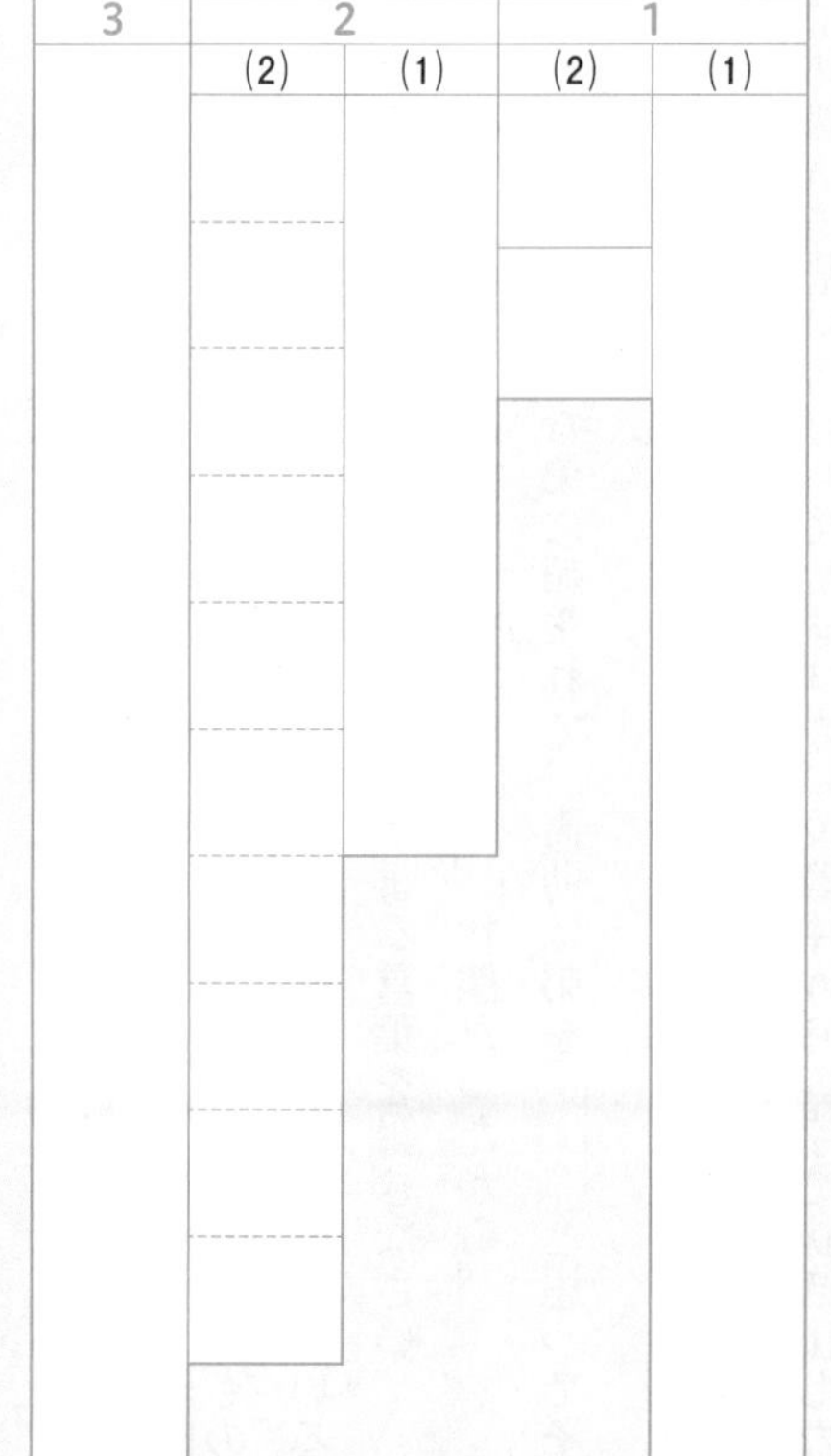

第13回 予想問題　高瀬舟

次の文章を読んで、問題に答えなさい。

解答 32ページ　15分　●4問中　問

　喜助の話はよく条理が立っている。ほとんど条理が立ちすぎているといってもいいくらいである。これは半年ほどの間、当時のことをいくたびも思い浮かべてみたのと、役場で問われ、町奉行所で調べられるそのたびごとに、注意に注意を加えてさらってみさせられたのとのためである。

　庄兵衛はその場の様子をまのあたり見るような思いをして聞いていたが、①これが果たして弟殺しというものだろうか、人殺しというものだろうかという疑いが、話を半分聞いたときから起こってきて、聞いてしまっても、その疑いを解くことができなかった。弟は剃刀を抜いてくれたら死なれるだろうから、抜いてくれと言った。それを抜いてやって死なせたのだ、殺したのだとは言われる。しかしそのままにしておいても、どうせ死ななくてはならぬ弟であったらしい。それが早く死にたいと言ったのは、苦しさに耐えなかったからである。喜助はその苦を見ているに忍びなかった。苦から救ってやろうと思って命を絶った。それが罪であろうか。殺したのは罪に相違ない。しかしそれが苦から救うためであったと思うと、そこに疑いが生じて、どうしても解けぬのである。

　庄兵衛の心の内には、いろいろに考えてみた末に、自分より上の者の判断に任すほかないという念、②オオトリテエに従うほかないという念が生じた。庄兵衛はお奉行様の判断を、そのまま自分の判断にしようと思ったのである。③そうは思っても、庄兵衛はまだどこやらにふに落ちぬものが残っているので、なんだかお奉行様にきいてみたくてならなかった。

〈森鷗外「高瀬舟」による〉

1　①これが果たして弟殺しというものだろうか、人殺しというものだろうかという疑い　とありますが、庄兵衛は、なぜ疑っているのですか。次の[　]Ⅰ・Ⅱにあてはまる言葉を書きなさい。

・弟は、そのままにしておいても[Ⅰ]状態だったから。
・死にきれず苦しむ弟に頼まれて、喜助は弟を[Ⅱ]と思ってその命を絶ったから。

2　②オオトリテエ　とありますが、このときの庄兵衛はどのような立場の人を思い浮かべていますか。文章中から四字で抜き出しなさい。

3　③そうは思っても、……お奉行様にきいてみたくてならなかった。という庄兵衛の思いを次から一つ選び、記号で答えなさい。

ア　権威ある人の「罪」についての見解を知りたい。
イ　喜助が「罪」を犯すに至った事情をよく理解したい。
ウ　喜助の「罪」を少しでも軽くする方法を知りたい。
エ　「罪」についてもっと納得できる答えを得たい。

1 Ⅰ	1 Ⅱ	2	3

第14回 予想問題

サシバ舞う空

次の文章を読んで、問題に答えなさい。

解答 32ページ

15分 ● 4問中　問

低く滑るように飛んできたサシバが、ふわっと舞い上がり、大きく翼(つばさ)を広げて、ムサじいの頭の上に止まろうとしたその瞬間、ムサじいの手がサシバの足をつかみました。そして、翼ごと、アダンひもでくくりつけました。次々と、サシバは降りてきます。獲物を捕まえた喜びが、暗さを増したアダン林のあちこちから、タルタにも伝わってきます。

①タルタの周りから一切が消えうせ、サシバの群れが送り出す空気の震えだけが、びんびんと伝わってきます。

『タカー。僕に、降りてこい。』

タルタが心で叫んだときです。黒々とした大きなうねりのようなサシバの群れが、タルタの頭の上を覆ったかと思うと、その中の一羽が、あっと叫ぶ間もなく、タルタの腕の中に、飛び込んできました。タルタは無我夢中で、サシバを抱き止めました。ムサじいは、自分の目が信じられませんでした。サシバが人の腕の中に飛び込んでくるなんて見たこともありません。

家に戻ると、タルタはムサじいに言われて、逃げないように、サシバの足にひもをつけました。

「おじい、このタカ、青目(オーミー)だよー。」

「ああ、いい目だ。大人になる前の若いタカだ。」

②初めて自分で捕まえたサシバです。タルタは、うれしくてたまりません。どきどきしながら、小さな魚を差し出しました。するとサシバは、目をむき、口をかっと開けて、タルタに向かってきます。

「タカはね、誇り高い生き物だよ。そう簡単に、人の手から餌は食わんさー。」

ムサじいが、言いました。

〈石垣(いしがき) 幸代(さちよ)・秋野(あきの) 和子(かずこ)「サシバ舞う空」による〉

1 ①タルタの周りから……伝わってきます。という情景描写から読み取れるタルタの様子を次から一つ選び、記号で答えなさい。

ア 自分だけタカを捕まえられず焦(あせ)っている様子。
イ 周りから切り離されてしまい、孤独で心細い様子。
ウ タカを捕まえようとして集中している様子。
エ 次は自分の番だと思い、うきうきする様子。

2 ②初めて自分で捕まえたサシバ について答えなさい。

(1) サシバを初めて捕まえたタルタの気持ちを文章中から抜き出しなさい。

(2) このサシバとタルタの結び付きはどのようなところに暗示されていますか。次の［　］Ⅰ・Ⅱにあてはまる言葉を書きなさい。

このサシバが、タルタの［Ⅰ］に応じるようにその［Ⅱ］ところ。

1	2 (1)	2 (2) Ⅰ	2 (2) Ⅱ

第15回 予想問題

「ありがとう」と言わない重さ

次の文章を読んで、問題に答えなさい。

解答 32ページ　15分　●7問中　問

モンゴル人がおかれている自然・生活環境の厳しさは、私たち日本人の比ではありません。春の砂嵐（すなあらし）、夏の日照り、冬の雪害など、①一年を通じて常に自然災害の危険にさらされながらも、なおかつ、自然によって生きていかなければならない人々にとって、寄り添い、助け合うことは、きれいごとでもなんでもなく、生きぬいていくために必要不可欠なのです。何軒かでアイル（集落）を形成し、家畜をさまざまな方法で分担放牧したり、羊毛の刈り取り・井戸掘り・草刈りや災害対策などの労働を共同で行うことも、彼らが②そのような生活の中から学び取ってきた知恵なのです。無論、こういう③協力関係はその集落に限ったことではありません。モンゴルでは、草原を旅していて、何気なく立ち寄った見ず知らずの家で、お茶や、ときには食事を出されることも珍しくないといいます。これも、彼らの助け合いの延長線上にあるものなのでしょう。フフホトのような町の生活にしても、相互依存によって成り立っている部分は、日本とは比べものにならないくらい大きいといえるでしょう。

今日助けることは明日助けられることであり、今日助けられることは明日助けることにいやおうなしにつながっている生活では、「言う」ことより「する」ことのほうが大事なのです。

〈呉人（くれびと）恵（めぐみ）「『ありがとう』と言わない重さ」による〉

1 ①一年を通じて常に自然災害の危険にさらされながら　とありますが、具体的にはどのようなものですか。三つ書きなさい。

2 ②そのような生活　の説明として適切なものを次から一つ選び、記号で答えなさい。

ア　厳しい生活環境の中で、みなが平等に責任を負う生活。
イ　厳しい生活環境の中で、助け合うことを強要される生活。
ウ　厳しい自然環境の中で、自然に頼って生きていく生活。
エ　厳しい自然環境を改善するために、知恵を出し合う生活。

3 ③協力関係　について答えなさい。

(1) これを言い換えた言葉を文章中から十一字で抜き出し、はじめと終わりの三字を書きなさい。

(2) 具体的にはどのようなことをしていますか。次の文の［　］Ⅰ・Ⅱにあてはまる言葉を文章中からそれぞれ抜き出しなさい。

集落を形成したり、家畜を［Ⅰ］したり、羊毛の刈り取り・井戸掘り・草刈りや［Ⅱ］などの労働を共同で行う。

1	2	3 (1)	3 (2)
		～	Ⅰ
			Ⅱ

教科書ワーク 国語 特別ふろく①

無料アプリ どこでもワーク

こちらにアクセスして，ご利用ください。
https://portal.bunri.jp/app.html

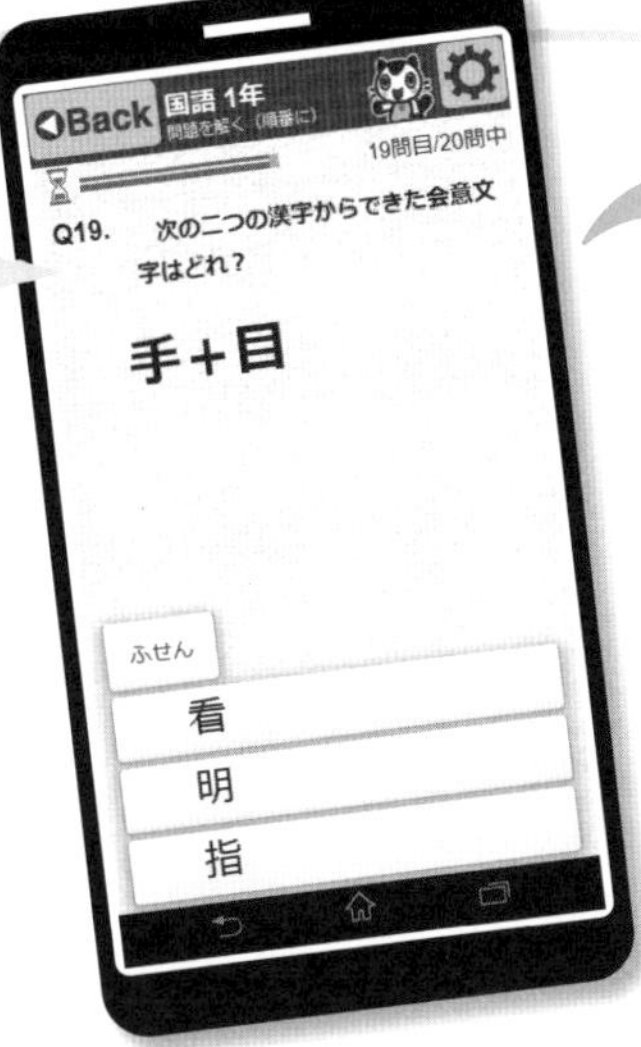

スキマ時間で国語の知識問題に取り組めるよ！

Back 国語 1年
問題を解く（順番に）
A19.
19問目/20問中
【会意文字】
二つ以上の字を組み合わせて新しい意味を表す漢字。「看」は，「手」と「目」を組み合わせて作った会意文字。
「指」は形声文字（「扌」＋「旨」）。
「明」は会意文字（「日」＋「月」）。
ふせん
次の問題
○ 看
× 明
× 指

丁寧な解説つき！

解答がすぐに確認できる！

間違えた問題は何度もやり直せるよ！

無料ダウンロード ホームページテスト

無料でダウンロードできます。表紙カバーに掲載のアクセスコードを入力してご利用ください。
https://www.bunri.co.jp/infosrv/top.html

問題▶

▼解答

解答が同じ紙面にあるから採点しやすい

文法や古典など学習内容ごとにまとまっていて取り組みやすい！

解説も充実！

注意　●アプリは無料ですが，別途各通信会社からの通信料がかかります。
● iPhone の方は Apple ID，Android の方は Google アカウントが必要です。対応 OS や対応機種については，各ストアでご確認ください。
●お客様のネット環境および携帯端末により，アプリをご利用いただけない場合，当社は責任を負いかねます。ご理解，ご了承いただきますよう，お願いいたします。

中学教科書ワーク 解答と解説

岩が

2～3ページ　ステージ1

教科書の要点

❶ 〔順に〕イ・イ

❷ ①逆らって　②対句

❸ 卑屈なものたち

❹ ①逆らって　②ひっそり　③精いっぱい　④爽やか　⑤卑屈な

おさえよう 〔順に〕ア・イ

基本問題

1 (1) ひっそりと　(2) 例川の流れが速く強い様子。

2 川上へ　3 イ

4 例互いを憐れんだり、卑しめたりしない、いかにも爽やかな関係。

5 例1 岩や魚と違って、流れに身を任せて安易に流されてしまったから。

例2 岩や魚のように流れに逆らおうとはせずに、簡単に流されてしまったから。

解説

1 (1) 「しぶき」があがるという激しい動きと対比している静かな動きをおさえる。

(2) 緩やかで穏やかな流れでは「しぶき」はあがらないだろうということをふまえる。

2 魚は川上から川下へ流れる川に逆行している。

3 筆者は岩や魚がもてる力を使って全力で川に逆らっていることを肯定的に捉えている。

4 **重要** 「魚が岩を憐れんだり……いかにも爽やかだ。」という部分に注目して、関係を捉える。

5 「卑屈」とは、必要以上に自分を卑しめ、いじけるという意味だが、ここでは、川の流れに逆らう「岩」や「魚」とは違い、やすやすと流されてしまうもの（小石、小枝、葉っぱなどが考えられる）の態度を比喩的に表現している。

この「解答と解説」は、**取りはずして**使えます。

国語3年　三省堂版

握手／言葉発見①

4～5ページ　ステージ1

漢字と言葉

❶ ❶きおく　❷かいこん　❸かんとく　❹ていこく　❺くせ　❻ごうまん　❼やみいち　❽じょうだん

❷ ❶洗濯　❷郊外　❸召　❹爪

❸ ❶ア　❷ウ　❸イ

❹ イ

教科書の要点

❶ ①園長　②園児

❷ 〔右から順に〕(1)・3・2・6・5・7・4・(8)

❸ ①ルロイ修道士　②穏やかな　③汚れて　④傲慢　⑤笑って　⑥平手打ち　⑦死ぬ　⑧知らぬま

おさえよう 〔順に〕イ・イ・ア

6~7ページ ステージ2

1 (1) 中学三年の
(2) 例故郷へ帰ることになったので、さよならを言うため。
2 ルロイ先生とうっかり握手をすべからず（。）
3 Ⅰ…例握力が強く、腕を勢いよく上下させる
Ⅱ…例（病人の手でも握るような、）実に穏やかな
4 ウ　5 園長であり ～ のだった。　6 ア

解説

1 (1) この文章は、ルロイ修道士と「私」が再会した場面に、回想場面を指しはさむ構成をとっている。回想部分にルロイ修道士と「私」の関係が描かれている。

(2) 記述対策
・**考え方**…直前のルロイ修道士の言葉から二つの要素を捉える。
・**書き方**…「故郷へ帰ることになったこと」、「さよならを言うために来たこと」の二つを簡潔にまとめる。

3 記述対策
・**考え方**…Ⅰは回想場面。「私」がルロイ修道士と出会い、初めて握手した場面である。Ⅱは再会したとき。ルロイ修道士の握手の変化をおさえる。「強く」「穏やか」と対照的。
・**書き方**…Ⅰは、「彼の握力は万力よりも強く、しかも腕を勢いよく上下させる」を簡潔にまとめる。Ⅱは、「実に穏やかな握手」とある。どのように穏やかなのかについて、「病人の手でも握るようにそっと」を付け加えてもよい。

4 天使園に収容されるのは、実の家族と共に住めない、何らかの事情がある子供たちである。その一人である「私」に、「ここがあなたの家です。もうなんの心配もいりませんよ。」と声を掛けて安心させ、力強い握手で歓迎の気持ちを表したのである。

6 重要 初対面での力強い握手や優しい言葉、汚れたてのひらのエピソードから、ア「頼もしいほどの包容力」と「労働をいとわない」様子が感じられる。

8~9ページ ステージ3 (1)

1 (1) 例無断で天使園を抜け出して、東京見物に行ったから。
(2) 例ルロイ先生が一月間、私たちに口をきいてくれなかったこと。
2 ウ　3 (1) 遺言を聞くために　(2) ア
4 例ルロイ修道士が相手をいたわっているのではなく、彼自身が病気で弱っているから

解説

1 (1) 「私」の言葉から事情を読み取る。無断で天使園を抜け出したこと、東京（見物）に行ったことをまとめる。
(2) 「私」の「平手打ちよりこっちのほうがこたえました」の「こっち」の内容を書く。

2 ——線①のあとに、この指の動きは「『おまえは悪い子だ。』となっている」ことを意味すると書かれている。しかし、——線②の時点では「あの頃と違って、顔は笑っていた」とあるので、今は「そんなこともありましたねえ」となつかしんでいるのである。

3 (1) 重要 直後に「これでは遺言を聞くために会ったようだ」とある。「病人の手でも握るようにそっと握手をした」ことや、食事がすすまないことと合わせて心配しているのである。

4 記述対策
・**考え方**…「私」は、「実はルロイ修道士が病人なのではないか」と思い至る。「病人の手でも握るように」という再会時の印象は、ルロイ修道士が相手をいたわって力を加減しているようである。しかし、実際に具合が悪いのはルロイ修道士自身ではないかと考えたのである。
・**書き方**…再会時は相手へのいたわりだと思った穏やかな握手が、実は本人の体調が悪いことを表すと考えたことが書けていればよい。

10~11ページ ステージ3 (2)

1 天使園で育 ～ う楽しい。

2 (1) 例先生は重い病気にかかっていて、これはお別れの儀式なのですね、ときくこと。
(2) エ
3 例姓名がわからない捨て子には、天使園の中学生や高校生が知恵をしぼって姓名をつける
4 ウ
5 例天使園で育った子が、自分の子供を天使園に預けにくるのを見るとき。
6 例「私」に対する祝福と励ましの気持ち。

解説

1 ルロイ修道士の言葉に「天使園で育った子供が……いっとう楽しい。」とあるので、この一文を抜き出す。

2 (2)「はばかる」は、遠慮（えんりょ）する、気兼ねするという意味。ここより前の場面になるが、ルロイ修道士は「私」に、故郷（くに）へ帰ることになったので別れの挨拶に来たと告げている。病気のことは隠しているので、「私」はそのことに触れないように気を遣ったといえる。

3 記述対策
・**考え方**…直接書かれてはいないが、同じ段落の最後に「だから忘れるわけはない」とあることから、上川（かみかわ）くんも姓名がわからない捨て子だったとわかる。そういう子供には、天使園の「中学生、高校生が知恵をしぼって姓名をつける」という事情があり、上川くんの姓名もそうやってつけたから忘れるわけがないというのである。
・**書き方**…「捨て子はたいてい……姓名をつける」の部分をまとめる。「中学生、高校生」が「天使園」に属していることがわかるように補う。

4 「よし。」「最高だ。」という指言葉で合図するのだから、上川くんはルロイ修道士に喜んでもらいたいと思っている。きまりを破る勇気を見せたいわけではないから、**ウ**が違う。

5 重要 この問いに答えるルロイ修道士の言葉に「それを見るときがいっとう悲しい」とあるので、「それ」の内容をまとめる。

6 続く文で、この指言葉の意味が「幸運を祈る」、「しっかりおやり」という意味だと説明されている。ルロイ修道士は、「私」を祝福し、励ます気持ちをこめてこの指言葉を使ったのである。

グループディスカッション ほか

12～13ページ ステージ1

漢字

1 ❶ていこ ❷とってい ❸みさき ❹ほんろう ❺さげん ❻りんかく ❼みね ❽きゅうりょう ❾ちちしぼ ❿ろ ⓫ちき ⓬か ⓭まこと ⓮つ ⓯しゅしょう

2 ❶伴侶 ❷芯 ❸湖畔 ❹娯楽 ❺畏敬 ❻渓流 ❼滝 ❽暁

教科書の要点

❶ ①考え ②少人数
❷ ①軌道修正 ②整理 ③受容
❸ イ

基本問題

1 ①イ ②エ ③キ ④カ ⑤ア ⑥オ ⑦ウ　2 イ
3 例次は、どの自然エネルギーの発電システムを紹介するか決めようか
4 ウ

解説

3 空欄Bの直後で「島田（しまだ）」が「太陽光発電と風力発電の二つでいい」と発言し、それに対して「井上（いのうえ）」が「二つじゃ少ないんじゃないかな。もう少し増やそうよ」と答えていることから、紹介する自然エネルギーの発電システムを決めようとしていると考えられる。

「批判的に読む」とは

14〜15ページ ステージ1

漢字

1 ❶あらさが ❷ぎんみ

教科書の要点

1 〔順に〕よいものはよい・判断・根拠・評価

2 (1) ①積極的にはたらきかけながら ②価値
(2) ①意図や発想 ②的確 ③豊か〔的確・豊かは順不同〕
(3) ①自分の考え ②理由 ③根拠〔理由・根拠は順不同〕

3 〔順に〕深める・豊か・力強い

4 ①冷静 ②判断 ③根拠や理由 ④はたらきかけ ⑤価値 ⑥推し測って ⑦伝えたい ⑧自分の考え ⑨根拠 ⑩考え方 ⑪豊か

おさえよう 〔順に〕イ・ア

16〜17ページ ステージ2

1 (1) すすんで文章に関わっていく態度
(2) 例自分にとっての文章の価値が大きく違ってくるという効果。

2 自分中心の考え方を抜けきっているという人　3 ア

4 (文章の)内容や表現の仕方(など)

5 〔順に〕理由・根拠・自分の考え〔理由・根拠は順不同〕

解説

1 (1) 直後に「新しく知ったこと」や「共感したこと」などの具体例をあげ、そのあとで再度それらを言い換えている。
(2) この段落は「積極的にはたらきかけながら読む」ことについて、具体例をあげ、そのあとでその効果について説明している。

2 『君たちはどう生きるか』で取り上げた「コペルニクス」は、周囲の人たちがみな自分を中心に考え、「太陽や星が地球の周りを回っている」と考えていた時代に「地動説」を唱えた。つまり、「自分中心の考え方」をしなかった人物である。

3 「かじりついて」という言葉は、〝一つの物事に執着して離れまいとする〟という意味がある。『君たちはどう生きるか』の中では、「自分中心の考え方」をしていた人たちについて使われており、筆者がこのような考え方を否定的に捉えていることがわかる。

5 直後に「最も重要なのは」とあるので、それ以降の内容を確認する。ここで筆者は、自分の意見を表明したり、筆者の主張や意見に対して「吟味・評価」することが重要だと述べている。さらに、その際には理由や根拠を明らかにすることが大切だとも述べている。これらをおさえよう。

間の文化

18〜19ページ ステージ1

漢字と言葉

1 ❶すきま ❷じゅうこう ❸た(ち)き(る) ❹ほ ❺しんぼう ❻おちい

2 ❶宮廷 ❷遠慮 ❸鍵 ❹芝居 ❺琴 ❻狭

3 ❶エ ❷イ ❸オ ❹ウ ❺ア

教科書の要点

1 ①空間的 ②時間的 ③心理的

2 〔順に〕異質・和

3 間

4 ①意味 ②何もない ③壁 ④自由自在 ⑤時間 ⑥絶え間 ⑦心理的 ⑧遠慮 ⑨間 ⑩対立

おさえよう 〔順に〕イ・ア・ア

20〜21ページ ステージ2

1 壁・建具　2 エ

3 ⓐ例季節のめぐりや住人の必要
ⓑ例入れたりはずしたりした
4 声や音のしない沈黙の時間
5 例さまざまな音によってうめつくされているから。
6 のどか

解説

3 記述対策
・考え方…直前に「このように」とあるので、その指示内容が、具体的方法だと捉える。
・書き方…ⓐは、「季節のめぐりとともに」と、「住人の必要に応じて」の二つをまとめて書く。ⓑは「入れたりはずしたり」という具体的作業を書く。

5 重要 ――線⑤を含む文は「例えば」で始まるので、その前の部分の、「西洋のクラシック音楽は……さまざまな音によってうめつくされている」から考える。

6 同じ段落の冒頭に「日本古来の音曲は……音の絶え間というものが至るところにあってのどかなものだ」とある。西洋の音楽が音にうめつくされていて「ときには息苦しい」のと対照的に、音にも「間」があるのである。

課題作文 条件に応じて説得力のある文章を書く

22〜23ページ ステージ1

教科書の要点

❶ 1 ①メモ ②関連 ③感想
2 ①条件 ②説得力
❷ エ ❸ エ

基本問題

1 ①イ ②ウ ③ア
2 ①例四二・七パーセントと、中学校に比べると半数程度で少ない（別解わずか四二・七パーセントしかなく、中学校に比べると半数程度である）
②例考える ③例心がけたい
3 イ

解説

2 ①グラフAから、高校の数値を読み取り明示する。また、中学校と比べて半数程度であることにも言及するとよい。

3 空欄の前の一文で、「全校一斉読書活動」を活発にすることで「読書量」を増やすことができるのではないかという自分の考えを提示している。続く空欄部分では、学校でできる取り組みの一例を提示するのがよい。

漢字のしくみ 四字熟語 ほか

24〜25ページ ステージ1

漢字

1 ❶かかん ❷じんらい ❸ざんてい ❹うらや ❺じゅんぷうまんぱん ❻かっさい ❼あらし ❽とんざ ❾いかん ❿ぼうじゃく ⓫はいはん ⓬じょうもん ⓭じんぐう ⓮しゅぎょう ⓯いっちょういっせき ⓰そっせん
2 ❶表彰 ❷撤回 ❸剛健 ❹東奔 ❺却下 ❻近畿 ❼遮二 ❽又

教科書の要点

❶ ①漢字 ②故事成語
❷ ①イ ②オ ③ア ④カ ⑤ウ ⑥エ

基本問題

1 ①報 ②道 ③風 ④晩 ⑤止 ⑥信
2 ①ごりむちゅう・エ ②あんちゅうもさく・ア ③だいたんふてき・イ ④むがむちゅう・ウ
3 ①ア・C ②エ・D ③オ・F ④ク・D ⑤イ・A

⑥カ・E　⑦キ・B　⑧ウ・B

解説

1 基本問題　① 「因果応報」は、善悪の報いは必ずやってくるということ。

⑤ 「明鏡止水」は、心が澄みきって平静なこと。

俳句の世界／俳句十句

26～27ページ　ステージ1

漢字

❶ ❶ちょうかく　❷さわ

❷ ❶聴覚　❷爽

教科書の要点

❶ ①五七五　②季語　③切れ字

❷ 自由律

❸ ①冬木立・冬　②桐一葉・秋　③秋つばめ・秋
④囀り・春　⑤菜の花・春　⑥山ホトトギス・夏
⑦万緑・夏　⑧（芋の）露・秋　⑨林檎・秋
⑩雪・冬　⑪小春日・冬

❹ 分け入つても・入れものが〔順不同〕

❺ ①桐一葉　②いくたびも　③分け入つても　④万緑の

おさえよう　〔順に〕イ・ア

28～29ページ　ステージ2

★
1 俳句はたっ　2 けり
3 枯れている ～ る木の香り　4 イ
5 例言葉の意味を伝えるとともに、その背後にあるものを五感を通して感知させる力。
6 例知識として知っていた句と眼前の光景が結びついた
7 ウ

★解説

1 「斧入れて…」の句について説明した部分の最後に「俳句はたった十七音で五感をなまなましく刺激する力をもった類いまれな文学なのです」と「俳句」の特徴が述べられている。

3 この匂いを筆者が感じたのは、「斧入れて…」の句を音読したときに、「枯れているような冬木に斧が入ったとたんに放たれる木の香り」を「追体験」したことを表している。

4 この匂いは本当にしているのではなく、筆者の「鼻腔の奥から匂っている」ものである。

5 記述対策
・考え方…「季語は五感情報のかたまり」に着目。季語は、単に「意味を伝える」だけでなく、「背後にある」ものを、視覚・触覚・聴覚などの五感を通して「感知させ」るものである。
・書き方…「言葉の意味を伝える」ことと、「その背後にあるものを五感を通して感知させる」ことの二つを入れてまとめ、「……力。」で結ぶ。

6 「眼前にある落葉の名」を知ったときの驚きである。「知識として」知っていた句と眼前の光景が結びついた感動をおさえる。

7 重要 「美しい落葉がゆっくりと降り続く光景」を的確に写し出している写生の句である。

30～31ページ　ステージ3

★
1 B菜の花・春　C万緑・夏　E林檎・秋　G小春日・冬
2 切れ字が用いられている句…A・C・F・G〔順不同〕
自由律俳句…H
3 イ　4 ⓐ黄色　ⓑしあはせさう（に）
5 緑・例草や木の葉／白・例わが子の歯〔順不同〕
6 エ　7 ウ　8 エ
9 例石の上でじっとしている様子。　10 イ・オ
11 (1) D　(2) A　(3) H

解説

1 Gの「赤蜻蛉（あかとんぼ）」は秋の季語なので、季語が二つあることになるが、この句では、感動の中心を表す切れ字「や」のある「小春日」が季語で、冬を表す。

3 「こぼさじ」は大樹の気持ちを表したもの。小鳥たちの囀り（さえず）を「こぼさじ」と思って、彼らを抱くように大樹が枝を広げているという情景である。「じ」は打ち消しの意志を表す助動詞。

5 **重要** 「万緑」のみずみずしい緑色と、わが子の生え始めたばかりの「歯」の白さが対比させられている。

6 「連山影（れんざんかげ）を正しうす」は、「山々の形が居ずまいを正して並んでいるように見える」という意味。「居ずまいを正す」のは人の動作で、人でないものを人にたとえる表現技法は「擬人法」である。

7 地上の店先には林檎（りんご）があふれるように置かれ、天には一面に星が輝いているという情景を読み取る。

8 「いくたびも」は「何度も」という意味。どのくらい雪が積もったかを何度も尋ねているところに、自分の目で雪景色を眺められないことへのもどかしさ、じれったさが表れている。

9 **記述対策**
- **考え方**…「噛み居る（かい）」とは、まるで石を噛んでいるように止まっている様子を表す。そこから「じっとしている」「全く動かない」様子だとわかる。
- **書き方**…「石の上で」「じっとしている」の二つの要素を入れ、「……様子。」で結ぶ。

10 「分け入つても分け入つても」が反復、「青い山」が体言止め。

11 (1) 「秋の日」「畑」「周囲の山々」の言葉に着目する。
(2) 「生命力にあふれた声」は小鳥たちの囀りを指す。
(3) 反復に「ひたすら歩き続ける」作者の孤独が表れている。

批評文　観察・分析をとおして評価する

32～33ページ　ステージ1

❶ 教科書の要点

❶ 〔順に〕よしあし・判断・評価・説得力・的確

❷ 1社会生活　2〔順に〕情報・特徴・関連・比較
3論理の展開

❸ ウ

基本問題

1 毎日の笑顔・具体的・行動

2 プラス面＝例防犯カメラが犯罪抑止に役立つことが伝わる。
マイナス面＝例市民も監視されているような印象を与える。

3 イ

解説

1 2段落では、「毎日の笑顔」という仮定の表現と「挨拶と鍵かけ」という表現を比較することで、『挨拶と～』の優れている点が説明されている。

2 「役に立つ」「伝わる」というプラス面を示す表現と、「監視されているような印象」というマイナス面を示す表現をおさえる。

3 この批評文は、1段落で主張を明確に提示し、2段落で別の表現が用いられたと仮定して、『挨拶と～』の標語のよい点を示している。また、3段落では他の標語を取り上げて比較し、『挨拶と～』の標語の特徴を説明している。それらをふまえて、4段落では全体を捉え直し、主張を再度明確に述べている。

言葉発見②　和語・漢語・外来語

34～35ページ　ステージ1

❶ 教科書の要点

① 平仮名　② 訓読み　③ 音読み　④ 中国　⑤ 片仮名

基本問題

1 ①ウ ②イ ③ア ④ア ⑤イ ⑥ウ ⑦イ ⑧ア ⑨ウ
⑩イ ⑪ウ ⑫ア ⑬ウ ⑭ア ⑮イ

2 イ・ウ・エ・キ〔順不同〕

3 ①消し（和語）＋ゴム（外来語）
②ビニール（外来語）＋袋（和語）
③弁当（漢語）＋箱（和語）
④女子（漢語）＋マラソン（外来語）
⑤管理（漢語）＋組合（和語）

4 (1) ①組 ②クラス ③学級
(2) ①ルール ②規則 ③きまり
(3) ①所有者 ②オーナー ③持ち主
(4) ①旅館 ②ホテル ③宿

5 ①サポート（アシスト・フォローなど） ②考え（思いつき）
③調査（研究） ④ショック ⑤チャレンジ ⑥近づく（近寄る）
⑦速度

解説

2 イは「インスタント」という外来語と「食品」という漢語が組み合わさってできた混種語。ウは「色（いろ）」という和語と「鉛筆」という漢語が組み合わさってできた混種語。エは「マッチ」という外来語と「棒」という漢語が組み合わさってできた混種語。キは「最高」という漢語に形容動詞の語尾「だ」がついた混種語。

5 ③和語では「調べる」。⑤和語では「挑む」。⑦和語では「速さ」。

希望　ほか

36〜37ページ　ステージ1

漢字と言葉

1 ❶さわ ❷みぞう ❸た ❹かっこ ❺こうがい
❻せんりつ ❼そぞう ❽がんぐ ❾ぼんよう
❿しゅさい ⓫つど ⓬かんきわ

2 ❶秀逸 ❷戯曲 ❸憧憬 ❹抄訳 ❺挿絵 ❻崩

3 ❶ウ ❷ア ❸イ

教科書の要点

1 〔順に〕ユダヤ・アウシュビッツ

2 〔順に〕他の力・希望

3 エネルギー源

4 ①うれしく ②自由 ③身を引き締められる
④アウシュビッツ ⑤直面 ⑥他の力

おさえよう 〔順に〕ア・イ

38〜39ページ　ステージ2

✪ 1 大量虐殺 2 張りつめた生き方
3 〔順に〕金銭・心の痛み 4 〔順に〕二十代・五十歳くらい
5 (1) 例人間の神経に絶えず流れている小川。
(2) 例人間の中にあり、苦難に耐えて生き延びる力を与えるもの。
6 エ

✪解説

1 何から「生還できた人たち」かを考える。ヒトラーによるユダヤ人の「大量虐殺」に巻き込まれながらも生き残った人たちである。

2 直前に着目する。筆者は、「冷戦時代のまっただ中にあり、ソ連当局の険しい視線」が注がれている中、「諦めることなく自由を求めて努力する人々の張りつめた生き方」を知ったのである。

4 アウシュビッツ絶滅強制収容所で、「殺害、餓死、病死などの恐怖と直面させられ」、そこから命からがら脱出してきたスタシャックさんの様子を述べた、エルナさんの言葉に着目する。「目もよく見えないようだったし、……五十歳くらいかと思いました」と、体が衰えている様子が述べられている。実際はまだ二十代だったのに、とてもそうは見えなかったのである。

5 (1) 重要 スタシャックさんの言葉に「その神経に絶えず希望という小川が流れている限り」とある。「希望」を「人間の神経に絶えず流れている小川」にたとえている。

(2) 記述対策

・**考え方**…スタシャックさんは、希望を「人間の神経に流れている小川」つまり、人間の中にあるものと捉えている。また、冒頭に「生き延びられたのは、希望を失わなかったから」とある。希望は、苦難に耐えて生き延びる力を与えるものなのである。

・**書き方**…「人間の中にあるもの」、「苦難に耐えて生き延びる力を与えるもの」の二点をまとめる。

6 筆者は、「希望」は生き延びる力を与えるものだというスタシャックさんの言葉に共感している。逆にいうと、生き延びるためには希望を失わないこと＝絶望しないことが大切ということになり、**エ**が合う。他の力に対する期待については述べられていないので**ア**は違う。「強い意志と人間への信頼感があれば運命を変えられる」とは述べられていないので**イ**も違う。自分の力を信じれば道は開けるとは述べられていないので**ウ**も違う。

フロン規制の物語――〈杞憂(きゆう)〉と〈転ばぬ先の杖(つえ)〉のはざまで

40～41ページ　ステージ1

漢字と言葉

1 ❶れいばい ❷けしょう ❸せんじょう ❹わず ❺もと ❻ひっす ❼そうぐう ❽じゅうなん

2 ❶厄介 ❷企業 ❸缶 ❹明瞭 ❺無臭 ❻成層圏 ❼腐

3 ❶ウ ❷ア ❸イ

教科書の要点

1 〔順に〕無色無臭・人工的

2 エ

3 〔順に〕思考力・想像力

4 ①利益と損失 ②化学物質 ③危険性 ④がん ⑤不都合 ⑥オゾン量 ⑦転ばぬ先の杖 ⑧杞憂 ⑨変化 ⑩思考力

おさえよう 〔順に〕ア・イ

42～43ページ　ステージ2

★ 1 しかし、フ～いのです。

2 例DNAを壊し、細胞を死滅させたり、がんを発生させたりする害。

3 ウ

4 ・例フロンの代わりに燃えやすい物質を使う必要が生まれ、火事や爆発のリスクが増えること。
・例フロンの製造会社や関連企業が大きな不利益を被ること。
・例企業で働く人々やフロンを使った商品を手軽に入手できなくなる消費者が影響を受けること。

5 フロンによ～いました。

★ **解説**

3 重要 放出されたフロンが成層圏に到達する。→強い紫外線に当たって壊れ、塩素を放出する。→塩素がオゾン層を破壊する、という順序をおさえる。

4 ――線④を含む一文の冒頭に「このように」という指示表現があるので、前の段落から、フロンを使用しないことで起こる「不都合」をおさえる。前の段落の冒頭に「また」という並列を示す接続語があるので、その前の段落にも注目する。

5 直前に「要するに」という、今まで述べてきたことをまとめる接続語があるので、前の部分の、オゾン層破壊の問題が「危険な徴候」であること、「成層圏の大気で起きていることを含めて、科学的に正確にはわからない部分が多く残ってい」ることの二つを説明した部分をおさえる。

44～45ページ ステージ3

★

1 例オゾン層破壊に関する仮説には、具体的な証拠が何もない点。

2 ア

3 (1) 例フロンによるオゾン層破壊によって被害を受ける可能性は、不明な部分もあるが、かなり高いから。

(2) 転ばぬ先の杖

4 (1) A 例南極上空のオゾン量が異常に少なくなっていることがわかり

B 例オゾン層破壊の問題への関心が世界的な広がりをもっていった

(2) 例一部のフロンの製造や使用の段階的な規制。

解説

2 重要 考えが表されている表現を見つけて、筆者の意見を読み取る。「全ての人々に大いに影響がある」、「立場の違う人たちの間での議論は、……重要」とあるのでアが正解。

4 (1) 一九八二年から一九八七年までの間に起こったできごとをまとめる。

言葉発見③ 慣用句・ことわざ・故事成語

46～47ページ ステージ1

教科書の要点

❶ ①別の意味 ②肩 ③知恵 ④寝て ⑤中国 ⑥余計

基本問題

1 息をきらす・イ 手をきる・ウ 腹をくくる・ア くぎをさす・オ〔順不同〕

2 ①手（別解腕） ②鼻 ③胸 ④口 ⑤首

3 ①ウ ②オ ③ア ④イ ⑤エ

4 ①イ ②ア ③エ ④カ ⑤オ ⑥ウ

5 ①天 ②石 ③功 ④耳

6 ①エ ②ア ③イ ④ウ

解説

基本問題

3 「ぬかに釘（くぎ）」と「のれんに腕押し」、「蛙（かえる）の子は蛙」と「瓜（うり）の蔓（つる）に茄子（なすび）はならぬ」なども、似た意味のことわざ。

パブリックスピーキング 状況に応じて話す力を養う ほか

48～49ページ ステージ1

漢字

1 ❶すいそう ❷うわあご ❸かっしょく ❹さいしん ❺てんねんとう ❻ぶんぴつ（ぶんぴ） ❼しょうさん ❽すいごう ❾けいこく ❿どしゃ ⓫しんせん ⓬すけだち

2 ❶慎重 ❷犠牲 ❸酵素 ❹批准 ❺阻止 ❻危惧 ❼翼 ❽牙 ❾狙 ❿駒

教科書の要点

❶ 1主張 3言い換え 4人数・言葉遣い・身近な話題

基本問題

★

1 防災拠点 2 ア

3 例では、公園の有効利用にはどのようなものがあるでしょうか。

4 災害時だけ～うですね。 5 イ

解説

1 第二段落に、「公園は防災拠点としても有効に利用できる」ということが述べられている。

3 空欄の直後の段落では、公園の有効利用の例として「防災拠点」とすることが述べられているので、〈公園の有効利用にはどのようなものがあるのか〉ということを、考えてもらえるような問いかけが必要である。

4 補足表現には、「更に……です」や「それだけではなく……があります」などがある。例文中の第三段落に「災害時だけでなく」という表現があることに注目する。

5 「公園に出かけてみてください」という表現が、聞き手に公園の利用を促している。

和歌の世界――万葉集・古今和歌集・新古今和歌集

50〜51ページ ステージ1

漢字

1 ❶こきんわかしゅう ❷かしらもじ ❸せ ❹うら

2 ❶浦 ❷瀬

教科書の要点

1 ①最古 ②後鳥羽 ③奈良 ④平安 ⑤鎌倉 ⑥東歌

2 ①枕詞 ②調子 ③掛詞 ④意味

3 ①会いたい ②昔のこと ③なりたかったのに ④安らかに ⑤及ぶまい ⑥なぜ（どうして） ⑦無事でいなさい ⑧梅の花 ⑨わかっていたなら ⑩永遠な ⑪粗末な家（苫屋） ⑫絶えてしまえ ⑬富士の煙

おさえよう 〔順に〕ア・イ

52〜53ページ ステージ2

★

1 (1) 古今和歌集 (2) 平安

2 人の心・種／やまとうた・葉 〔順不同〕

3 ア 4 ウ

5 花に鳴くうぐひす・水にすむかはづ 〔順不同〕

6 例あらゆる生き物 7 (1) 例鳴き声 (2) イ

8 例天地を動かし、精霊を感動させ、人々の気持ちを和やかにする力。

9 (1) 力をも入 (2) 前半…和歌の本質 後半…和歌の力

★解説

2 「人の心を種として」とあるので、「人の心」を植物の「種」にたとえている。また、「やまとうたは、……言の葉とぞなれりける。」とあるので、「やまとうた」を植物の「葉」にたとえている。

3 「ことわざ」は、「すること。できごと」という意味。「繁き」は、動詞の「茂る」と同源の言葉で、数や量が多いさまを表す。

4 この一文は、「世の中にある人（は）、……言ひ出だせるなり。」で、主語を表す「は」が省略されている。

5 対句は、構成が同じで意味内容にも共通性または対立性がある二つの句を用いる表現技法である。

「花に　鳴く　うぐひす」

「水に　すむ　かはづ」　となるので、この部分が対句である。

6 この「と」と「し」はどちらも強調を表す。「ありとあらゆる生き物」「生きている物全て」という意味である。

7 (2) **重要** 「いづれか」が反語のはたらきをするので、この部分は「いずれもどうして歌を詠まないだろうか、いや詠まないはずはない（＝どんなものでも歌を詠む）」という意味になる。

8 **記述対策**

・**考え方**…「歌の力」について詳しく説明しているのは、最後の四行の「力をも……慰むる」の部分である。「精霊」は、古文中の「鬼神」の訳にあたる言葉。「あはれ」は、ここでは「感動的だ」という意味。「男女」「猛き武士」はいずれも、「天地」「鬼神」と対になる存在なので、「人々」とする。

・**書き方**…設問でどのような力があるのかを問われているので、「……力。」の形になるように制限字数内でまとめる。

54〜55ページ ステージ3

1 1 エ 2 枕詞

3 例なれるものならば、なりたかったのに。
4 例1子供のことを限りなくいとおしいと思う気持ち。
例2子供のことをどんな宝よりも大切に思う気持ち。
5 (1) 例子供の無事を祈る気持ち。 (2) ウ

② 1 E 2 例（ふるさとの）花の香 3 掛詞
4 例世の中に変わらないものはないということ。 5 ア
6 例1恋を人に知られないようにと耐え忍ぶ力。
例2秘めた思いが外に出ないようにこらえる力。
7 富士の煙・わが思ひ

解説

① 1 「山のしづくに」を繰り返すことで、夜の山の冷気が伝わってくる。山のしずくで濡れるほど恋人を待っていたのに会えなかった寂しさが歌われている。

3 この「まし」は、事実とは違う状態を想像して願う気持ちを表す助動詞。「山のしづく」にはなれなかったけれど、「なれるものならなりたかったのに」という気持ちを表す。

4 記述対策
・考え方…子供のほうが銀・金・玉よりもまさっているのだから、「限りなく（この上なく）いとおしい」ということ。
・書き方…親の「気持ち」が問われているので、「……気持ち。」の形になるようにまとめる。

5 (1) 重要 「幸くあれ」は、「無事でいなさい」という意味。子供の無事を祈る気持ちがこめられている。

② 2 ――線①は、人の心は昔と同じかどうかはわからないという意味で、（梅の）花は昔と同じ香りで匂っていることと比べている。

3 「あすか川」は川の名前。その「あす」に、「明日（あす）」が掛けられている。

4 重要 「何か常なる」は、「何が永遠なものであろうか」という意味。その証拠に、あすか川は昨日は深い淵だったのに今日は浅い瀬になっているというのである。つまり、世の中に変わらないものはないと詠んだものといえる。

5 春の「（桜の）花」、秋の「紅葉」は、伝統的な色彩美を表す。

6 記述対策
・考え方…「忍ぶること」とは何を忍ぶことかを考える。「自分の命よ、絶えてしまえ」と思うほどに、恋を人に知られないように耐え忍ぶのがつらいのである。
・書き方…設問で「何が弱る」のかと尋ねているので、「耐え忍ぶ力。」などとまとめる。

おくのほそ道／言葉発見④

56〜57ページ ステージ1

漢字と言葉

1 ❶ふね ❷しょうがい ❸ひょうはく ❹べっそう ❺めぐ ❻せいかん ❼ふもと ❽かけい
2 ❶別荘 ❷漂泊 ❸譲 ❹誘
3 ❶イ ❷ウ ❸ア

教科書の要点

① ①松尾芭蕉 ②紀行 ③（河合）曾良 ④奥羽 ⑤北陸 〔④・⑤は順不同〕
② ①俳諧 ②蕉風
③ ①かかく ②こうしょう ③しらかわ ④いおり
④ ①馬の口 ②道祖神
⑤ ①旅人 ②住まい（別解すみか） ③人生 ④イ ⑤藤原 ⑥功名 ⑦ウ ⑧二堂（別解経堂と光堂） ⑨エ ⑩山形 ⑪ア

おさえよう 〔順に〕ア・イ

58〜59ページ ステージ2

① 1 (1) 例月日は永遠の旅人のようなものであって (2) 行き交ふ年もまた旅人なり
2 ②船頭 ③馬方（別解馬子）
3 (1) イ (2) ア

4 例旅に出てさすらいたい　5 予も　6 ウ
7 例1一刻も早く旅に出たい気持ち。
例2すぐにでも旅に出たい気持ち。
8 季語…ひな　季節…春　9 旅

❷
1 A 季語…さみだれ　季節…夏
B 季語…天の河　季節…秋
2 C ぞ　D や　3 掛詞　4 例惜しんでいる

解説

❶
1 (1) 「百代」は、長い年月ということから、永遠のこと。「過客」は旅人という意味。

(2) 月日は ＝ 百代の過客にして
行き交ふ年も ＝ また旅人なり

この二つの部分は似た形式で似た内容の表現を並べること（対句）で、内容を強調している。

3 (2) **重要** 「古人」は、芭蕉が慕った人たちなので、その生き方を見習い、彼らと同じように旅の途中で死んでも悔いはない、と言っているといえる。

4 「漂泊」は、さすらうこと。

6 「立てる」は、「春立つ」と「立てるかすみ」をかけた掛詞。

7 記述対策
・**考え方**…「道祖神の招きにあひて（＝旅の安全を守る神が手招きをしているような気がして）」再び旅支度を始めている。すぐにでもまた旅に出たい気持ちで落ち着かないことがわかる。
・**書き方**…芭蕉の「気持ち」が問われているので、「……気持ち。」の形になるようにまとめる。

❷
3 「ふたみ」の部分に地名の「二見」と「（蛤の）蓋・身」が掛けられている。

4 俳句には「鳥啼（＝鳴）き」という漢字が使われているが、そのあと、「魚の目は泪（＝涙）」とあるので、単に「鳴く」ではなく「泣く」の意味もこめられていると考えられる。人間的な思いをもたない鳥や魚でさえ、過ぎ行く春を惜しんでいるように思えるというのである。

60～61ページ　ステージ3

❶
1 イ
2 例1功名を立てたが、それもほんの一時のことだ。
例2立てた功名も一時のもので終わってしまった。
3 ウ　4 A 卯の花　B しらが
5 経堂・光堂〔順不同〕　6 イ

❷
1 例1一度見たほうがよいと人々に勧められた
例2一度見ておくのがよいと人々が勧めた
2 ウ　3 佳景寂寞　4 閑かさ

解説

❶
1 「一睡のうちにして」とは、うたた寝をしている間に見る夢のようにはかないことを表す。藤原氏三代の繁栄はとても短い時間で終わったというのである。

2 記述対策
・**考え方**…「一時」は、一時的、つまりほんの短い間という意味。
・**書き方**…「功名」は「立てる」「あげる」などとあわせて使われる。

3 **重要** 作者は、平泉に来て、眼前に広がる光景を見、その情景にぴったりの杜甫の詩を思い出して、涙を落としている。従って、杜甫の漢詩「春望」の内容もおさえたウが適切。

6 作者が風雪に朽ちることなく存在している光堂を見て、長い歴史に対する感慨を抱いていることをおさえる。

❷

1 記述対策

・**考え方**…「一見すべきよし、人々の勧むるによりて」の部分は「(立石寺を)一度見たほうがよいと、人々が(私に)勧めるので」という意味。

・**書き方**…人々にどのようなことを勧められたかをおさえて、「…から。」に続くようにまとめる。

3 立石寺の情景について、「佳景寂寞」と述べている。「佳景」はとても美しい景色、「寂寞」はひっそりと静まりかえっている様子を意味する。

4 静まり返った中で響く蝉の声が、静寂を際立たせているのである。

論語／漢文の読み方　訓読の仕方の確認　ほか

62〜63ページ　ステージ1

漢字

❶ ①ひめん ②せんさく ③やよい ④かいづか ⑤じゅきょう ⑥ぜんしゅう ⑦めいそう ⑧かわら ⑨どうくつ ⑩おんねん ⑪うなばら ⑫はとば ⑬さなえ ⑭さおとめ ⑮もめん ⑯しばふ

❷ ①緯度 ②管轄 ③韓国 ④閣僚 ⑤発祥 ⑥官邸 ⑦派閥 ⑧古墳

教科書の要点

❶ ①孔子 ②仁 ③儒教

❷ ①訓点 ②漢字仮名交じり

❸ ①片仮名 ②左下

❹ ①1・3・2 ②1・2・5・3・4

❺ ①矩を踰えず ②人に施すこと勿かれ

❻ ①学問に志し ②知識 ③してほしくない ④人格者（別解君子）

おさえよう ［順に］ア・ア

64〜65ページ　ステージ2

✪

1 孔子　2 而

3 ②四十ニシテ而不レ惑ハ　③知ル二天命ヲ一

4 エ　5 耳順ふ

6 不惑…四十（歳）　而立…三十（歳）　7 ウ

8 (1) 故きを温めて新しきを知る
(2) ①昔（別解過去）　②例新しい

9 例人にしてはいけない

10 例他人のことを思いやる気持ち。　11 ア

12 例親しい友人が遠くから来ること。

✪解説

4 「矩」は、道徳、つまり人として守るべき道のこと。それを「踰えず」つまり、踏みはずさないというのである。

5 「順」はここでは「従」と同じ意味で使われている。「耳（が）従う」は、人の意見に素直に耳を傾けること。

8 「故」は、ここでは「昔の事柄や学説」という意味。

9 「施す」は、する、押しつけるという意味なので、「施すこと勿かれ」は、人にしてはいけないという意味になる。

10 **重要** 孔子は、「自分がしてほしくないことは、人にしてはならない」と言っている。他人を思いやる気持ちの大切さを説いている。

11 「君子」は、ここでは「主君」ではなく、徳の高い人格者のことを意味する。他人に認められるかどうかではなく、純粋に学問を追究する喜びを述べている。

12 記述対策

・**考え方**…「亦楽しからずや」の直前の「朋、遠方より来たる有り」に着目する。「朋」は、友人、特に志を同じくする親しい友人を意味する。「遠方」とあり、ふだんなかなか会えないことも読み取れる。

・**書き方**…「親しい友人が遠くから来てくれた」という内容を現代語でまとめて、文末を「……こと。」という形で結ぶ。

複数の情報を関連づけて考えをまとめる
情報社会を生きる―メディア・リテラシー ほか

66〜67ページ ステージ1

漢字
1 ❶しいてき ❷はあく

教科書の要点
❶ ①情報 ②影響力
❷ ①批判的 ②表現
❸ ①メディア ②考え ③取捨選択 ④主体的 ⑤送り手

おさえよう 〔順に〕イ・ア・イ

★**基本問題** 広告の読み比べ

1 あなたを夢の世界へといざなう大人のビタースイート

2 例高カカオのチョコレートを４週間食べ続けると、血清中のBDNFが増えること。
例チョコレートに含まれるカカオポリフェノールを４週間摂取すると、悪玉コレステロールが減少すること。〔順不同〕

3 A…2 B…1 C…2 D…1

基本問題 ポスター

1 ウ 2 イ

解説

★**基本問題** 広告の読み比べ

2 ポスターには、「スタイルキープ」という項目もあるが、グラフ（データ）がないため不可。

3 広告1は、写真を大きくして文字量を減らした上品なデザインに仕上げているので、Dの「高級感のあるお菓子が好きな人」もひきつけると考えられる。

基本問題 ポスター

1 情報を発信するときには、引用する資料が客観性や信頼性が保たれたものであるかどうかを確認することが必要である。

2 過去の美化活動の結果をグラフにすることで、どの程度のゴミが出たのかを客観的に読み手に訴えることができる。

68〜69ページ ステージ2

❶ 1 (1)現実に起こ (2)例主観（別解観点）
2 ⓐ種類による特性 ⓑ関わりが深いか ⓒ例詳しく示す部分
3 エ
4 (1)メディアが形づくる「現実」を批判的に読み取る
(2)例自らの考えなどをメディアを使って表現し、メディア社会と積極的につき合う能力。

解説

❶ 1 (1)直後の文の文末が「……からだ。」という理由を表す文であることに着目する。
(2)――線①の二文あとに「事実を切り取るためには常に主観が必要」とある。

2 直後に「一つには、……」「二つには、……」「三つには、……」と順にあげられている内容を読み取る。

3 **重要** 「メディア・リテラシー」については、あとの段落に〝メディアの情報を建設的に「批判」する能力〟とある。これを身につける必要性として、――線③の直前に「メディアがもたらす利点と限界を冷静に把握するため」とある。また、その「メディア」が伝える情報については、前の段落で「取捨選択の連続によって現実を再構成した恣意的なもの」とあるので、この内容に合うエが正解。

4 (1)「言いかえれば」で始まる最後の一文から、――線④と共通する「批判」の語が含まれる部分を抜き出す。
(2) **記述対策**
・**考え方**…――線④の直後に「と同時に」とあり、そのあとにもう一つの能力について述べている。
・**書き方**…「自らの考えなどを……つき合う（ための）能力」の部分を、「……能力。」という形でまとめる。

文法の窓　表現につながる文法　ほか

70〜71ページ　ステージ1

漢字

1 ①かっぷ（わっぷ）　②やっかん　③いんぺい　④しっつい　⑤きそん　⑥ほうそう　⑦ゆうよ　⑧けいがい　⑨もっぱ　⑩ぶ　⑪いちじる　⑫とうと（たっと）　⑬りょかっき（りょかくき）

2 ①賠償　②恩赦　③示唆　④刑罰　⑤重鎮　⑥猟銃　⑦訴訟　⑧稼　⑨賭　⑩妨

基本問題　文法の窓

1 ア　2 (1) ①ア　②イ　③イ　(2) ①ア　②イ　③ア

3 ①エ　②イ　③ア　④ウ　4 ①エ　②オ　③カ

5 例建設の途中で資金難によって放置されたビルについて再計画の話がある。

6 ①覚める　②集まる　③かなえ

7 (1) 例友達が私に絵葉書をくれた。

(2) ①例母が妹を歯医者に連れていく。
②例母が妹を歯医者に連れてくる。

解説

基本問題　文法の窓

4 ③「ちょうど」とあるところから考えるとよい。

5 「建設の途中において資金難のため放置されたビルの再計画の話がある。」などでもよい。

7 (2) 話し手から遠ざかるときは「〜ていく」を、話し手に近づいてくるときは「〜てくる」と表現する。

初恋

72〜73ページ　ステージ1

教科書の要点

1 ①島崎藤村　②文語　③七五　④四　⑤けれ

2 ①林檎　②花櫛　③花ある君　④（白き）手　⑤（こころなき）ためいき　⑥細道

おさえよう　〔順に〕イ・イ

基本問題

★1 (1) まだあげ初めし前髪　(2) ウ

2 例「君」が「われ」に林檎をくれたこと。　3 エ

4 〔順に〕君・われ

解説

基本問題

★1 (1)「まだあげ初めし」は「まだ結い上げたばかりの」という意味。この詩が書かれた時代、女性は十四歳くらいになると、子供の髪型から大人の髪型に結い上げる習慣があった。

2 重要 第二連の「やさしく白き手をのべて／林檎をわれにあたへしは」の部分が「恋が始まったきっかけ」である。「われにあたへし」は「私に与えた」という意味。「君」が「われ」に林檎を「あたへ」たのである。「詩の中の言葉を使って」とあることに注意する。

3 「わが……ためいき」が「その（＝「君」の）髪の毛にかかる」わけなので二人の距離は非常に近いということがわかる。

4 詩の視点である作者（＝「われ」）が「こひしけれ」（恋しい、かわいらしいものだ）と思っているので、尋ねているのは相手の女性の「君」である。

言葉発見⑤ 相手や場に配慮した言葉遣い

74～75ページ ステージ1

教科書の要点

❶ ①目的 ②距離感
❷ ①エ ②イ ③ウ ④オ ⑤ア

基本問題

1 ①イ ②エ ③ウ ④ア
2 ①イ ②ア ③ア 3 ①ア ②イ
4 ①例こちらを、お願いいたします。
②例言い訳は聞きたくありません。
③例ただいまより、地域のニュースをお伝えします。
5 ①ア ②イ ③エ

解説

基本問題

1 ①協力してほしいという頼みごとを丁寧な言い方で伝えている。
2 ①「お待たせ」や「すみません」という丁寧な表現で、相手と少し距離を置いていることを示している。
3 ①「あいにく」には、都合が悪く残念なさまという意味がある。
②「～してくれないかな」は、疑問形にすることで相手を尊重している。
5 ③アは、あまりにも丁寧すぎる言い方。逆にウは、親しい友人に対する言い方。相手は初めて会う人なので、イよりもエのほうがより丁寧で適切である。

故郷 ほか

76～77ページ ステージ1

漢字と言葉

1 ❶あや ❷また ❸できあい ❹へい ❺こうろ ❻すいじ ❼じぎ ❽はなは ❾さと ❿ふほう ⓫あいとう ⓬は
2 ❶沙汰 ❷覚醒 ❸排斥 ❹薄墨 ❺艶 ❻痩
3 ❶ウ ❷イ ❸ア

教科書の要点

❶ ①魯迅 ②新しい生活
❷ ①故郷 ②母 ③宏児 ④閏土 ⑤水生 ⑥楊おばさん
❸ ①帰郷 ②やるせない ③閏土 ④豆腐屋小町 ⑤コンパス ⑥だんな様 ⑦寂しさ ⑧厚い壁 ⑨水生 ⑩隔絶

おさえよう 〔順に〕ア・ア

78～79ページ ステージ2

★ 1 苫の隙間か 2 (1) 寂寥の感 (2) ウ
3 例一族が住んでいた家を明け渡して、「私」が今住んでいる異郷の地へ引っ越すため。
4 ウ
5 (1) やるせない (2) 例家にある道具類をみんな売り払うこと。

★解説

2 (1) 直前に「覚えず寂寥（せきりょう）の感が胸にこみあげた」とある。「寂寥」は、もの寂しい気持ちを表す。
(2) 重要 次の段落に、「もともと故郷はこんなふうなのだ……寂寥もありはしない。そう感じるのは、自分の心境が変わっただけだ」と、自分に言い聞かせたとある。

3 

・考え方…同じ段落に「明け渡し」「旧暦の正月の前に、住み慣れた古い家に別れ、……異郷の地へ引っ越さねばならない」と事情が説明されているので、これをまとめる。
・書き方…「家を明け渡すこと」、「異郷へ引っ越しすること」の二つをまとめる。

4 屋根の手入れをする余裕もない様子に、一族が没落して、家を人手に渡すしかなかった状況が表れている。

5 (1) 前の段落に「母は機嫌よかったが、さすがにやるせない表情は隠しきれなかった」とある。

80〜81ページ ステージ3 (1)

★
1 背丈は倍・その手も〔順不同〕
2 例感激で胸がいっぱいになったが、どう口をきいたらよいかわからない気持ち。
3 喜び…例久しぶりに幼なじみの友達に会えた喜び。
寂しさ…例1子供の頃のように対等になれない寂しさ。
例2身分や境遇の隔たりがある寂しさ。
4 ウ　5 これぞまさ　6 エ

★解説

1 「昔の艶のいい丸顔」→「黄ばんだ色」「深いしわ」
「血色のいい丸々した手」→「太い、節くれだった、……手」

の二つ。周りが赤く腫れた目とともに、現在までの閏土（ルントー）の厳しい労働を思わせる。

2 記述対策
・**考え方**…直前の「感激で胸がいっぱい」「どう口をきいたものやら思案がつかぬ」がそのときの「私」の気持ちを表している。話したいことはたくさんあるが、閏土があまりにも昔と変わってしまっていたことに戸惑い、なんと言っていいかわからなかったのである。
・**書き方**…「感激」していることと、「どう口をきいたものやらわからない」ことの二点をおさえてまとめる。

3 記述対策
・**考え方**…閏土も幼なじみの「私」を見て、子供の頃を思い出し、喜んでいることが、顔に出た「喜び」の色に現れている。しかし、このあと「私」に対して「だんな様」と言ったことから、閏土が二人の境遇の違いを自覚していることがわかる。それが「寂しさ」として顔に現れたのである。
・**書き方**…「喜び」は、子供時代の関係をふまえた再会の喜びを書く。「寂しさ」は、現在の隔たりの寂しさを書く。

4 重要 閏土の態度や言葉から、境遇や身分の差が感じられる。
5 「私」は、閏土の子供を紹介されて、「これぞまさしく三十年前の閏土」と子供時代の閏土のおもかげを見ている。
6 最後の段落に「苦しみを感じはしても、それを言い表すすべがない」とあり、不満はあるが、自分にはどうしようもないという諦（あき）めの気持ちがうかがえる。

82〜83ページ ステージ3 (2)

★
1 〔順に〕水生・閏土・帰ってくる（別解帰る）
2 エ
3 〔順に〕・無駄の積み重ねで魂をすり減らす生活
・打ちひしがれて心がまひする生活
・やけを起こして野放図に走る生活
4 ア　5 希望
6 例多くなればその希望もやがて実現するのだ

★解説

1 現在の水生（シュイション）と宏児（ホンル）の姿に、三十年前の閏土と自分の姿を重ねていることをおさえる。しかし、「私」は家を他人に明け渡して旅立ったため、おそらく故郷に帰ってくることはない。従って宏児が水生に会うことはかなわないので、「私」と母ははっと胸をつかれたのである。
2 重要 直後に「名残惜しい気はしない。……気がめいるだけ……悲しい」とある。故郷というものが、物理的にも精神的にもどんどん遠い存在になっていくことに気持ちが沈んでいるのである。
3 「私のように」「閏土（ルントー）のように」「他の人のように」と、三つの生活をあげて、そのようなことは「願わない」と述べている。
4 「手製」は、自分で作ること。ここでは、「希望」という考えは、自分が作り出した幻想にすぎないのではないかと疑う気持ちを表している。実現可能なものか自信がもてないのである。
5 情景描写が登場人物の心情を象徴する場合があることをおさえ

ておく。本文の範囲外だが、閏土の思い出を描いた場面に、同様の情景がある。そこにあった「すいか畑の銀の首輪の小英雄」の姿はここにはない。つまり、空に浮かぶ金色の丸い月は、過去ではなく未来に向けた「私」の「希望」（＝新しい生活）を象徴するものになったのである。

6 記述対策
- **考え方**…歩く人が多くなれば、道のない所にも道ができる。同様に、同じ希望をもつ人が多くなれば、その希望は実現できると考えたのである。
- **書き方**…同じ希望を抱く人が「多くなる」ことで、「その希望が実現する」という関係をおさえてまとめる。

「文殊の知恵」の時代

84～85ページ　ステージ1

漢字と言葉

1 ①てっていてき　②けつれつ
2 ①決裂　②徹底的
3 ①ア　②イ

教科書の要点

1 ①三人　②知恵
2 ア
3 エネルギー問題
4 ①他人　②価値観　③協力
5 ①知恵　②価値観　③衝突　④予測　⑤協力　⑥複雑化
⑦検証　⑧多様　⑨解決　⑩活用

おさえよう　［順に］イ・ア

86～87ページ　ステージ2

✪ **1** 習い覚えたこと　**2** 社会
3 ⓐ経験したこ～ような問題
ⓑ自分一人の～決できない
4 ア　**5** ウ
6 多様な価値～ような社会　**7** 人それぞれ
8 例他人と自分の知識や経験を結びつけて活用し、価値観の違う人たちとも協力して一緒に考えていく力。

✪ **解説**

2 自分の習い覚えたことを駆使して解く問題（＝学校のテストの問題）に対して、経験したこともなければ、予測もできないような問題（＝社会に出て直面する問題）をあげている。

3 重要　直前の「そのようなとき」は、さらに前の二文を指し示している。経験もなく予測もできない問題で、自分だけでは解決できない問題という内容を、空欄に合うように抜き出す。

4 「二人の知識や経験」だけでは対処できない理由は、前の「そのような社会において生じる問題」だからである。「そのような」はさらに前の、「科学技術の発達……社会も急速に変化して、複雑化の度合いを強めている」を指している。

5 [1]段落では「他人と協力」、[2]段落では「さまざまな立場の人々が……協力」、[3]段落では「全く考えの違う人々とも協力」とある。

6 指示語の指示内容は、基本的には直前にあると考える。――線⑤の直前に「……社会」という言葉がある。

7 「すばらしい知恵を生み出すためには」と続くので、そのあとの文にどうするかを述べていると考える。

8 記述対策
- **考え方**…[5]段落の冒頭で、「『文殊の知恵』」を「……力」、「……力。」と言いかえていることに着目する。
- **書き方**…「他人の知識や経験を自分の知識や経験と結びつけて活用する」と「価値観の全く違う人たちとも協力して一緒に考えていく」を一文にまとめる。

坊っちゃん　ほか

88～89ページ　ステージ1

漢字と言葉

1　❶わ・で　❷ちょうえき　❸れいらく　❹きしょう　❺しゅうせん　❻しょくたく　❼こつずい　❽ふた　❾れんか　❿はんぷ　⓫いおう　⓬かわせ

2　❶奉公　❷芳香　❸醸造　❹赴任　❺揚　❻諦

3　❶ア　❷ウ　❸イ

教科書の要点

1　①無鉄砲　②おやじ　③兄　④清

2　〔右から順に〕4・2・1・5・6・3

3　①親譲りの無鉄砲　②ひいき（に）　③清　④気の毒　⑤失望　⑥泣く　⑦小さく

おさえよう　〔順に〕イ・ア

90～91ページ　ステージ2

1　〔順に〕乱暴・ろくな者

2　「俺」…例もう少しおとなしくすればよかったと反省した。
兄…例母が早く死んだのは「俺」の親不孝のせいだと言った。

3　イ　4　例かえって清を気の毒に思った。　5　ウ

6　まっすぐ

解説

2　記述対策

・**考え方**…「俺」の反省の気持ちが「……すればよかった」からわかる。そんな「俺」に対して兄は、「親不孝だ、俺のために、おっかさんが早く死んだんだ」と言っている。

・**書き方**…「俺」については、「もう少しおとなしくすればよかった」という後悔の言葉を書く。兄については、「母が早く死んだこと」と、その原因が「俺」の「親不孝」だということをまとめる。

3　このとき「俺」は兄と将棋をさしている。そして、兄が「ひきょうな待ち駒をして、人が困るとうれしそうに冷やかした」ことに「あんまり腹が立ったから」と乱暴した理由が述べられている。

4　このあと、「あまりおやじを怖いとは思わなかった。かえってこの清に気の毒であった」と述べられている。

5　重要　「母も死ぬ三日前に……つまはじきをする」とあり、「俺」は皆の嫌われ者だという自覚がある。だから、清がかわいがってくれても素直に喜べず、かえって「不審に」思っているのである。

6　清が「俺」のことを「あなたはまっすぐでよいご気性だ。」と褒めていることに着目する。

92～93ページ　ステージ3

1　⑴閉口　⑵ただ清は昔　2　エ

3　〔順に〕例うちを持つ・例田舎へ行く（うちは持たない）・例失望

4　イ

5　例1二度と会えない　例2最後の別れになる

6　例1自分との別れを悲しんでいる清を心配し、気の毒に思う気持ち。
例2年老いた清を残して遠くに行くことを申し訳なく思う気持ち。

解説

2　「俺」は卒業してもまだうちは持てず、清の願いをかなえられない。それでも清はいまだに「俺」のことを「坊っちゃん」と呼び、期待をかけ続けるので困惑しているのである。

3　重要　清は「俺」が卒業してうちを持ったら一緒に暮らすつもりでいる。だから、「俺」の「当分うちは持たない。田舎へ行くんだ」という言葉を聞いて「非常に失望」しているのである。

4　箱根より西といっても、清にも「俺」にも具体的なイメージはない。だから行き先について説明しても落胆している清を慰める

ことにはならず、「俺」は清が気の毒だが、どうしてよいか困っているのである。

5　直前で清は「もうお別れになるかもしれません」と言っている。自分が年老いていることと、「俺」が遠くへ赴任しすぐには帰れないことを考えて、今生（こんじょう）の別れになると覚悟しているのである。

6　記述対策

・考え方…距離が遠くて「小さく見えた」だけではない。いつまでも「俺」を見送る年老いた清の心細そうな姿を案ずる「俺」の思いから、清が「小さく見えた」のである。

・書き方…清について、「『俺』との別れを悲しんでいること」、「年老いていること」に触れ、「俺」が「そんな清を心配していること」「清に申し訳なく思っていること」をまとめる。

三年間の文法の総まとめ

94〜95ページ　ステージ1

教科書の要点

❶ ①段落　②文　③単語
❷ ①接続語　②独立語
❸ ①名詞　②連体詞　③動詞　④助詞
❹ ①普通名詞　②数詞　③形式名詞　④人称代名詞
❺ ①動作　②ウ　③性質　④い
❽ ①使役　②断定　③丁寧　④希望　⑤推定

96〜97ページ　ステージ2

❶ 文章→段落→文→文節→単語
❷ ①ア　②ウ　③カ　④イ　⑤エ　⑥コ　⑦オ　⑧ケ　⑨ク　⑩キ
❸ ①Aイ・Bd　②Aウ・Bb　③Aア・Bf　④Aエ・Be　⑤Aオ・Bc
❹ ①複雑だろ・a　②痛い・d　③よけれ・e　④暑かっ・b　⑤冷静に・b

❺ ①これ・エジソン・写真　②アメリカ・五年　③もの・何　〔それぞれ順不同〕
❻ ①ア　②イ　③エ　④ウ
❼ 副詞…イ・エ　連体詞…ア・ウ　〔それぞれ順不同〕
❽ ①ウ　②エ　③イ　④ア
❾ ①エ　②ウ　③オ　④キ　⑤カ　⑥ア　⑦イ
❿ ①エ　②ア　③イ　④ウ　⑤カ　⑥オ

解説

❼ ア・ウは体言を修飾しており、連体詞。イ・エは用言を修飾しており、副詞。

高瀬舟（たかせぶね）

98〜99ページ　ステージ1

教科書の要点

❶ ①同心　②喜助　③病気
❷ ①徳川（別解江戸）　②遠島
❸ ①不快な　②楽しそう　③不思議　④欲　⑤満足　⑥弟殺し（別解人殺し・罪）

おさえよう　〔順に〕イ・イ

基本問題

1 〔順に〕懸隔・係累
2 例人間の欲望には限りがないこと。
3 (1) イ　(2) 〔順に〕例欲・例踏みとまって

解説

1 「それ」は、喜助（きすけ）と庄兵衛（しょうべえ）の間の「懸隔」が「係累」の有無によるという考え方を指す。

2 続く部分に「先から先へと考えてみれば、人はどこまで行って踏みとまることができるものやらわからない」とあり、現状に満足できない人間の本質が述べられている。傍線部は、人間の欲望に限りがないことを具体例で示したものである。「人間の欲望」、「限りがない」にあたる言葉を用いてまとめる。

3 (1) **重要** 「毫光（ごうこう）」は、仏の眉間にあるという白い毛から出ている光線のこと。「頭から毫光がさすように」思えたということは、喜助を仏になぞらえて、敬意を抱いたことを表す。

(2) 歯止めがきかない人間の欲望だが、「それを今、目の前で踏みとまって見せてくれるのがこの喜助だ」とある。欲をかかない喜助が、自分をはじめとする人間の達し得ない境地にいるように感じているのである。

100～101ページ ステージ2

★ **1** 早く死にたい　**2** ウ　**3** 例悲しむ

4 イ・ウ〔順不同〕

5 (1) 例喜助が弟の命を絶ったのは、苦から救うためだったから。

(2) 安楽死

6 ウ

解説

1 弟が言ったことは、喜助（きすけ）の話を聞いた庄兵衛（しょうべえ）の心境を説明した部分に、（弟が）「早く死にたいと言ったのは…」と書かれている。

2 「抜いてやる」という喜助の言葉を聞いた弟が「晴れやかに、さもうれしそうに」なったことから、喜助に協力する姿勢をとったといえる。

3 弟の強い願いを聞き、喜助自身も弟を苦しみから救うためにしたことではあったが、弟は死んでしまったのである。弟の最後を思い出し、唯一の肉親を失った悲しみを感じているといえる。

5 (1) 記述対策

・**考え方**…喜助が弟を死なせたのは、死にかけた弟を苦しみから救うためにしたことである。それを一般的な人殺しと同列に論じてよいのか、庄兵衛は疑問を抱いている。

・**書き方**…弟の命を絶った理由が「苦から救うため」であることがわかるように書く。

(2) **重要** 喜助が弟を死なせた行為は、助かる見込みのない人を苦しみから救うためにしたことであり、現代では「安楽死」の問題として論じられている。

6 庄兵衛は喜助の行為について、「それが罪であろうか。」と疑いを抱いている。喜助を罪人と決めつけられなくなったのである。

サシバ舞う空

102～103ページ ステージ1

教科書の要点

❶ ①タルタ　②ムサじい　③サシバ（別解渡りのタカ）

❷ ①方言　②擬態語　③擬音語

❸ ①会いたい　②片とき　③南　④持ち上げ（ると）

おさえよう　〔順に〕ア・イ

基本問題

★ **1** 例タカが来るのではないかと気になっていたから。

2 黒いサシバの群れ　**3** イ

4 〔順に〕真っ赤な・ぶるぶる（と）

解説

1 「そわそわ」は、気になることがあって落ち着かない様子を表す。「空ばかり見上げている」のは、何かが空に現れるのを待っているからである。「タカ」は「サシバ」でもよい。

2 **重要** この「黒い雲」を見つけたタルタが「タカだよー」と皆を呼んでいることから、「黒いサシバの群れ」だとわかる。

3 「踊るように」とあるので、楽しげな様子だとわかる。「サシバの降りてくる」ほうへ向かっているので、逃げ出したわけではない。「仕事を放り出し」、「声をかけ合い」ながら、楽しげに走っているので、興奮してはしゃいでいるといえる。島じゅうの人たちがサシバの群れが来るのを待っていたのである。
4 「夕日」の色については、最後のほうに「真っ赤な夕日」とある。また、タルタがサシバの群れを前に、武者震いする様子を「ぶるぶる（と）」と表現している。

104～105ページ ステージ2

★ 1 飛ばし勝負 2 空
3 (1) タルタの両 ～ と南へ！」 (2) しびれるような喜び
4 (1) 自由 (2) 例仲間たちと風に乗って南へ行きたいと思っている、ピルバの声が聞こえてきたから。
5 例ひと声鳴いてから、サシバの群れの中へ消えていった。

★解説

2 「はるか下に、青い海が広がっています」とあるので、タルタは、海の上に広がる青い「空」に吸い込まれていったといえる。
3 (1) 「もっと南へ！」というピルバの声で我に返ったので、その声を聞いたところまでが飛ぶ感覚を味わっている場面である。
(2) **重要** 皆で一つになって飛んでいる部分に「タルタは体中でしびれるような喜びを、感じていました」とある。
4 (1) 足のひもは、逃げられないように結んだものである。それを外すということは、自由にしてやることを意味する。
(2) **記述対策**
・**考え方**…ピルバの「南へ、……」という声を聞いて、南へ行きたいという強い思いに気づき、ピルバを束縛してはいけないと思ったのである。
・**書き方**…「南へ行きたいというピルバの強い思い」と、ピルバの声が聞こえてきたことをまとめる。
5 「『ピックィーッ！』ひと声鳴くと、……群れの中へ消えていきました」とある。

近世の短詩――俳句・川柳・狂歌（きょうか）

106～107ページ ステージ1

教科書の要点
1 ①十七 ②季語（季題） ③切れ字
2 (1) 江戸 (2) ①滑稽 ②江戸
3 ①蛙 ②柳 ③夢 ④終日 ⑤大河 ⑥凧 ⑦負けるな ⑧雪 ⑨つるべ
4 ①団扇 ②ぼちやんと ③一晩 ④花（の枝） ⑤安堵
5 ①下手 ②う治 ③丸はだか
おさえよう 〔順に〕イ・ア

108～109ページ ステージ2

1 1 A蛙・春 B春の海・春 Cさみだれ・夏 D蛙・春 E朝顔・秋
2 例静けさ（静寂） 3 ア 4 イ
5 ア 6 ①つるべ ②朝顔
2 1 ①例子供 ②例気にかける（気づかう）
2 例蛙が池に飛びこんだ音。
3 ①例はやって ②例ほっと（安心・安堵）
4 例上手な歌をよんで天地が動き出したら 5 ひつじ

解説

1 2 **重要** 蛙（かわず）が水に飛び込む音自体は小さな音のはずである。その小さな音が聞こえるのだから、周囲は非常に静かだとわかる。
4 濁流が渦巻く大河とその前の二軒の家の対比に着目する。
5 「痩（や）せ蛙（がえる）」という、小さく弱いものを「負けるな」と応援する気持ちである。
2 3 ①は、川柳に「はやり風邪」とある。②は、「安堵（あんど）する」と気持ちが表現されている。

4
記述対策
・考え方…下の句の部分が、下手なほうがよい理由にあたる。「あめつち」は「天地」のこと。「動き出(いだ)してたまるものかは」は、「動き出したらたまったものではない」という意味。
・書き方…「大変だから。」に続くようにまとめなければいけないので、その前は「…したら」などという形にする。

「ありがとう」と言わない重さ

110～111ページ ステージ1

教科書の要点

❶ イ
❷ 〔順に〕隙間・文化
❸ ①淡々 ②価値観 ③恩返し ④必要不可欠 ⑤特権

おさえよう 〔順に〕ア・イ・ア

基本問題

1 ア 2 〔順に〕日本人・言語
3 例1「ありがとう」という言葉は、どの国でも感謝の気持ちを表すのに欠かせないものだと思っていたから。
例2「ありがとう」を表す語はモンゴルでもよく使うはずだと思っていたから。
4 ところが、

解説

1 他人に感謝の気持を伝えることが大切だと考えている日本人にとって「ありがとう」という言葉は幼いときから何度も使ってきた、親しみやすい言葉であるといえる。
2 「早合点(はやがてん)」とは、「十分に理解しないうちにわかったつもりになること」という意味。ここでは、「ありがとう」という言葉はどの国でも日本と同じぐらいの頻度で使われるものだと筆者が考えていたことを読み取る。
3 日本人の筆者が、「ありがとう」という言葉がどの国でも大切で、よく使う言葉だと思いこんでいたことを捉える。
4 「不自然な感じ」の理由は前の文に書かれている。筆者が暮らす内モンゴル自治区の中心都市フフホトでは、「バヤルラー」という言葉をあまり聞かないから、たまに聞くととってつけたような不自然な感じがしてしまうのである。

112～113ページ ステージ2

1 〔順に〕感謝(の気持ち)・胸に刻み・恩返し 2 エ
3 例一年中自然災害の危険にさらされながらも、自然に頼って生きていかなければならないということ。
4 (1) 例何軒かでアイルを形成すること。
例家畜を分担放牧すること。
例労働を共同で行うこと。 〔順不同〕
(2) 協力関係・相互依存 〔順不同〕
5 「言う」こと…例感謝の言葉を口にすること。
「する」こと…例受けた恩を行動で返すこと。

解説

3 重要 直後の「春の砂嵐(すなあらし)」「夏の日照り」「冬の雪害」といった具体例を「自然災害の危険」と言いかえていることに注目する。さらに、それでも自然に頼って生きていかざるを得ない状況にあることもおさえる。
4 (2) 傍線部の5行あとで、(1)の具体例を受けて、「こういう協力関係」と言いかえている。また、傍線部を含む段落の最後に「相互依存によって成り立っている」とも言いかえられている。
5 重要 「言う」「する」の主体は厳しい自然の中で生きるモンゴル人である。感謝の気持ちを言葉で述べることよりも、実際に感謝の気持ちを行動に変えて表すことが重要であると筆者は考えている。

武器なき「出陣」——千本松原が語り継ぐ

114～115ページ ステージ1

教科書の要点

1 ①関が原 ②不屈の精神 ③御手伝普請
2 ［右から順に］2・1・5・3・4
3 ①水害 ②計略 ③総奉行 ④嫌がらせ ⑤平田町

おさえよう ［順に］イ・ア

基本問題

1 例同じ日本人である美濃の人たちが水害に苦しんでいるということ。
2 血気盛ん（な） 3 エ 4 ［順に］幕府・御家安泰

解説

基本問題

1 「難儀」は「苦しむこと」という意味。苦しんでいる美濃の人たちを指して「同胞」（＝「同じ日本」の人）と表現していることをおさえる。

2 平田靱負が意見を述べる前の重臣たちの描写として、「血気盛んな重臣たち」とある。

3 幕府の計略は度外視して、日本国の同胞のために、幕府とではなく木曽の三つの川と戦うのだという考えが立派で、すがすがしいのである。

4 この場面で平田靱負が話しているのは二か所である。まず、幕府の無理難題とは思わずに、美濃の人たちを救うことが人としての「本分」（＝義務）であると述べ、次に、日本国のために命を賭ければ、御家安泰だけでなく薩摩藩士の「誉れ」（＝名誉）を後世にも残せると述べている。この二つの内容をおさえる。

116～117ページ ステージ2

1 (1) 例幕府の役人によって、できあがった堤がたびたび壊されるというもの。
(2) 抗議の自害
2 幕府への抗～らである。
3 A 例劣悪な環境の中で、幕府の役人から嫌がらせをされたり、村人たちから冷たい態度をとられたりしたこと。
B 例五十一人もの抗議の自害による死者を出したこと。
4 図面どおり・日向松・みごとな景観
5 工事にかか～が残った。 6 イ

解説

1 (1) ——線①の直後の二文で、「できあがった堤」がたびたび「壊された」ということと、それが「幕府の役人の仕業」であることが述べられている。
(2) 最初に「二人の藩士が自害」し、それ以後にも、「合わせて五十一人」の藩士が「抗議の自害」を遂げたことが説明されている。

2 ——線②の直後から、藩士が亡くなった理由を幕府の役人の嫌がらせに対する抗議からの自害であると正直に述べれば、「御家断絶」につながる可能性があるということをおさえる。

3 「困難」については、——線③の前の二つの段落から、〈幕府の役人からの嫌がらせ〉があったこと、〈村人たちからも冷たい態度をとられた〉ことをおさえる。「犠牲」については、1(2)で見たように、薩摩藩士が「抗議の自害」をしていることをおさえる。

4 **重要** ——線④を含む段落と、前の段落から、工事が全て「図面どおりに完成されていた」こと、「薩摩から取り寄せた日向松」が植えられた「油島千間堤」が「みごとな景観」であったことをおさえる。

6 薩摩藩士の「この地で暮らす民のため」という思いが、堤に故郷の「日向松」を植えるという行為に表れていると解釈できる。

聞き取り問題① 話し合い

118ページ

〔解答の漢字や片仮名の部分は、平仮名で書いてもかまわない。〕

✿

(1) 例新しくできる公園の名前
(2) 例公園を利用するのは主に子供たちだから。
(3) 例地元で親しまれている場所
(4) 例少し堅い印象。
(5) イ

解説

(3) 全員の提案が出された後で、司会が内容を整理している言葉に注意する。

(4) 丸山さんは、「花山神社公園」という名前について、「少し堅い印象の名前だと思いました」と、自分が感じたことを述べている。

(5) 丸山さんは「田中さんの案にある、『ふれあい』という言葉はとてもよい」と述べているので、イが正解。アは「別の案を出している」が、ウは「事実と異なると反論している」が、エは「自分も案をあげている」がそれぞれ誤り。

放送文

それでは、聞き取り問題を始めます。

これから、グループでの話し合いの内容と、それについての問題を五問、放送します。放送は一回だけ行います。聞きながら、メモを取ってもかまいません。それでは、始めます。

司　会　これから、「新しくできる公園の名前」について話し合います。私たちの住む花村市では、今年新しくできる公園の名前を募集しています。校長先生の呼びかけで、各クラス、一つずつ案を出すことになりました。皆さん、順番に発表してください。まずは田中さんからどうぞ。

田中さん　田中です。私は、「ふれあいわんぱく公園」という名前を提案します。公園を利用するのは主に子供たちなので、子供たちにわかりやすい名前がよいと思ったからです。

司　会　では次に、林さんお願いします。

林さん　林です。私は「花山神社公園」という名前を提案します。公園の隣の花山神社は、地元ではよく知られています。名前を聞いただけで公園の場所がわかるのがよいと思います。

司　会　最後に、丸山さんどうぞ。

丸山さん　丸山です。私は「けやきの丘公園」という名前を提案します。公園ができる丘には、美しいけやき並木があり、市民に親しまれています。並木の風景は公園の特徴にもなると思います。

司　会　それでは、出された提案を整理したいと思います。田中さんは「ふれあいわんぱく公園」という案でした。子供たちにわかりやすい名前がよいという理由です。林さんは「花山神社公園」、丸山さんは「けやきの丘公園」という案ですね。どちらも地元で親しまれている場所から名づけています。田中さんの提案は、子供たちにわかりやすい名前、という点でほかの二つと異なります。皆さん、何か意見はありますか。はい、林さん。

林さん　田中さんの「ふれあいわんぱく公園」の案についてですが、公園を利用するのは主に子供たちだという点に疑問があります。私は毎朝家の近くの公園でジョギングをしていますが、大人の人をたくさん見かけます。公園は、幅広い世代が利用するのではないでしょうか。田中さん、どうですか。

田中さん　確かに林さんの言うとおりですね。いろいろな世代の人が親しみを感じる名前のほうがよいかもしれません。

司　会　丸山さんは、何か意見がありますか。

丸山さん　林さんの「花山神社公園」は、少し堅い印象の名前だと思いました。中学生の私たちが考えるのだから、もう少し親しみやすい名前がよいのではないでしょうか。林さん、どう思いますか。

林さん　堅い印象、と言われると、確かにそうかもしれません。

司　会　丸山さん、もう少し親しみやすい名前がよいということですが、ほかに名前の案はありますか。

丸山さん　はい。田中さんの案にある、「ふれあい」という言葉はとてもよいと思います。私と田中さんの案を合わせて「けやきの丘ふれあい公園」はどうですか。

林さん　うん、よい響きだと思います。私は賛成です。

田中さん　田中です。私も賛成です。

問題文

以上で、話し合いは終わりです。それでは、問題です。

(1) 校長先生の呼びかけとは、どのような内容でしたか。解答欄にあてはまる言葉を書きなさい。

解答文 花村市に□は何がよいかを考えて、各クラスから一つずつ案を出すこと。

(2) 田中さんが「子供たちにわかりやすい名前」がよいと思ったのは、なぜですか。

(3) 司会が話していた、林さんと丸山さんの提案の共通点を、解答欄にあてはまるように書きなさい。

解答文 □から名づけた点。

(4) 丸山さんは、林さんの「花山神社公園」という名前の案に対して、どのような印象だと述べていましたか。

(5) この話し合いの内容としてあてはまるものを、次の**ア・イ・ウ・エ**から一つ選び、記号で答えなさい。

ア 田中さんは林さんの意見を受けて、別の案を出している。
イ 丸山さんは、田中さんの案のよいところを指摘している。
ウ 丸山さんは林さんの意見に対して、事実と異なると反論している。
エ 司会は全員の提案がそろった後に、自分も案をあげている。

これで、聞き取り問題を終わります。

プラスワーク 聞き取り問題② グループディスカッション

119ページ

〔解答の漢字や片仮名の部分は、平仮名で書いてもかまわない。〕

(1) 立場……反対
理由……例プラスチックのごみによる環境破壊

(2) 例軽くて（お年寄りや子供でも）持ち運びしやすいこと。
例一度開けてもふたを閉めることができること。〔順不同〕

(3) 例落ちても割れにくい点。

(4) 例1 外国に頼っている
例2 国内で完全にリサイクルできていない

(5) ウ

解説

(4) 和田さんは、プラスチックごみの処理が国内では完全にできないため、外国にごみを輸出していると述べている。

(5) 和田さんは小川さんの意見に対して、「確かに……」と認めているので**ウ**が正解。**ア**は「議論に偏りが出ないよう呼びかけている」が、**イ**は「インターネットで調べて」が、**エ**は「あくまでも受け入れていない」がそれぞれ誤り。

放送文

それでは、聞き取り問題を始めます。

これから、グループディスカッションの内容と、それについての問題を五問、放送します。放送は一回だけ行います。聞きながら、メモを取ってもかまいません。それでは、始めます。

司　会　これから「ペットボトルを使うことに賛成か反対か」について話し合いたいと思います。発言する人は、最初に自分の立場を明らかにしてから意見を述べてください。はい、和田さん。

和田さん　私は、ペットボトルの使用に反対です。なぜなら、今、世界的にプラスチックのごみによる環境破壊が問題になっているからです。みんながペットボトルを使うのをやめれば、プラスチックのごみが減らせると思います。

司　会　では次に、村上さん、お願いします。

村上さん　はい。私は、ペットボトルは使用してよいと思います。なぜなら、ペットボトルは軽くてお年寄りや子供でも持ち運びしやすいからです。また、一度開けてもふたを閉めることができるのも便利です。

司　会　ほかに意見のある人はいますか。はい、小川さん。

小川さん　私も、ペットボトルの使用に賛成です。理由は、ペットボトルは災害に備えての保管に向いていることです。例えば、地震が起こった場合、ガラス瓶だと割れる危険がありますが、ペットボトルなら落ちても割れにくいので安心です。一人一人がきちんとリサイクルごみに出せば、環境への負担も少ないのではないでしょうか。

司　会　なるほど。防災の観点でもペットボトルは活用しやすいということですね。その点について、和田さんはどう思いますか。

和田さん　はい。確かに小川さんの意見のとおり、災害に備えての保管にはペットボトルが適していると思いました。しかし、私は普段の生活ではペットボトルの使用をやめるべきだと思います。新聞で読んだのですが、現在国内ではプラスチックのリサイクルが完全にできておらず、処理できないプラスチックごみは外国に輸出しているそうです。自分たちが出したごみの処理を外国に頼るというのは、おかしいのではないでしょうか。

司　会　ペットボトルを使うことに賛成の人は、これについてどう思いますか。はい、村上さん。

村上さん　私は和田さんの話を聞くまで、国内で完全にリサイクルできているものだとばかり思っていました。確かに、これは問題ですね。

和田さん　はい。レジ袋も、今では多くのお店で有料となり、その結果マイバッグを持つ人が増えました。このように社会全体が取り組めば、人々の意識も変わっていくのではないでしょうか。

問題文

以上で、グループディスカッションは終わりです。
それでは、問題です。

(1) 和田さんは、ペットボトルの使用について賛成、反対、どちらの立場でしたか。また、その理由としてどのようなことをあげていましたか。解答欄にあてはまる言葉を書きなさい。

解答文 □が問題になっているから。

(2) 村上さんは、ペットボトルのよい点としてどのようなことをあげていますか。二つ書きなさい。

(3) 小川さんは、ペットボトルのどのような点が防災に向いていると言っていましたか。

(4) 和田さんは、プラスチックのリサイクルについて、どのような問題点をあげていますか。解答欄にあてはまる言葉を書きなさい。

解答文 プラスチックごみの処理を□という問題点。

(5) このグループディスカッションの内容としてあてはまるものを、次の**ア・イ・ウ・エ**から一つ選び、記号で答えなさい。

ア 司会は、賛成の人が多いことで議論に偏りが出ないよう呼びかけている。

イ 和田さんは、リサイクルについてインターネットで調べてわかった事実を述べている。

ウ 小川さんの、災害に備えての保管にペットボトルが適しているという意見に和田さんは同意している。

エ 村上さんは、リサイクルについて自分の考えと異なる事実を知っても、あくまでも受け入れていない。

これで、聞き取り問題を終わります。

定期テスト対策 得点アップ！予想問題

1 握手 122ページ

1 ⓐ一周忌 ⓑ腫瘍 ⓒ葬式
2 例天国に行くのだから怖くないし、天国はあると信じるほうが楽しい。
3 イ・オ〔順不同〕 4 ウ

解説

2 「死ぬのは怖くありませんか」への返事の「天国へ行くのですからそう怖くはありませんよ。」、「本当に天国がありますか。」への返事の「あると信じるほうが楽しいでしょうが。」をまとめる。

4 「おまえは悪い子だ」の意味の指言葉。単なる悲しみだけでなく、ルロイ修道士を死に追いやった病へのいきどおり、さらには、ルロイ修道士の病気に気づきながら何もできなかったという無念の気持ちなど、いろいろな感情が入りまじっているものと考えられる。

2 間の文化 123ページ

1 日本人は～ている。（している）
2 (1) 例異質なものどうしの対立を和らげ、調和させ、共存させること。
(2) A 例二人のあいだに十分な間をとってやる。
B 例一人ずつ間遠に通してやる。
3 ウ

解説

1 前の段落の内容を指すが、指示語「こうして」や、「間に合う」「間抜け」などの語例の説明は除外できる。

2 (1) ――線②の前に「つまり」とあるので、その前の「異質なものどうしの対立を……共存させる」を言い換えている。
(2) 「早い話、」以下に二つの具体例とその解決方法が述べられている。

3 最後の段落の、「日本人が、昔から尊重し、培(つちか)ってきたこの『和』が誕生するために、なくてはならない土台が『間』なのである。」という筆者の考えを捉える。

3 俳句の世界／俳句十句 124ページ

1 ①エ ②カ ③イ ④ウ
2 菜の花・春
3 エ 4 H
5 I
6 (1) G (2) E (3) I (4) A (5) D

解説

3 近景は「芋の露」、遠景は「連山(れんざん)」。
4 Hの俳句の「雪」が冬の季語。
6 (1) Gの句は、天の「星空」と地上の「林檎(りんご)」という対照的な美を描き、澄んだ秋の夜の空気を感じさせる。
(3) Iの句の「両手で受ける」形は、人の善意を素直に受けて感謝する心の表れである。
(5) Dの句の「ほしいまま」に着目。ホトトギスが山の中で自由に鳴きかわす様子を描いている。

4 希望 125ページ

1 ⓐがし ⓑしゅうじん
2 イ

3 例生還できたことの証明と、未来の希望という存在。
4 例若者たちに未来の希望を見てうれしい気持ち。

解説

2 スタシャックさんの「（人間の）神経に絶えず希望という小川が流れている限り、人間は耐えられる」という言葉に着目。「希望」は自分の中にあって、苦難に耐える力を与えてくれるものだと考えている。

4 筆者は、通り過ぎた若者たちにカロリーナを重ねている。このカロリーナは未来の希望を象徴する存在であり、ほほえんでみえたのは、筆者が若者たちの姿に希望を感じて明るい気持ちになっているからである。

5 フロン規制の物語――〈杞憂〉と〈転ばぬ先の杖〉のはざまで 126ページ

1 ⓐそうぐう ⓑじゅうなん
2 例地球温暖化の原因になるという問題。
3 Ⅰ科学的に正しい Ⅱ変化する場合
4 科学的な思 ～ 軟な想像力

解説

2 ここよりあとの部分にある「これらの物質」は「代替フロン」を指す。文末を「……問題。」で結ぶ。

3 「このような」という指示語があるので、前の段落の内容をおさえる。ここでは科学的な正しさというものは、今後も変化することがあると述べている。

4 「そのような」という指示語があるので、前を探す。「私たちは、……学んでいく必要があります」と、傍線部を含む一文の「……ことが今、求められているのです」を対比しながら考える。

6 和歌の世界――万葉集・古今和歌集・新古今和歌集 127ページ

1 琵琶湖（びわ湖） 2 長歌
3 例子供の姿がやたらに目の前にちらつくから。
4 反歌 5 序詞
6 (1) F (2) B (3) H (4) A (5) G

解説

1 「近江」は、現在の滋賀県のこと。この「海」は、滋賀県にある大きな湖、琵琶湖のことである。

3 直前に「まなかひにもとなかかりて」と理由が述べられている。これは、「目の前に子供の姿がやたらにちらついて」という意味で、子供のことがいつも気に掛かって安眠できないのである。

6 (1) 「人」と「花」を対比させているFの和歌に着目。

(2) Bの和歌の「古思ほゆ」は、天智天皇が近江に都を置いた昔のことに思いをはせているのである。

(5) Gの和歌の「夢と知りせば覚めざらましを」に着目。夢だと知っていたら覚めないようにしたのに、と切ない気持ちが詠まれている。

7 おくのほそ道 128ページ

1 旅人 2 道祖神の招きにあひて 3 イ
4 もも引きの～に灸据ゆる
5 白河（の関）・松島〔順不同〕 6 エ

解説

2 「そぞろ神の」と「道祖神の」、「物につきて」と「招きにあひて」の部分が対応している。

3 「取るもの手につかず」は、何かに気を取られて物事に集中できない様子を表す。ここでは旅への思いにとらわれている様子である。

5 「白河（の関）」は現在の福島県にあり、昔からよく歌に詠まれた名所である。「松島」は現在の宮城県にあり、日本三景の一つ。

8 論語　129ページ

1 例他人の意見　2 イ　3 温故知新
4 以て師と為るべし　5 於　6 エ

解説

1 「耳順ふ」は「他人の意見を素直に聞き入れる」という意味。
3 「温故知新」は、「昔の事柄や学説などをよく学び、新しい知識や道理を得る」という意味。
6 「習ふ」は「復習する」という意味。

9 情報社会を生きる――メディア・リテラシー　130ページ

1 とら　2 送り手の観～ものの見方
3 関係者や専門家　4 ア
5 例メディアの情報を冷静に判断すること。

解説

2 「社会を……映し出したもの」は、最初の段落の「現実そのもの」を言いかえた言葉で、それを打ち消して「送り手の観点から捉えたものの見方」とある。
4 アはニュース報道から私たちが得ようとするものの例であり、情報の取捨選択や編集機能とは関係がない。
5 文章の最後に「……こともできる」とあるので、その前の部分を、「うのみにせず」は省略してまとめる。メディア・リテラシーを身につけることで可能になることである。

10 故郷　131ページ

1 ⓐ魂　ⓑ崇拝　2 イ
3 例（私たちの経験しなかった）新しい生活をもってほしいという希望。
4 例自分の希望も、閏土の偶像崇拝のように、自分だけが信じる偶像にすぎないのではないかと気づいたから。
5 例歩く人が多ければ道ができるように、同じ希望を抱く人が多ければそれが実現するということ。

解説

2 「閏土との距離」が開いたように、故郷の人たちと隔絶した「私」が、自分は自分で選択した人生を生きていると自覚したのである。
3 「希望をいえば、……」と、若い世代への願いを述べている。
4 「希望」について、「手製の偶像にすぎぬのではないか」と述べている。閏土の偶像崇拝を笑ったが、自分の「希望」も同様に独りよがりなものかもしれないと気づいて、どきっとしたのである。
5 「道」も「希望」も、もともとない点で同じである。歩く人の多いところが道になるように、多くの人が同じ希望を抱けばその希望は実現すると考えたのである。

11 「文殊の知恵」の時代　132ページ

1 例新しい知識が増殖し、複雑化の度合いを強めている社会。
2 例国や文化や価値観が違う人々。
3 Ⅰ違いを尊重　Ⅱ（うまく）折り合い

解説

1 指示語の指している内容を直前の二文から捉える。
2 この段落では、国・文化・価値観の違う人々との協力の必要性を述べている。
3 最終段落から、〈他者との違いを恐れず、違いを尊重し、全員の知識や経験を折り合いをつけながら利用する〉ことが「文殊の知恵」を生み出すために必要だということを読み取る。

12 坊っちゃん　133ページ

1 (1) 例1 結果をかえりみず行動すること。
例2 結果を考えずに行動する様子。
(2) イ・オ〔順不同〕

2 (1) 例悔しかった（別解むきになった・腹が立った）
(2) 例腰を抜かしたこと。

3 例1 負けず嫌いな性格。
例2 相手の挑発に乗りやすい、単純な性格。

解説

1 「無鉄砲」とは、「物事の是非や結果を考えず、むやみに行動すること」という意味。

2 (1) 「そこから飛び降りることはできまい、弱虫やーい」とはやされて、飛び降りられることを見せようとしているので、からかわれて悔しかったからといえる。
(2) 「おやじが……腰を抜かすやつがあるかと言った」とある。

3 どちらのエピソードでも、友達のからかいや挑発に乗って無茶なことをしているから、負けず嫌いとも単純ともいえる。

13 高瀬舟　134ページ

1 Ⅰ 例助からない（別解死んでしまう）
Ⅱ 例救ってやろう（別解楽にしてやろう）

2 お奉行様　3 エ

解説

1 Ⅰ「そのままにしておいても、どうせ死ななくてはならぬ弟」、Ⅱ（喜助は弟を）「苦から救ってやろうと思って命を絶った」とある。

2 「オオトリテエ」は権威や権力者のこと。ここでは、奉行所をとりしきる「お奉行様」を指す。

3 庄兵衛は、喜助のしたことは罪かどうか自分で判断できないため、奉行の判断に従おうと思いつつも、その判断に「ふに落ちぬものが残って」しまっている。だから、奉行の考えを聞いて、納得できる答えにたどり着きたいのである。

14 サシバ舞う空　135ページ

1 ウ

2 (1) うれしくてたまりません
(2) Ⅰ 例心の叫び　Ⅱ 例腕の中に飛び込んできた

解説

2 (2) 「タルタが心で叫んだとき」に、そのサシバがタルタの「腕の中に、飛び込んで」きたとある。ムサじいですら、「サシバが人の腕の中に飛び込んでくるなんて見たことも」ないとあり、あり得ないことが起きたのである。そこに、このサシバとタルタの不思議な結び付きが暗示されている。

15 「ありがとう」と言わない重さ　136ページ

1 春の砂嵐・夏の日照り・冬の雪害〔順不同〕

2 ウ

3 (1) 寄り添～うこと　(2) Ⅰ分担放牧　Ⅱ災害対策

解説

2 「そのような生活」は、第一段落の「自然災害の危険にさらされ」た中で、「自然によって生きていかなければならない」というモンゴル人の生活である。

3 (1) 本文中に「協力関係」を言い換えた表現は「寄り添い、助け合うこと」（4～5行め）と「相互依存」（14行め）という二つがある。
(2) ――線③の直前に「こういう」という指示語があるので、それ以前の内容から具体的表現をおさえる。

6 5 4
D C B A

教科書ワーク
国語

特別ふろく②

定期テスト
対策に!

聞き取り問題

こちらにアクセスして，ご利用ください。
https://www.kyokashowork.jp/ja11.html

★自宅学習でも取り組みやすいよう，放送文を簡単に聞くことができます。

★学年ごとに最適な学習内容を厳選しました。

（1年:スピーチ・会話／2年:プレゼンテーション・ディスカッション／3年:話し合い・ディスカッション）

★聞き取り問題を解くうえで気をつけたいポイント解説も充実。

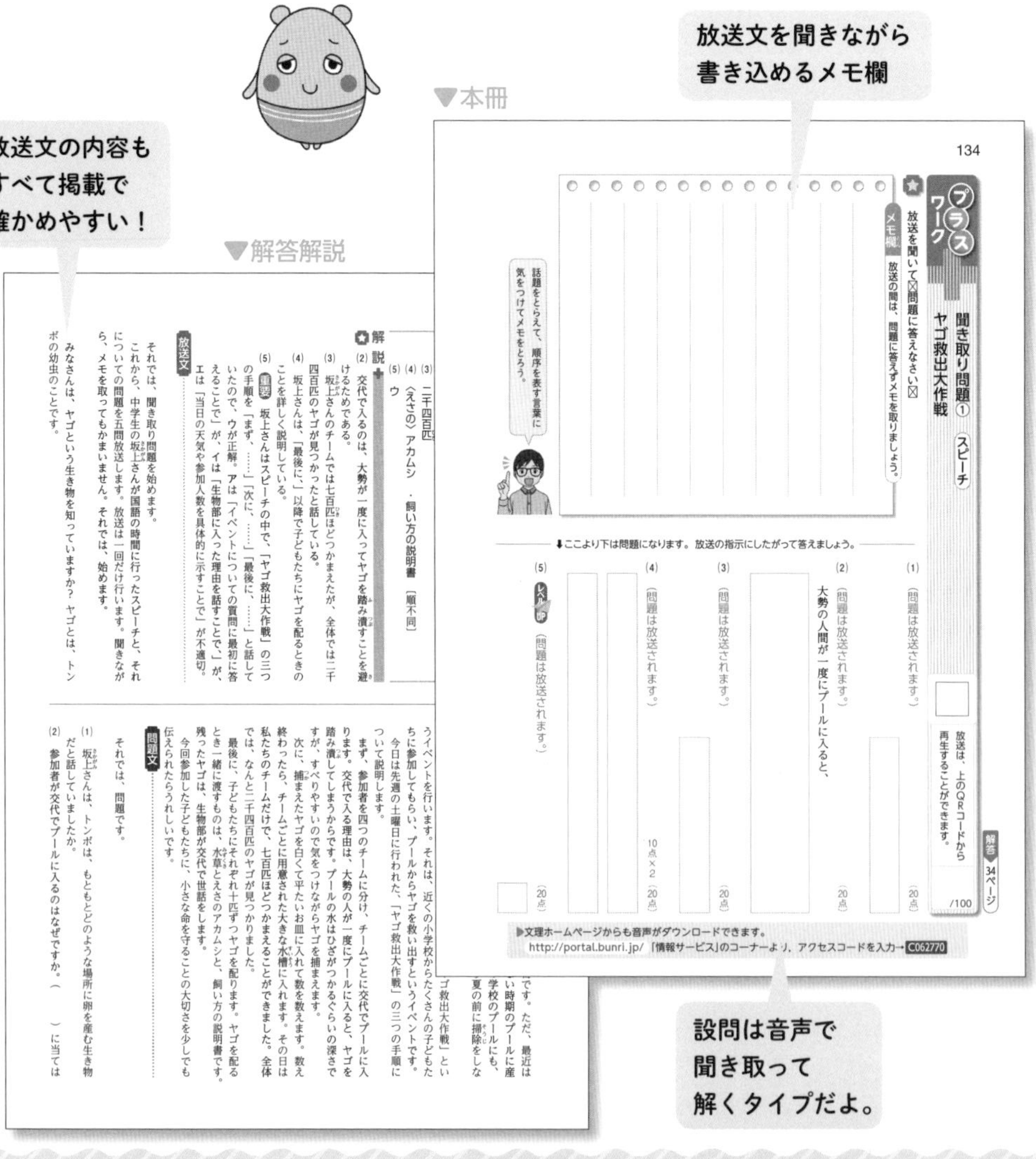

放送文を聞きながら
書き込めるメモ欄

▼本冊

放送文の内容も
すべて掲載で
確かめやすい！

▼解答解説

設問は音声で
聞き取って
解くタイプだよ。